Die Zukunft der Menschenrechte

Johan Galtung

Die Zukunft der Menschenrechte

Vision: Verständigung zwischen den Kulturen

Campus Verlag
Frankfurt/New York

Visionen für das 21. Jahrhundert
Die Buchreihe zu den Themen der EXPO 2000
Band 12

Idee, Konzeption und Realisierung:
Peter Felixberger,
Redaktionsbüro Wort&Tat, Erding

Übersetzungen:
Beitrag Tesanovic: Susanne Starke-Perschke, Duisburg
Beitrag Pearce: Paul Knowlton, Berlin

Redaktionelle Mitarbeit:
Hauptbeitrag Galtung: Sylvia Englert, Erding,
und Ekkehard Kunze, Wiesbaden
Beiträge Salazar Volkmann, Dilger, Tesanovic, Pearce, Bähner:
Sylvia Englert, Erding, und Klaus Gabbert, Frankfurt

Die Deutsche Bibliothek – CIP-Einheitsaufnahme

Ein Titeldatensatz für diese Publikation ist bei
Der Deutschen Bibliothek erhältlich
ISBN 3-593-36043-8

Das Werk einschließlich aller seiner Teile ist urheberrechtlich geschützt.
Jede Verwertung ist ohne Zustimmung des Verlags unzulässig. Das gilt insbesondere für Vervielfältigungen, Übersetzungen, Mikroverfilmungen und
die Einspeicherung und Verarbeitung in elektronischen Systemen.
Copyright © 2000 Campus Verlag GmbH, Frankfurt/Main
Umschlaggestaltung und Layout: Pro Natur, Frankfurt/Main
Satz: Presse- und Verlagsservice, Erding
Druck und Bindung: Druckhaus Beltz, Hemsbach
Gedruckt auf säurefreiem und chlorfrei gebleichtem Papier.
Printed in Germany

Besuchen Sie uns im Internet: www.campus.de

Inhalt

Menschenrechte für das nächste Jahrhundert
Johan Galtung 7

Zwölf Thesen

Der Kampf um ein Leben in Würde
Gerhard Dilger 158

Das tödliche Vermächtnis des Krieges
Chris Pearce 178

Frauen für den Frieden
Jasmina Tesanovic 198

Frieden braucht Verständigung
Andrea Bähner 212

Jugendbanden und Großstadtslums
Christian Salazar Volkmann 225

Autorennotiz 240

Register 242

Menschenrechte für das nächste Jahrhundert

Johan Galtung

Inhalt
Grundbedürfnisse und Grundrechte. 14
Demokratie. 23
Rechtsschutz für Grundbedürfnisse 35
Globalisierung der Wirtschaft 42
Globalisierung der Bürgerrechte. 58
Globalisierung der Menschenrechte. 78
Globalisierung der Demokratie. 101
Globalisierung des Friedens 126
Therapie: Vom Staatlichen zum Nicht-Staatlichen 144
Abkürzungsverzeichnis 146
Anmerkungen. 147
Literatur 156

In meinem Beitrag geht es um Frieden und Demokratie und ihre Fortschreibung im Zeitalter der Globalisierung, aber vor allem geht es um die Zukunft einer unserer größten Errungenschaften: die Menschenrechte. Ich möchte daher kein Loblied auf jene Tradition anstimmen, die von der amerikanischen Unabhängigkeitserklärung von 1776 über die französische Verfassung von 1789 zur Allgemeinen Erklärung der Menschenrechte von 1948 führt; mein Thema ist vielmehr der Prozeß, das Werden, und weniger das jeweils erreichte Ergebnis. Wenn wir für das nächste Jahrhundert im neuen Jahrtausend wirklich etwas Positives bewegen wollen, müssen wir das Jahr 2000 mehr voraus- als zurückblickend angehen. Oder anders gesagt: Es braucht den aufgeschlossenen Geist, nicht nur den aufgerissenen Mund mit den Losungen und Formulierungen der Vergangenheit auf den Lippen.

Während ich dies schreibe, habe ich ein kleines Bändchen vor mir liegen, das vorne das Emblem der Vereinten Nationen trägt und dreißig Artikel enthält. Es handelt sich um die *Allgemeine Erklärung der Menschenrechte*. Man kann sie bewundern, andere kritisieren sie. Aber wie sagte doch einmal ein politischer Gefangener in Iran (unter welchem Regime auch immer): »Dieses kleine Heftchen stand zwischen mir und meinem sicheren Tod, es bewahrte meiner Familie den Ernährer und ersparte mir das Los eines ›Verschwundenen‹.«

Bedarf es noch weiterer Worte? Die Idee der Menschenrechte hat keine Rechtfertigung nötig. Was sie jedoch braucht, ist der fruchtbare Boden einer konstruktiven Diskussion, wie ihn nur wirkliche Demokratien bieten können. Diese Bedingungen gilt es zu schaffen, denn diese Diskussion müssen wir führen, wenn die Idee der Menschenrechte gedeihen, blühen und sich weiterentwickeln soll. Daher sollten wir uns zunächst einmal klar darüber werden, was Menschenrechte eigentlich sind, was sie uns geben und wie sie uns voranbringen sollten – uns Menschen, mit all unseren Schwächen. Es gibt natürlich noch andere Ansätze, die Menschheit »voranzubringen«, z.B. die Gentechnik. Doch eines steht fest: Die Gentechnik wird uns nicht vollkommen machen, allenfalls zu einem Spiegelbild der eigenen Unvollkommenheiten der Gentechniker.

Menschheit und *Menschlichkeit* sind zwei Begriffe, die eigentlich zusammengehören. Aber leider spielt der zweite Begriff, Menschlichkeit, nur eine ziemlich marginale Rolle – allzu oft sind die Verhältnisse von einer »Menschlichkeit« geprägt, die das Präfix »Un-« trägt. Dennoch möchte ich behaupten, daß heute mehr Menschen ein Leben in Würde und unter humanen Lebensbedingungen führen als früher, als die Menschenrechte im gesellschaftlichen Kontext noch keine zentrale Rolle spielten.

Die Menschenrechte regeln die Beziehungen zwischen zwei Institutionen der europäischen Moderne – dem Individuum und dem Staat –, indem sie internationales und innerstaatliches Recht zusammenführen.[1] Beide Institutionen basieren ihrerseits auf zwei älteren, traditionellen Kategorien der europäischen Vormoderne: dem Untertan und dem Lehensherrn, *rex gratia dei*. Wer vermag zwischen den schwachen Individuen und dem starken Staat zu vermitteln? Für die europäische Vormoderne war die Antwort klar: der HERR, Gott, und sein irdischer Statthalter, der Papst, bzw. die Kirche. *Pax ecclesia*.

> **Die Idee der Menschenrechte hat keine Rechtfertigung nötig.**

Für die europäische Moderne hingegen lautete die Antwort anders. Man setzte auf die Vernunft, die Staatengemeinschaft (also die UN-Generalversammlung laut Charta vom 24.10.1945) und die UN-Menschenrechtskommission – die säkularen Einrichtungen einer Menschheit, die glaubt, sie könne ihre Geschicke ohne Kirche, ja, ohne Gott besser regeln. Die Untertanen von gestern sind die Individuen und Rechtspersonen von heute, aus den Königen wurden Staatsoberhäupter bzw. Staaten, und an die Stelle Gottes trat die UN-Generalversammlung. So kam es also, daß die Vereinten Nationen am 10.12.1948 eine unverbindliche »Allgemeine Erklärung der Menschenrechte« verabschiedeten, die sogenannte »erste Generation von Menschenrechten«. Es folgte am 16.12.1966 die Verabschiedung zweier verbindlicher internationaler Pakte: einer über bürgerliche und politische Rechte und einer über wirtschaftliche, soziale und kulturelle Rechte. Diese »zweite Generation« bildet zusammen mit dem Zusatzprotokoll die Internationale Charta der Menschenrechte (International Bill of Human Rights). Der erstgenannte Pakt wurde bislang von 140 Staaten, der letztere von 137 Staaten ratifiziert.

An die Stelle Gottes trat die UN-Generalversammlung.

Wie lassen sich Menschenrechte begründen und rechtfertigen? Was läßt sich antworten auf die provokative Frage: Warum ist dies ein Menschenrecht, warum nicht einfach ein Wert oder Ziel? Man kann ein solches Recht auf zwei Arten legitimieren – zum einen *de jure*, d.h. als korrekt und rechtmäßig durch die Generalversammlung der Vereinten Nationen in Kraft gesetztes Abkommen, zum anderen *de facto*, d.h. als ein Bündel von Normen, die die Grundbedürfnisse des Menschen schützen und fördern.

Eher elitär und statisch erscheint im Vergleich dazu die Legitimierung der Menschenrechte durch Philosophen und Theologen. Diese Leute leben meistens auf der Sonnenseite des Lebens, und wie groß ihr Einfühlungsvermögen gegenüber den Elenden und Zukurzgekommenen auch immer sein mag, sie bleiben doch Menschen und somit ichbezogen. Das birgt die Gefahr in sich, daß »die herrschenden Rechte zu Rechten der herrschenden Klasse« werden. Hinzu kommt, daß für Philosophen und Theologen die Kohärenz ihrer Geistesprodukte allzu sehr im Vordergrund steht. Als Intellektuelle fürchten sie Widersprüche in ihren Denkgebäuden, und das kann leicht dazu führen, daß das menschliche Elend als Thema ihrer Überlegungen in den Hintergrund gedrängt wird – eben durch den Hang zum Deduktivismus. Damit ist natürlich nicht gesagt, daß sich Menschenrechtskataloge nicht durch Systematik und intellektuelle Qualität auszeichnen sollten. Vermieden werden sollte aber, daß die Logik der Ordnung die Oberhand gewinnt. Statisch ist ein solcher theoretischer Ansatz auch, weil die Philosophen und Theologen, auf die man sich in einer vom Westen dominierten Welt beruft, in der Regel erstens männlichen Geschlechts, zweitens weißer Hautfarbe und drittens längst verblichen sind – also im englischen Sprachgebrauch zu den »DWM«, den *dead white males*, gehören. Selbst für einen »LWM«, einen lebenden Weißen männlichen Geschlechts, ist es nicht ganz einfach, in den Kreis der Aufklärungsphilosophen vorzudringen. Einem großartigen Denker wie Jürgen Habermas mag dies möglicherweise gelingen, doch selbst dessen brillante geistige Leistungen sind eher dem alten Denken verpflichtet, als daß sie zu neuem Denken anregen.

Die Menschenrechte sollten den Anliegen der Menschen entspringen, ihren demokratisch ausgedrückten und empirisch ermittelten Bedürfnissen. Idealerweise sollten alle Bewohner dieses Globus Gelegenheit haben, ihre grundlegenden, unverhandelbaren Bedürfnisse zu artikulieren. Solange diese Möglichkeit nicht institutionalisiert ist, können wir nur versuchen, die Interessen und Belange der Menschen anderweitig zu ermitteln, wobei wir die Sozialwissenschaften gut gebrauchen können.[2] Ich will hier nur kurz anmerken, daß von allen Weltreligionen der Buddhismus – mit seinen obersten Zielen der Verringerung von Leiden (*dukkha*) und der Steigerung von Erkenntnis (*sukha*) – dem Ideal vermutlich am nächsten kommt.

Wenn man die menschlichen Grundbedürfnisse an den Begriffen Überleben, Freiheit, Wohlbefinden und Identität festmacht, so sind, zumindest abstrakt und logisch gesehen, die Freiheitsbedürfnisse durch die politischen und bürgerlichen Rechte und die Belange des Wohlergehens durch die wirtschaftlichen, sozialen und kulturellen Rechte relativ gut abgedeckt. In der Praxis jedoch besteht gerade bei letzteren ein erhebliches Defizit. Die USA z.B. haben die wirtschaftlichen Rechte nicht ratifiziert. Die Amerikaner betrachten sie zwar als anzustrebende Ziele, jedoch nicht als unveräußerliche Rechte. Das ist bedauerlich, denn viele Menschen – auch in den USA – sind dadurch nicht nur sich selbst überlassen (als kleineres Übel), sondern auch Willkür und Unterdrückung preisgegeben (als größeres Übel). Sicher besteht immer die Möglichkeit, militärisch zu intervenieren, um Menschen vor der direkten Gewalt eines Diktators oder einer demokratischen Diktatur zu schützen, wie sie von der ethnischen Mehrheit gegen eine ethnische Minderheit ausgeübt werden kann – wie z.B. im Kosovo. Doch wo bleibt die bewaffnete Intervention, wenn es gilt, eine noch viel größere Zahl von Menschen vor einer anderen Lebensbedrohung zu schützen – nämlich jener infolge der strukturellen Gewalt eines im Dienste der Aktionäre operierenden Wirtschaftssystems? Ironisch könnte man die Situationen so beschreiben: Jene, die durch Repression zugrunde gehen, werden zu Märtyrern; jene, die elend zugrunde gehen, bevölkern die Statistik. Sehr unfair!

Die Überlebensbedürfnisse sind heute, wenigstens teilweise, garantiert und geschützt, doch die Todesstrafe gibt es immer noch in 70 Ländern, systematische Folter in 50 Ländern und politische Gefangene in 87 Ländern. Auch wenn Staaten Bürger anderer Staaten töten, also Krieg führen, versagen die Menschenrechte, in diesem Fall gilt nämlich internationales Recht (Artikel 2 (4) der UN-Charta). Man könnte hieraus gewissermaßen schlußfolgern, daß es etwas völlig Natürliches sei, im Krieg umzukommen – so als wäre der Krieg eine Art Naturgesetz und nicht eine pathologische, unterentwickelte Form der Konfliktbewältigung. Auch hier drängt sich der Eindruck geradezu auf, daß diese Denkweise von Leuten stammen muß, die selbst einer Krieger- oder ähnlichen Klasse angehörten.

Wie steht es mit den Identitätsbedürfnissen, dem Bedürfnis nach Sinngebung? Noch sind sie allzu einseitig individualistisch formuliert, zu westlich eben.

Stellen wir uns für das neue Jahrhundert also folgende Aufgaben:

> **Stellen wir uns für das neue Jahrhundert also folgende Aufgaben.**

- *Demokratisierung* der Menschenrechte durch Einrichtung einer demokratisch gewählten UN-Volksversammlung als Schöpfer von Menschenrechtsnormen. Verantwortlich dafür ist bislang die Generalversammlung (UNGV) von Staaten, die selbst oft genug die Menschenrechte verletzen. Warum also nicht Demokratie – *vox populi, vox dei* – als neuer Gott?
- *Universalisierung* der Menschenrechte durch einen Dialog der Kulturen. Dabei sollten die zentralen westlichen Vorstellung von der Unverletzlichkeit des Geistes und des Körpers sowie der Gleichheit aller vor dem Gesetz bewahrt werden.
- *Unteilbarkeit* der Menschenrechte. Die Internationale Charta der Menschenrechte (International Bill of Human Rights) sollte *voll-*

ständig anerkannt und gefördert werden. Eine subjektive Auswahl, bei der man sich heraussucht, was einem paßt, kann nicht Sinn der Sache sein – möchte doch jeder Verbrecher genau die Paragraphen des Strafgesetzbuches für sich nicht gelten lassen, gegen die er verstoßen hat. Wirtschaftliche und bürgerliche Rechte sollten gleichrangig behandelt werden.

- *Globalisierung* der Menschenrechte. Allen Menschen sollte Überleben, Freiheit, Wohlbefinden und Identität garantiert werden, und zwar von einem Weltregierungssystem, nicht seitens der jeweiligen Staaten.
- Stärkung der *Identitätsorientierung* der Menschenrechte unter Einbezug bestimmter *Kollektivrechte* für Nationen/Völker und andere Gruppen wie Familien, Clans, Dörfer und traditionelle Handwerke (worauf etwa in Asien Wert gelegt wird). Dadurch werden sowohl die Belange von Ich-Kulturen als auch jene von Wir-Kulturen berücksichtigt.
- Stärkung der *Überlebensorientierung* der Menschenrechte, eingeschlossen das Recht auf Frieden, indem Kriege zu internationalen Verbrechen erklärt und politische Immunitäten aufgehoben werden. Siegertribunale sollten durch Wahrheits- und Versöhnungskommissionen ersetzt werden, in denen alle Konfliktparteien vertreten sind und in denen weniger über die unterliegende Partei als solche befunden wird, sondern vielmehr über die Art der Konflikthandhabung und -austragung.

> **Es genügt nicht, lediglich den bestehenden Menschenrechten Geltung zu verschaffen.**

Soweit ein kurzer Überblick; um die Details geht es in den folgenden Kapiteln. Halten wir fest: Es genügt nicht, lediglich den bestehenden Menschenrechten Geltung zu verschaffen; die Welt entwickelt sich weiter. Gleiches gilt für die Agenda der Menschenrechtsthemen. Von der zweiten Generation der Menschenrechte sind noch immer nicht eingelöst:

- das Recht auf Überleben auch im Krieg,
- das Recht auf Schutz vor schwerer, erniedrigender, schmutziger oder eintöniger Arbeit,
- das Recht auf anspruchsvolle, Kreativität erfordernde Arbeit,
- das Recht, mit dem Produkt der eigenen Arbeit identifiziert zu werden,
- das Recht, über den materiellen Gewinn aus eigener Arbeit zu verfügen,
- das Recht auf Selbstbildung und gemeinsame Bildung,

- das Recht auf gesellschaftliche Transparenz,
- das Recht auf Koexistenz (d.h. Leben im Einklang) mit der Natur,
- das Recht auf Mitgliedschaft in einer Primärgruppe (z.B. Familie), einschließlich des Rechts auf Austritt,
- das Recht auf Mitgliedschaft in einer Sekundärgruppe (z.B. Gemeinde), einschließlich des Rechts auf Austritt,
- das Recht auf freie Bewußtseinsbildung durch die Informationen bzw. Einflüsse anderer,
- das Recht, mit alternativen Lebensstilen zu experimentieren,
- das Recht auf ungestörten Schlaf und Verrichtung der Notdurft.

Wir müssen die dritte Generation von Menschenrechten vorantreiben, die das Recht auf eine saubere Umwelt, das Recht auf Entwicklung und das Recht auf Frieden enthalten. In Zukunft sollte das kollektive Recht auf nationale Selbstbestimmung und Autonomie ebenso akzeptiert sein wie die kollektive Pflicht einer Nation, Konflikte friedlich zu lösen. Weitere Probleme, die ich sehe, sind die globale und nationale Machtkonzentration, die Entfremdung des Individuums und der Anthropozentrismus. In einer Charta für die Globalisierung von Menschenrechten und -pflichten sollte also zusätzlich folgendes verankert sein:

> Wir müssen die dritte Generation von Menschenrechten vorantreiben.

- Weltbürger/innen haben ein *Recht auf freie Meinungsäußerung* darüber, wie die Weltgesellschaft gestaltet werden sollte. Sie haben einen Anspruch auf Versammlungsfreiheit sowie darauf, durch eine in freier und geheimer Wahl gewählte UN-Volksversammlung repräsentiert zu werden. Sie haben die *Pflicht* zu wählen.
- Weltbürger/innen haben einen *Anspruch auf Schutz gegen Gewalt* sowie darauf, daß alles getan wird, um Gewalt einzudämmen und Konflikte zu lösen, bevor sie in Gewalt ausarten. Das bedeutet auch, daß die von einer Weltzentralbehörde (bzw. Weltregierung) ausgeübte Gewalt auf ein Minimum beschränkt bleiben muß. Andererseits haben die Weltbürger/innen die *Pflicht*, sich an friedensbewahrenden, mit friedlichen Mitteln durchgeführten militärischen und/oder zivilen Maßnahmen zu beteiligen.
- Weltbürger/innen haben einen *Anspruch auf eine menschenwürdige Existenz* auf der Grundlage einer Erwerbstätigkeit, die ihnen die Befriedigung ihrer materiellen Grundbedürfnisse ermöglicht; gleichzeitig haben sie die *Pflicht* zur Entrichtung bestimmter Weltsteuern.

- Weltbürger/innen haben einen *Anspruch auf kulturelle Identität* auf Basis alter/traditioneller und neuer kultureller Inhalte, unter Ausschluß jeden Rechts, die eigene Identität anderen gewaltsam aufzuzwingen; gleichzeitig haben sie die *Pflicht*, anderen im Dialog über kulturelle Inhalte, Sinngebungen und Identitäten mit Respekt zu begegnen.

Es gibt also viel zu tun, machen wir uns an die Arbeit!

Grundbedürfnisse und Grundrechte

> Im Prinzip drehen sich die Angelegenheiten der Menschen stets nur um eines: um ihre Grundbedürfnisse und deren Befriedigung.

Im Prinzip drehen sich die Angelegenheiten der Menschen stets nur um eines: um ihre Grundbedürfnisse und deren Befriedigung. Dies ist es, was uns wirklich alle verbindet, ob Frau oder Mann, ob Jude oder Grieche (um Paulus zu zitieren), ob links oder rechts, oben oder unten – oder wie immer wir uns auch definieren mögen. *Homo res sacra hominibus*, der Mensch ist dem Menschen heilig, sagten die Römer, wenn sie Idealisten sein wollten. Doch als Realisten fügten sie hinzu: *Homo homini lupus* – der Mensch ist des Menschen Wolf. Der Idealismus schließt den Realismus indes nicht aus, und umgekehrt gilt das gleiche. Der Idealismus ist dem Leben verpflichtet; der Realismus löscht es manchmal aus.

Doch was bedeutet diese »Heiligkeit« des Lebens nun konkret? Vielleicht kann man es so formulieren wie der norwegisch-kanadische Philosoph und Politologe Christian Bay[3]: ein unbelästigtes, würdevolles Leben führen zu können, mit genügend Freiheit, um in allen wichtigen Fragen, die das eigene Leben betreffen, selbst entscheiden oder jedenfalls mitentscheiden zu können, mit wem ich mein Leben verbringen will, wo ich wohnen möchte, was ich beruflich machen möchte, an welchen Gott ich glaube, welche politische Führung ich bevorzuge. – Nun, ich würde noch hinzufügen: Leben mit jenem inneren Licht, das der Existenz auf dieser Erde überhaupt erst Sinn gibt. Ob man dieses Gefühl aus der eigenen Person oder der Arbeit zieht, aus Familien und Freunden, Nachbarn und Kollegen, seiner Nation, Region oder Welt, der Menschheit oder dem Weltgeist/Gott: Hauptsache, man baut auf mehrere dieser Aspekte. Denn wer alles auf nur eine Karte setzt, der steht vor dem Nichts, wenn diese Karte nicht sticht.

Für mich sind diese Grundbedürfnisse die Antwort auf die Frage, was denn der eigentliche »Kern« des Menschenrechtsprojekts ist. Myrer S. McDougal und seine Kollegen unterscheiden sehr überzeugend acht Bereiche bzw. Kategorien: Achtung, Macht, Aufklärung/Wissen, Wohlbefinden, Wohlstand, Fähigkeiten/Kenntnisse, Liebe, Aufrichtigkeit (mitunter noch Sicherheit). Auf die genaue Zahl kommt es auch gar nicht so sehr an, nicht einmal auf die exakte Definition. Viel wichtiger ist die Bereitschaft, einen Diskurs einzuleiten, sowohl auf der Ebene einzelner Normen als auch auf der Ebene bestimmter Bündel bzw. Kategorien von Normen. Beides wird ständig der Revision unterliegen müssen, allerdings als ein bewußter, auf Wissen und Erfahrung beruhender Prozeß.

Der Mensch lebt nicht von Freiheit allein

Aus dem weltweiten Dialog haben sich mittlerweile vier Bereiche herauskristallisiert, die ich eingangs schon kurz erwähnt habe: Überleben, Wohlbefinden, Freiheit und Identität. Keine Rangordnung, keine Hierarchie dieser Aspekte bitte! All diese Bedürfnisse stehen auf gleicher Ebene. Genau dies macht sie »fundamental«, zur absoluten Grundlage. Nach ihrem Verhalten bei der Ratifizierung der Menschenrechte zu schließen gilt den Amerikanern Freiheit jedenfalls als der Hauptwert, hingegen wird schlichtes körperliches, geistiges und soziales Wohlbefinden von ihnen auf niedrigerer Stufe gesehen. Solche Prioritäten zu setzen ist ebenso irreführend wie die Umkehrung dieser Rangfolge, was übrigens der ehemals sowjetischen Position in etwa entsprechen würde. Meiner Meinung nach sind beide Bedürfnisse absolute, unkompromittierbare Werte; beide müssen geschützt werden. Das wäre eine gute Aufgabe für das nächste Jahrtausend: Lassen wir die Vorstellung, Freiheit sei irgendwie höher zu bewerten als die körperlichen Bedürfnisse, hinter uns! In Wahrheit sind beide von essentieller Bedeutung für die Würde des Menschen. Wenn die Menschenrechte eine so wunderbare Einrichtung sind, wie man oft hört, dann darf man wohl auch Grundrechte verlangen, die die menschlichen Grundbedürfnisse *umfassend* schützen. Doch dies ist heute keineswegs der Fall.

Wenn in Krisengebieten Wahlen anstehen, scheut die »internationale Gemeinschaft« keine Mühen, um dafür zu sorgen, daß es

> **Lassen wir die Vorstellung, Freiheit sei höher zu bewerten als die körperlichen Bedürfnisse, hinter uns!**

dort nach demokratischen Grundsätzen zugeht. Wahlbeobachter sind überall vor Ort, und das ist auch gut so. Doch wie steht es mit der Aufmerksamkeit der Weltöffentlichkeit für die Wohlergehensbedürfnisse der Menschen? Kümmert sich jemand darum, daß alle genug zu essen haben? Läßt man nicht vielmehr sogar zu, daß täglich 100.000 Menschen, darunter viele Kinder, verhungern? Kümmert sich etwa jemand darum, daß alle Menschen medizinisch versorgt sind; daß die Alten nicht in ihren Betten dahinvegetieren – hungernd, unversorgt und ungeliebt? Wie wäre es mit internationalen Beobachtern auch für deren Rechte, in allen Ländern der Welt, um zunächst einmal Bestandsaufnahme zu machen, dann angemessene Maßnahmen vorzuschlagen und schließlich dafür zu sorgen, daß diese Maßnahmen auch umgesetzt werden? So viele Menschen leiden. Haben sie denn kein Recht darauf, *nicht* hungern zu müssen? Haben sie etwa kein Recht auf physisch-materielles Wohlergehen?

Was heute die Politik und die Schlagzeilen beherrscht, ist weniger der Tod durch Verhungern als vielmehr der Tod durch Unterdrückung, durch den Arm eines repressiven Systems, das ethnische Säuberungen durchführt. So fürchterlich diese Vorgänge sind, so wichtig ist es, daß die Weltöffentlichkeit sich darüber empört. Der brutale Mord an einem Kroaten oder Serben, einem Bosnier oder Albaner, begangen von irgendeinem der willfährigen Säuberungsschergen, geht uns alle an, genauso aber auch der völlig unnötige Hungertod Tausender, der tagtäglich geschieht – und das in einer so reichen Welt wie der unseren. Wir dürfen nicht dulden, daß internationalen Beobachtern unter Berufung auf die nationale Souveränität der Zutritt zu Kriegs- oder Katastrophengebieten verwehrt wird. Die Menschenrechte machen vor keiner Grenze halt.

> Soll den Menschen etwa nur deswegen das Überleben garantiert werden, damit sie das freie Wahlrecht ausüben können?

Sie machen aber auch vor Bedürfniskategorien nicht halt. – Und sieht es nicht wie Heuchelei aus, wenn zwar die Freiheit geschützt wird, aber gleichzeitig auf anderen Grundbedürfnissen, wie Wohlbefinden und Identität, ungehindert und ungestraft herumgetrampelt werden kann? Soll den Menschen etwa nur deswegen das Überleben garantiert werden, damit sie das freie Wahlrecht ausüben können?

Aus der täglichen Erfahrung wissen wir, daß Menschen um alle diese Bedürfnisse kämpfen müssen, daß sie für ihre Nation z.B. ihr Leben hingeben, weil sie sich in Wort und Tat mit ihr identifizieren. Menschen kämpfen für die Freiheit, obwohl es auch materiell am Nötigsten fehlt: an Nahrung, Kleidung und einem Dach über dem Kopf. In konkreten Situationen mag es auch Prioritäten geben, doch im Prinzip haben alle Grundbedürfnisse gleichen Anspruch auf unmittelbare Befriedigung. Es darf keinen Kompromiß geben nach der Devise: »Ich gebe dir Brot und obendrein noch Spiele (*panem et circenses*), wenn du aufhörst, nach Freiheit zu rufen.« Die menschlichen Grundbedürfnisse sind nicht verhandelbar.

Konflikte wegen solcher Bedürfnisse – etwa zwischen Klassen (Kampf um das materielle Wohlergehen bzw. die Existenz) oder zwischen Nationen (Frage der Identität) – werden in der Regel äußerst heftig ausgetragen, eben weil fundamentale Ziele involviert sind oder »Interessen«, wie man sagt, wenn Gruppen (Nationen, Staaten) die Akteure sind. Natürlich kann es am Ende eines langen Krieges dazu kommen, daß die beteiligten Parteien das Unverhandelbare verhandeln und etwas im Grunde Unveräußerliches hingeben, damit endlich die Waffen schweigen. Ein Waffenstillstand mag auf diese Weise zustande kommen, Frieden niemals. Solche Instabilitäten kennen wir ja. Ein Beispiel wäre das Oslo-Abkommen von 1993, das den Palästinensern eine »Gebietseinheit« zugestand, während doch ihr Grundbedürfnis auf einen eigenen Staat gerichtet ist; ein anderes wäre der Waffenstillstand von 1996 in Guatemala, der den Maya ebenfalls vorenthielt, worauf ihre Grundbedürfnisse zielen: eine Existenzmöglichkeit, Autonomie, vielleicht auch einen eigenen Staat. Stabilität ist mit solchen Vereinbarungen keinesfalls zu erzielen. Sehr wahrscheinlich wird die Gewalt schon bald wieder aufflackern. Es ist daher unerläßlich, die Grundbedürfnisse ernst zu nehmen. In Deutschland z.B. ging es den Ostdeutschen keineswegs nur um Freiheit von Diktatur. Auch nicht nur um materiellen Wohlstand. Wichtig war ihnen vielmehr etwas ostdeutsche Autonomie – jenseits von DDR und Honecker! Identität eben.

Wie stellt sich die Situation im Hinblick auf die menschlichen Grundbedürfnisse weltweit dar? Wir wissen es nicht. Es gibt kein Jahrbuch, in dem die Welt anhand aller vier Bedürfniskategorien erfaßt und beschrieben wäre. Dies liegt freilich auch daran, daß sich die nichtphysischen Bedürfnisse, Freiheit und Identität, nur schwer quantifizieren lassen.

Doch aus dem gleichen Grund ist es eben reiner Ritualismus, wenn man Freiheit mit freien Wahlen und diese wiederum mit Demokratie gleichsetzt. So wichtig freie Wahlen auch sind, im täg-

> Es ist reiner Ritualismus, wenn man Freiheit mit freien Wahlen und diese wiederum mit Demokratie gleichsetzt.

lichen Leben der Menschen sind andere Freiheiten und Wahlmöglichkeiten genauso bedeutsam – wenn nicht sogar viel bedeutsamer. Oder würden Sie darauf verzichten wollen, Ihren Partner oder Ihre Partnerin selbst wählen zu können? Demokratie ist eigentlich ein allgemeines Muster der kreativen und gewaltfreien Konfliktlösung; Demokratie heißt Achtung der Menschenrechte, bedeutet eine kraftvolle, vitale Zivilgesellschaft, Dialog und eine gemeinsame Lösungssuche – eben nicht nur Debatte, »Wortgefechte«. (Die Parameterreihe ließe sich beliebig fortsetzen.) Schon ein Blick auf diese fünf Kriterien macht deutlich, daß freie Wahlen, was die Befriedigung der Grundbedürfnisse anbelangt, keineswegs das einzige wichtige Element sein können, zumal die Zettelchen in der Urne leicht zu manipulieren sind und oft nur zum Legitimierungsmäntelchen der Autokratie dienen, wenn die übrigen Elemente unterentwickelt sind.

> **Wichtiger als zu wählen ist die Fähigkeit, einander zuzuhören, gemeinsam eine neue Realität aufzubauen.**

Wichtiger als zu wählen ist meines Erachtens die Fähigkeit, einander zuzuhören, gemeinsam eine neue Realität aufzubauen, und zwar auf allen Ebenen der Gesellschaftsordnung – im Unterschied zu den verbalen Fernsehduellen, bei denen die Öffentlichkeit allenfalls zum Schiedsrichter taugt. Die Schweiz z.B. macht es vor: Sie hat seit über 40 Jahren ein Regierungssystem (in Form einer Koalitionsregierung) mit eingebautem Volksdialog (via Plebiszite). In allen wichtigen Fragen ist das Volk die letzte Entscheidungsinstanz. Und als Norweger erinnere ich mich noch gut an unsere Wahlen 1997. Beide Spitzenkandidaten hatten exzellente Argumente; man hätte sich gewünscht, beide mögen gewinnen. Ihre guten Ideen schlossen sich gegenseitig überhaupt nicht aus, und Norwegen hätte von einer Kooperation (statt des Konflikts) profitiert. Kurz gesagt: Demokratie ist ein fortgesetzter, nie endender Prozeß.

Wie steht es um die materielle Lebensqualität auf der Welt?

Was die materiellen Lebensbedingungen der Menschen weltweit angeht, wissen wir recht gut Bescheid. Das Entwicklungsprogramm der UNO, das United Nations Development Programme (UNDP), gibt ein hervorragendes Jahrbuch (*Yearbook of Human Development*) heraus und ermittelt den Human Development Index (HDI), der die Lebensqualität mißt. Der HDI basiert auf den Parametern »Lebenserwartung«, »Bildung« und »Kaufkraft«. Mit »Lebenserwartung« ist nicht nur die rein physische Dauer des Lebens gemeint, sondern auch, was die Menschen während ihres Lebens *erwarten* können, also Informationen darüber, wie es in dem jeweiligen Land um die Befriedigung der materiellen Grundbedürfnisse wie Nahrung, Kleidung, Unterkunft und Gesundheit bestellt ist. »Bildung« umfaßt Daten über das Bildungs- und Ausbildungsniveau; das Einkommen (Kaufkraft) gibt Auskunft über die Möglichkeit der Bedürfnisbefriedigung über den Markt (1,3 Milliarden Menschen haben einen Tagesverdienst von weniger als einem US-Dollar).

Ganz oben auf diesem Index finden sich Länder wie Kanada, Frankreich, Norwegen und die USA; ganz unten rangieren verschiedene Länder Afrikas. Aber selbst in den reichen Ländern leben 100 Millionen Menschen in Armut: 19 Prozent der Amerikaner z.B., 14 Prozent der Briten, doch nur sechs Prozent der Deutschen und der Schweden. Der HDI wird oft mit dem Pro-Kopf-Bruttoinlandsprodukt (BIP per capita) verglichen, das ein Maß für die Produktionsleistung einer Volkswirtschaft ist und damit anzeigt, in welchem Umfang Bedürfnisse befriedigt werden können. Gewiß, viele reiche Länder, vor allem die Demokratien, schaffen mit ihrem Reichtum auch die Lebensqualität für die Allgemeinheit. Doch in manchen reichen Ländern geschieht dies keineswegs – denken wir nur an die Ölstaaten. In vielen armen Ländern steht die allgemeine Lebensqualität ohnehin nur auf dem Papier. Aber auch unter diesen gibt es wesentliche Unterschiede. Manche der armen Länder verteilen das Wenige, das sie haben, so gut sie können; das tun etwa Sri Lanka und Kerala, ein kleiner Unionsstaat Indiens an der Südwestküste, aber auch die ehemals sozialistischen Länder Osteuropas und die Republiken der früheren Sowjetunion. Aber deren materielle Lebensqualität nimmt inzwischen rapide ab.

Die 225 reichsten Menschen der Welt verfügen zusammen über ein Jahreseinkommen, das so hoch ist wie das, was die halbe Menschheit, und zwar die ärmere Hälfte, in einem Jahr verdient. Und die drei Reichsten der Welt besitzen mehr Vermögen als die 48 ärmsten Länder zusammengenommen. Zwischen den oberen und den unteren 20 Prozent auf der Einkommensskala der Erdbevölkerung gab es im Jahr 1960 eine Einkommensrelation von 30:1 und im Jahr 1994 von 78:1. Mit anderen Worten: Die Schere zwischen Arm und Reich öffnet sich pro Jahr um über drei Prozent. Das Elend der Armen nimmt ständig zu, absolut wie relativ. Um die Freiheitstheologen zu zitieren: Dies ist ein Skandal!

Das Jahreseinkommen der 225 reichsten Menschen ist etwa so hoch wie das der ärmeren Hälfte der Menschheit.

Ein paar Gedanken über »asiatische Werte« und Kollektivrechte

Aber der Mensch lebt nicht vom Brot allein – er braucht auch seelische und geistige Nahrung, die er aus seiner Kultur bezieht. In diesem Zusammenhang wird ein bestimmter Identitätstyp, den man häufig auch mit »asiatischen Werten« gleichsetzt, noch viel zu wenig beachtet. Vorab aber müssen wir ein grundsätzliches Mißverständnis ausräumen, das mit dem Begriff »kollektiv« verknüpft scheint. »Kollektiv« ist zunächst einfach der Gegenbegriff zu »individuell«, bezieht sich also auf Gruppen jeder Art. Der Mensch im Westen denkt jedoch gleich an »Kollektivbesitz«, an »Gemeineigentum an den Produktionsmitteln« oder »Vergesellschaftung« (was in der Praxis »Staat« bzw. »Verstaatlichung« bedeutet) – und von da bis zur Assoziation »Stalinismus« ist es dann nicht mehr weit.

Diese Vorstellung ist ignorant. Vetternwirtschaft und Korruption gibt es überall, nicht nur in Asien. Das Argument für Kollektivrechte – als eine Ergänzung zu den Individualrechten, wohlgemerkt – hat mit einem starken Staat nicht das geringste zu tun. Es geht dabei vielmehr um den Schutz der Familie, des Dorfes, des traditionellen Handwerks als gesellschaftliche Akteure, vielleicht sogar als juristische Personen. Das Argument richtet sich auch gegen das historische, spezifisch westliche Projekt Aufklärung, das immer das Individuum als maßgeblichen innerstaatlichen Akteur und als juristische Person begreift. Die Asiaten hingegen plädieren für ein komplexeres Menschenrechtssystem[4], das Individual- *und* Gruppenrechte einschließt. Und prompt sehen sie sich mit dem Vorwurf des Stalinismus konfrontiert!

Zurück zu den asiatischen Werten. Tommy Koh aus Singapur, ein prominenter Ostasiate, listet zehn Kriterien auf, die seiner Ansicht nach »zusammengenommen den Rahmen bilden, der es den ostasiatischen Gesellschaften ermöglicht hat, wirtschaftlichen Wohlstand, Fortschritt, harmonische Beziehungen zwischen den Bürgern sowie Recht und Ordnung zu erlangen«[5]:

- starke Familien,
- Bildung,
- Fleiß,
- Sparsamkeit und Genügsamkeit/Bescheidenheit,
- Gesellschaftsvertrag zwischen Bürgern und Staat (der Staat ver-

> Die Asiaten plädieren für ein komplexeres Menschenrechtssystem, das Individual- *und* Gruppenrechte einschließt.

pflichtet sich, seine Bürger gerecht und menschlich zu behandeln; die Bürger verpflichten sich zur Gesetzestreue),
- nationale Kooperation (Teamwork),
- freie Presse unter der Bedingung verantwortungsvollen Handelns (Selbstkontrolle),
- Bürger als »Teilhaber« am Land (an dessen Kosten/Gewinn),
- Kindererziehung in einem moralisch intakten Umfeld,
- kein extremer Individualismus (jeder einzelne ist eingebunden in Kern- oder Großfamilie, Clan, Nachbarschaft, Gemeinde, Nation, Staat).

Diese zehn Werte haben nichts Extremes noch Geheimnisvolles an sich. Vielmehr dürfte der Westen angesichts der starken Auflösung und des Zerfalls seines normativen und sozialen Gefüges, des Anstiegs von Kriminalität, Korruption, Gewalt usw. eines Tages noch viel von dieser Liste lernen können. Wir sollten allerdings nicht übersehen, daß Koh von »ostasiatisch« spricht und damit wohl auf den konfuzianisch-buddhistischen Teil Asiens abhebt, im Unterschied zu den christlichen, islamischen und hinduistischen Teilen. Der Westen täte gut daran, verantwortlich zu reagieren und nicht immer gleich eine Verteidigung der Diktatur zu wittern, sobald das Wort »kollektiv« auftaucht – selbst wenn der Vorwurf mitunter gerechtfertigt sein mag. Statt die Ostasiaten belehren zu wollen, ist ein Dialog gefragt, indem man beispielsweise Gruppen aus Ostasien in den Westen einlädt, um mit ihnen gemeinsam über Werte zu diskutieren.

> Der Westen täte gut daran, nicht immer gleich eine Verteidigung der Diktatur zu wittern, sobald das Wort »kollektiv« auftaucht.

Durchsetzung der Menschenrechte durch Druck von innen

Noch immer gibt es den Konflikt zwischen nationaler Souveränität und allgemeinen Menschenrechten. Und dies ist gewiß einer der vielen Gründe für die 78tägige Bombardierung Jugoslawiens durch die NATO im Frühjahr 1999. Falls eine solche Maßnahme bei allen gleichartigen Konflikten auf dieser Welt die Standardantwort werden sollte, mit der wir uns für die fundamentalen Menschenrechte, die die menschlichen Grundbedürfnisse schützen, stark machen, dann stehen uns noch viele Kriege bevor. Es müssen also andere Möglichkeiten in Betracht kommen. Beispielsweise vermag die UN-Menschenrechtskommission mit ihren Untersuchungsergebnissen[6] von außen normativen Druck auszuüben, oft in Zusammenarbeit mit hervorragenden Nichtregierungsorganisationen (NGOs) wie Amnesty International. Die Erfahrung lehrt uns, daß dies wichtig ist, wohl aber nicht genügt.

Die UNO könnte jedoch auch Druck von innen ausüben, indem internationale Beobachter nicht nur für ganz bestimmte Missionen in die jeweiligen Krisengebiete geschickt werden, sondern vorsorglich bzw. ständig dort stationiert werden. Als Modell könnte das amerikanische Federal Bureau of Investigation (FBI) dienen, das die Einhaltung der US-Bundesgesetze überwacht, während die einzelstaatlichen Gesetze den lokalen Behörden obliegen. Das FBI ist, wie es für eine solche Behörde mit hoheitlichen Aufgaben sinnvoll ist, mit der Befugnis ausgestattet, Gesetzesbrecher, die gegen Bundesgesetze verstoßen, festzunehmen. Eine künftige UN-Behörde könnte ähnliche Befugnisse erhalten, speziell im Zusammenhang mit der Globalisierung der Menschenrechte (vgl. das entsprechende Kapitel auf S. 78 ff.).

Das Dilemma läßt sich aber auch noch von einer anderen Seite her angehen. Die Entwicklung einer »Gegenmacht« innerhalb eines bislang souveränen Staates sollte nicht auf die gerade genannte Form beschränkt bleiben, sondern sie sollte das ganze Volk einbeziehen. Eine Regierung, die grundlegende Menschenrechte wiederholt verletzt und damit die menschlichen Grundbedürfnisse – *welche im einzelnen auch immer* – mißachtet, hat ihr Recht auf Herrschaftsausübung verwirkt! Massive gewaltfreie Proteste, Streiks, ziviler Ungehorsam, Errichtung einer Gegenregierung: All dies sollte dann nicht nur zu den Rechten der Bürger und Bürgerinnen, sondern auch zu ihren Pflichten zählen. Im Rückblick möchte man mit einem Seufzer anmerken: Man stelle sich einmal vor, die Deutschen hätten sich in der Vergangenheit schon so verhalten, wie sie es 1989 (in Leipzig und anderen ostdeutschen Städten) taten – nämlich schon in den 30er Jahren...

> Eine Regierung, die grundlegende Menschenrechte wiederholt verletzt, hat ihr Recht auf Herrschaftsausübung verwirkt!

Demokratie

Eine Idee, zwei Ansätze

Mark Twain schrieb einmal über die »zwei Schreckensherrschaften«, wie er die Formen der Gewaltherrschaft nannte: Bei der einen entspringt das Töten der heißen Leidenschaft, dauert einige Monate und kostet ein paar tausend Menschen das Leben; bei der anderen sind es hundert Millionen Opfer, die über tausend Jahre hinweg kaltblütig umgebracht werden. Und doch, so fährt Mark Twain fort, »ist es der weniger schlimme, sozusagen punktuelle Schrecken, der uns erschaudern läßt«.

»Es ist der punktuelle Schrecken, der uns erschaudern läßt«.

Das stimmt zweifellos. Unsere Medien sind nicht ohne Grund voll von Berichten über unmittelbar oder mit Absicht verübte Gewaltakte: Raub, Vergewaltigung, Mord, Krieg. Doch viel schlimmer noch ist die enorme strukturelle Gewalt, die in dieser Welt herrscht und Millionen von Menschen im Jahr – Zigtausende menschlicher Wesen jeden Tag[7] – das Leben kostet. Deren Sterben, der Tod jedes einzelnen, wäre vermeidbar, denn all diese Menschen sterben Hungers oder an Krankheiten aufgrund unzulänglicher heimischer und weltweiter Strukturen, die durchaus zum Wohle der Menschen veränderbar sind.[8]

Aber es gibt da noch eine dritte Art von Gewalt[9], die Mark Twain nicht erwähnt: die kulturelle Gewalt, nämlich die Gedanken und Vorstellungen, die sich in unsere Hirne schleichen und die beiden anderen Arten von Gewalt rechtfertigen oder legitimieren. »Höhere Gewalt« nennen wir sie oder »natürliche Auslese«, oder wir sagen einfach: »Wo gehobelt wird, da fallen Späne«, wenn wir von technischen Revolutionen, Rationalisierung oder wirtschaftlichem Wachstum reden. Oder wir argumentieren: »Zugegeben, das Ganze fordert einen hohen Preis, aber vergessen wir doch nicht den künftigen Nutzen.« Oder: »Arbeitslosigkeit hat auch Vorteile für den Arbeitsmarkt, weil sie das Angebot für die Nachfrager, die Arbeitgeber, verbessert.« Die Liste solcher Rationalisierungen ließe sich fortsetzen. Überspitzt: »Dies ist eine demokratische Entscheidung, getroffen von den wahren, in einer allgemeinen und geheimen Wahl bestimmten Vertretern des Volkes, die mit einer Mehrheit von 51 Prozent beschlossen haben, den unteren 49 Prozent im Interesse des Volkes die Sozialleistungen zu kürzen.«

Eine der vielen Formen struktureller Gewalt in unserem bedrängten 20. Jahrhundert sind autoritäre, repressive Regime wie der Faschismus und der »real existierende« Sozialismus – Systeme, unter denen viele Menschen litten und die Millionen Bürger und Bürgerinnen ihrer Grundrechte, wie Meinungs- und Informationsfreiheit, Reisefreiheit und Freiheit des Besuchempfangs beraubten. Häufig steht dahinter eine kulturelle Gewalt, die behauptet: »Unsere Opfer werden künftigen Generationen zum Segen gereichen!« Im Gegensatz dazu läßt sich die Demokratie als eine Form des strukturellen Friedens begreifen, der struktureller Gewalt entgegenwirkt. Jener Teil unserer Kultur, der das schriftlich fixiert – die Menschenrechtserklärungen und internationalen Pakte –, sind Ausdruck des kulturellen Friedens.

> **Demokratie läßt sich als eine Form des strukturellen Friedens begreifen.**

Doch dies macht das Konzept Demokratie noch lange nicht unproblematisch. Aus vier kurzen Begriffen – Herrschaft, Herrschende, Beherrschte, Regeln – läßt sich eine einfache Definition zusammenstellen: Demokratie ist eine Herrschaft mit Zustimmung der Beherrschten, und zwar nach Regeln, denen zufolge die Herrschenden den Beherrschten gegenüber rechenschaftspflichtig sind. Diese Definition ist allgemein genug, um mindestens zwei Interpretationen zuzulassen: Nennen wir sie Demokratie A und Demokratie B. Bei beiden handelt es sich, wie der Name schon sagt, um demokratische Systeme, allerdings um sehr verschiedene.

In Demokratie A beruhen sämtliche Entscheidungen auf einem Konsens, der aufgrund und am Ende eines alle – Herrschende wie Beherrschte – einschließenden Dialog erzielt wurde. In Demokratie B dagegen basieren die Entscheidungen auf einem Mehrheitsbeschluß nach vorausgehender Debatte und Abstimmung, unter Teilnahme aller, der Herrschenden wie der Beherrschten. Demokratie A funktioniert über das Wort, Demokratie B über die Abstimmung. Bei Demokratie A denken wir etwa an die politische Tradition Afrikas, an die japanische Art der Entscheidungsfindung oder an Kleingruppen (zu allen Zeiten und überall auf der Welt), in denen Entscheidungen getroffen werden, indem man »die Dinge durchspricht«. Auch Gremien auf hoher politischer Ebene, in denen das Prinzip der Einstimmigkeit gilt, gehören in diese Kategorie. Bei Demokratie B denken wir an die westliche, athenische, isländische bzw. englische Demokratie (»Westminster«); sie ist gerade einmal 2.500 Jahre alt.

Debatte versus Dialog – und ein Sowohl-Als-auch

Die Argumente für und gegen diese beiden Hauptausprägungen (zweifellos gibt es noch einige Varianten mehr) jener zentralen, revolutionären Idee – Herrschaft durch Zustimmung – sind vielfältig und überzeugend. Lassen wir einfach mal zwei Vertreter, A und B, darüber einen Dialog führen.

A: Demokratie auf Konsensbasis hat den großen Vorteil, daß es weder eine sich durchsetzende Majorität noch eine unterliegende Minorität gibt. Wenn nämlich immer die gleichen Personen oder Gruppen »verlieren«, kann das zu einer tiefgreifenden Spaltung führen. Das Mittel, mit dem der Konsens herbeigeführt wird – der Dialog –, erlaubt eine intensive Suche nach den Gemeinsamkeiten. Außerdem ist keine »Diktatur der knappen Mehrheit« möglich – Gandhis Haupteinwand gegen die Demokratie. Eine Abstimmung dagegen funktioniert nach Jeremy Benthams Utilitarismus (dem Prinzip des »größten Glücks der größten Zahl«), so daß eine Gesellschaft, in der es 51 Prozent gut geht, während 49 Prozent im Elend stecken, als voll demokratisch gelten kann.[10] Ein Dialog indes liegt mehr auf der Linie von John Ruskins Sozialutopie *Unto this Last*; er gibt jedem seine Chance, strukturelle Gewalt abzubauen.

> Gandhis Haupteinwand gegen die Demokratie: eine »Diktatur der knappen Mehrheit«

B: Aber das Problem ist doch, daß diese endlose Suche nach Konsens schon aus zeitlichen Gründen nicht möglich ist. Hinzu kommt, daß die Aufgabe so gewaltig ist, daß die Menschen sich überfordert fühlen und es vielleicht nicht einmal versuchen. Auch muß es jemand geben, der die Sache leitet; doch hier besteht die Gefahr, daß diese Person z.B. bei der Zusammenfassung der Sitzungsergebnisse leicht zum Alleinherrscher werden kann. Mir ist da eine Diktatur der Mehrheit, gegen deren Entscheidungen anschließend durch einen neuen Anlauf etwas unternommen werden kann und die durch das Korrektiv der Menschenrechte ohnehin im Zaum gehalten wird, viel lieber als die Diktatur eines einzelnen. Zudem gibt es keine Garantie dafür, daß diese leitende Person sich auf Dialogbasis besser durchsetzt als bei einer Abstimmung. Sie kann beim Gespräch ebenso unterliegen. An der Spitze einer jeden Gesellschaft gibt es gute Rhetoriker. Außerdem setzten Sie bei Ihrer Argumentation Solidarität und Mitgefühl voraus.

A: Sie zerstören durch Ihr Bestehen auf der Zählentscheidung das *corpus mysticum* des politischen Körpers! Außerdem würgen Sie mit Ihrem möglicherweise verfrühten Ruf nach einer Abstimmung – der Zeitdruck gibt immer einen schönen Vorwand ab – auch den verbalen Austausch bzw. die Kommunikation ab. Ich stimme allerdings zu, daß der Dialog gleichsam eine Basis des Mitgefühls braucht. Die Frage ist nur: Was stärkt und fördert dieses Mitgefühl mehr: wenn man die Leute in ihren Wahlkabinen isoliert oder wenn man sie im Dialog miteinander in Kontakt bringt?

B: Es hat ja niemand behauptet, daß Demokratie nur aus Wahlen besteht. Selbstverständlich gibt es vor diesem feierlichen Akt in der Wahlkabine, bevor das Volk abstimmt, Kommunikation in verbaler und gedruckter Form.

A: Nun ja, aber dabei handelt es sich doch um einen sehr allgemeinen Austausch von Worten, der sich lediglich an bereits existierenden Stimmungen einer potentiellen Mehrheit orientiert. Der Dialog hingegen, *dia logos* (»durch das Wort«), zielt weit höher, nämlich auf ein gemeinsames »Brainstorming«. Dabei können ganz neue Ideen auftauchen, mit denen alte Gegensätze überwunden und die Menschen hinter neuen Visionen vereint werden können, anstatt daß – hauptsächlich entlang der alten Konfrontationslinien – ein Keil zwischen sie getrieben wird. Das Volk ist der Souverän, da sind wir einer Meinung. Doch während Sie das Volk im Grunde als eine Ansammlung von ihren Klassen und individuellen Sichtweisen verhafteten Einzelpersonen begreifen, sehe ich das Volk als ständig interagierend, dynamisch, gemeinsam auf der Suche nach etwas Neuem. Außerdem: Was bringt Sie eigentlich zu der Annahme, daß die Mehrheit die Menschenrechte der überstimmten Minderheit wirklich respektieren wird?

B: Nun, weil wir a) das Individuum als Meinungsträger und Inhaber von Rechten ansehen und b) davon ausgehen, daß die gesellschaftliche Dialektik zwischen Gruppen von Menschen stattfindet, die unterschiedliche Meinungen pflegen. Folglich kommt es darauf an, diese Gruppen zu organisieren, und zwar nach Regeln der Demokratie B. Genau deshalb haben wir politische Parteien.

A: Wir gehen davon aus, daß keine Meinung ewigen Bestand hat,

> Der Dialog zielt weit höher, nämlich auf ein gemeinsames »Brainstorming«.

sondern ständig bezweifelt wird, und daß der Dialog eine innere Dialektik ermöglicht, nicht nur unter den Beteiligten, sondern auch für jedem einzelnen selbst. Uns geht es also um Tiefe; ein jeder soll den anderen im Rahmen des Dialoges bereichern. Bei Ihrer Debatte gewinnt am Ende die Mehrheit. Die Meinungen verfestigen sich, gefrieren sozusagen. Bei unserem Dialog hingegen gewinnen alle – durch ein tieferes, gemeinsames Verständnis.

B: Ich gebe ja gern zu, daß das in Kleingruppen, sofern sie über viel Zeit verfügen, funktionieren kann. Aber nicht heute, in unseren großen und unter Zeitdruck stehenden Gesellschaften.

Beenden wir an diesem Punkt den Dialog. Welcher Typ von Demokratie ist also der bessere? Demokratie A oder Demokratie B? Nun, diese Frage ist schon dadurch, daß sie das Problem als ein Entweder-Oder auffaßt, typisch westlich, typisch einseitig. Die buddhistische Logik hingegen würde unseren Blick sofort auf die Möglichkeiten eines Weder-Noch und eines Sowohl-Als-auch lenken. Auf beiden Seiten gibt es sehr gute Argumente. Es handelt sich, anders gesprochen, einfach um zwei verschiedene Weisen des Herangehens an dasselbe Problem. Demokratie B funktioniert vielleicht in großen, heterogenen Gesellschaften besser (weil dort weniger *corpus mysticum* existiert bzw. vernichtet werden kann), ferner in individualistischen Ich-Kulturen. Demokratie A eignet sich hingegen besser für kleine Gesellschaften innerhalb einer mehr kollektivistischen Wir-Kultur.

> Welcher Typ von Demokratie ist also der bessere – A oder B?

In vielschichtigen politischen Organisationen könnte man die Demokratieformen A und B auf jeweils unterschiedlichen Ebenen verwenden, ja, sogar von Ebene zu Ebene abwechselnd einsetzen. Folglich wäre ein Szenario denkbar, bei dem vor einer nationalen Wahl innerhalb des lokalen Blocks ein Dialog stattfindet und der Block dann buchstäblich *en bloc* abstimmt. Danach erfolgt eine Wahl von Repräsentanten nach Stimmenzahl. Diese Vertreter arbeiten dann ihrerseits nach dem Dialog/Konsens-Prinzip und entsenden aus ihrer Mitte Repräsentanten in eine UN-Versammlung, die auf dem Prinzip »Ein Land, eine Stimme« basiert.

Zwar legen Argumente und Gegenargumente von A und B eine Entscheidung für beide Varianten, nicht nur für eine, nahe; nur in der Praxis sieht es eben anders aus: Die Rede von Demokratie als Dialog und Konsens gilt in der Regel wenig – eben als Gerede. Als

Wundermittel betrachtet man dagegen die geheime Wahl, unter zuverlässiger Stimmenauszählung im Beisein internationaler Beobachter, notfalls ergänzt in Form von bilateraler und multilateraler technischer Hilfe (UNO, OSZE, EU).

Kürzlich erhielt ich einen Brief von einem deutsch-angelsächsischen Freund, der zur Zeit im Rahmen einer Gastprofessur in Japan weilt. Er meinte, er sei froh, daß er als Gastprofessor »nicht an den langatmigen wöchentlichen Sitzungen teilnehmen« müsse. Natürlich sind diese Sitzungen »langatmig«, denn das zugrundeliegende Prinzip lautet ja: Ein die soziale Harmonie bewahrender Konsens ist wichtiger als eine rasche Entscheidungsfindung durch Abstimmung. Müßte der Gastprofessor an einer solchen Sitzung teilnehmen, wäre es genau dies: Zwang. Eine völlig andere Sache wäre es hingegen, wenn er teilnehmen *wollte*, also bereit wäre, sich bewußt auf die andere Kultur einzulassen. Doch die japanische Demokratie des Typs A paßte ihm offenbar nicht. Und der von ihm präferierte Demokratietyp B war mit »den langatmigen Sitzungen« eben nur schwer vereinbar.

In einer solchen Situation neigen gewöhnlich beide Parteien dazu, die eigene Position zu rechtfertigen und die der anderen als undemokratisch zu bezeichnen. Die Fraktion A argumentiert, die Vertreter des B-Lagers hätten kein Interesse an Generalversammlungen. Das B-Lager argumentiert, auf solchen Versammlungen hätten ja ohnehin bloß die Bosse das Sagen. Beide Defizite könnte eine demokratischere Kultur beheben.

Mißbrauch von Demokratie ist strukturelle Gewalt

Fakt ist, daß die Menschen auf diesem Globus nicht gefragt werden, was sie unter Demokratie eigentlich verstehen. Da der Westen in der Welt die erste Geige spielt, gilt Typ B, die westliche Form der Demokratie, als die maßgebende. Vielen Gesellschaften wird einfach das westliche Modell übergestülpt – ihren Strukturen und ihrer Kultur, ihrem Körper und Geist sozusagen –, und zwar mit einem äußerst undemokratischen Mangel an Alternativen und Diskussionen. Ob manchen Gesellschaften der andere Typ oder eine Mischform angemessener wäre, interessiert im Westen niemanden. Das ist strukturelle und kulturelle Gewalt in einem und sicher kein hoffnungsvoller Beginn für eine junge Demokratie. Natürlich wäre es im Prinzip genauso wenig zu akzeptieren, würde man anderen Ländern entgegen deren Strukturen und Kultur Demokratie A oktroyieren. Da dies aber in der Realität nicht geschieht, konzentriere ich mich auf den erstgenannten Fall.

Kambodscha mag als Beispiel dienen.[11] Dabei handelt es sich um eine Kultur des Hinajana-Buddhismus, in der die Doktrin des »keine Seele« (*a-natta*) eine zentrale Rolle spielt. Darunter versteht man die Vorstellung, daß der einzelne wächst, wenn er ein Gefühl der Zugehörigkeit zum kollektiven, universellen Wesen aller Menschen (Gegenwart, Vergangenheit wie Zukunft umfassend) und allen Lebens entwickelt. Der konsensorientierte Dialog macht unter diesen geistigen Rahmenbedingungen enorm viel Sinn, die mehrheitsbildende Diskussion hingegen überhaupt nicht. Genau diese aber wurde von seiten der Vereinten Nationen verordnet. Ergebnis kann nur eine Karikatur der Demokratie, eine Demokratieposse sein, die gleichzeitig die originäre Kultur zerstört. Beide verlieren, Kultur und Demokratie. Die Gewinner heißen Kriminalität, Korruption und Gewalt.

Ergebnis kann nur eine Demokratieposse sein, die die originäre Kultur zerstört.

Ganze Nationen werden auf diese Weise gespalten, in denen sich mafiaähnliche Banden organisieren, die die Wähler kaufen oder gar eliminieren (siehe *la violencia* in Kolumbien[12]). Selbst in den Familien setzt sich die politische Spaltung fort, und zwar zwischen den Geschlechtern und Generationen. Die konsensorientierte Demokratie, gebunden an die ältere Generation und die Frauen, fristet nur noch ein Schattendasein im Hintergrund; die mehrheitsorientierte Demokratie hingegen wird von der männlichen Generation mittleren Alters als Machtinstrument benutzt. Ein Gegenargument könnte lauten, daß sich früher oder später alle an diese neue Form der Majoritätsdemokratie gewöhnen und dann in der Lage sein werden, mit den Umbrüchen gewalt- und korruptionsfrei umzugehen.

Doch dies wird erst dann möglich sein, wenn die ursprüngliche Kultur dieser Völker vereinnahmt und modifiziert wurde, desgleichen ihre politische Strukturen – hin zu einem politischen Individualismus, weg vom Dialog, wie macht- und privilegiengeschädigt dieser auch immer sein mag. Ein jeder Übergang zwischen kollektivistisch und individualistisch verorteten Kulturen ist ein dramatischer Vorgang. Angesichts der vielen Kriege und der Friedlosigkeit, die die Geschichte des Westens kennzeichnen, muß die Frage erlaubt sein: Kann sich der Westen wirklich so sicher sein, daß sein

> Ich plädiere für das prekäre Gleichgewicht des Sowohl-als-auch.

Demokratiekonzept das einzig richtige ist? Oder handelt es sich um eine neue Form der strukturellen und kulturellen Gewalt – in Ergänzung zu den alten, bewährten Formen in Gestalt des Imperialismus und Ökonomismus?[13] Ich plädiere weder für das Konzept A noch für das Konzept B, sondern für das prekäre Gleichgewicht des Sowohl-als-auch. Für ein Weder-Noch lassen sich in diesem Beitrag gewiß keine Argumente finden.

Defizite westlicher Demokratien: Zwei Beispiele

An zwei Beispielen aus jüngsten politischen Krisen (Winter 1995/96) in zwei westlichen Ländern, die sich beide für besonders demokratisch halten, will ich meine Argumentation verdeutlichen. Die Regierung Frankreichs führte im Südpazifik Atomtests durch und begann gleichzeitig im Zuge der Haushaltskonsolidierung, wie sie für die Aufnahme in die Europäische Währungsunion Bedingung war, den Lebensstandard der Arbeiterklasse abzusenken. In den USA führte die republikanische Mehrheit im Kongreß eine Finanzkrise herbei, weshalb eine Vielzahl von staatlichen Bediensteten eine Zeitlang überwiegend unbezahlten »Urlaub« nehmen mußte. Wie reagierten die Wähler und Wählerinnen auf diese Maßnahmen, und wie reagierten die Regierenden ihrerseits auf die Reaktionen ihres Wahlvolks? Beginnen wir mit den französischen Atomtests.

Ich will die offizielle Begründung für diese Atomtests (Entwicklung einer Basis für ein Simulationsmodell) einmal dahingestellt sein lassen, da sie angesichts der involvierten Risiken sehr fadenscheinig ist. Wahrscheinlicher scheinen mir andere Hypothesen zu sein: Zum einen wollte Frankreich seine Größe demonstrieren (wie die Franzosen sie sich eben zuschreiben), wohl wissend, daß es damit den Zorn der Welt auf sich ziehen würde. Wenn Jehova/Gott über den Menschen steht, weil er Leben zu geben und zu nehmen vermag, dann kommt auch einem Frankreich, das seine lebenzerstörende Macht demonstriert, ein »übermenschlicher«, quasi-göttlicher Status zu – zumindest in den Augen der Franzosen selbst, war doch Frankreich damals die einzige westliche Macht, die noch Atomtests durchführte (neben China, dem »Reich der Mitte«, das sich übrigens durch ein ähnliches Selbstbild auszeichnet).

Ein anderer Hintergrund war sicher François Mitterrands Versprechen in einem Interview im Dezember 1991, mit einem guten Teil der französischen *force de frappe* (den Atomwaffen) einen angemessenen Beitrag zur militärischen Stärke der Europäischen Union zu leisten, möglicherweise innerhalb des Eurocorps. Für diese Vermutung könnte noch Recherche erforderlich sein.[14] Vielleicht spielte die Entwicklung von Miniatomwaffen eine Rolle. Sie sollen sich dafür einsetzen lassen, umherwandernde Flüchtlingszüge fernzuhalten, die aus dem ökonomischen und ökologischen Ödland in der Dritten Welt kommen. Mit einer Milliarde Menschen in einer Generation rechnen manche, so ein hartnäckiges Gerücht.

Warum eigentlich Mururoa, Polynesien? – Nun, zum Teil wohl deshalb, um der Welt und den Polynesiern zu zeigen, wer der Herr im Hause ist, weshalb die Tumulte in Papeete zwar unerwartet, aber möglicherweise nicht ganz ungelegen kamen[15]; zum Teil aber auch deshalb, weil derlei Tests eben nicht sicher sind. Schließlich glaubte man, daß nur die dortige Geologie – wenn überhaupt – Sicherheit gewährleistet. Und noch ein Grund kommt hinzu, nämlich jener, den die Front National (Jean-Marie Le Pen) bei den Europawahlen am 15. Juni 1989 andeutete: Tahiti wäre vorbehalten gewesen als Rückzugs- und Sammlungsgebiet für eine zu Fall gebrachte französische Regierung, wie Kongo-Brazzaville damals für Charles de Gaulle.

Die Französische Revolution hat den elitären Charakter des französischen Herrschaftssystems – in bezug auf das eigene Volk wie auch auf andere Völker – keineswegs verändert, sondern lediglich die Rekrutierungsstruktur. Vor der Revolution war die Geburtszugehörigkeit zu einer kleinen aristokratischen Elite im Umfeld des Königs/Kaisers maßgebend; nach der Revolution erfolgte die Rekrutierung zunehmend über die Absolvierung der vielbewunderten französischen Eliteschulen. Alain Juppé beispielsweise, Jacques Chiracs ehemaliger Premierminister, ist Absolvent gleich dreier solcher Schulen und gilt als der »brillanteste Kopf seiner Generation«. Die Distanz zum Volk ist extrem. »Arroganz« ist ein viel zu schwacher Ausdruck dafür. Frankreichs Elite agiert weder aus der bürgerlichen Gesellschaft noch aus politischen Parteien noch aus dem Parlament heraus; ihre Basis sind Staat (Staatsbürokratie) und Kapital (große Gesellschaften) – Einrichtungen also, die praktisch nicht rechenschaftspflichtig sind. Diese Elite ist in einer Weise geschult, daß sie zwischen Staat und Kapital problemlos zu pendeln vermag. In der jakobinischen Tradition, im Anschluß an die Französische

Die Französische Revolution hat den elitären Charakter des französischen Herrschaftssystems keineswegs verändert.

Revolution, gewann der Staat die Oberhand, auch gegenüber dem Kapital. Im Zuge der »Privatisierung« ändert sich dies derzeit allerdings: Die Elite verlagert das Gewicht sozusagen auf das rechte Bein.

Ein französischer Minister fürchtet keine parlamentarische Anfrage (ganz im Unterschied zu seinem britischen Kollegen); was er aber fürchtet, sind Wahlen. Hingegen glaube ich kaum, daß französische Spitzenbeamte vor Wahlen Angst haben. Frankreich ist ein Land, das – hierin Japan nicht unähnlich – von Bürokraten regiert wird, dazu noch von Kohorten, also Absolventenjahrgängen. Da diese glauben, auf alle Fragen die Antworten bereits zu kennen, sind sie unfähig zum Dialog. Ihr Dialogverständnis beschränkt sich ohnehin auf die Vorstellung von einem privaten Treffen unter vier Augen, ganz unter sich, im eigenen Kreis. Dementsprechend erwarten die Franzosen von ihrem Staat Lösungen. Werden ihre Erwartungen enttäuscht, richtet sich ihr Ärger vor allem gegen den Staat (siehe 1968, 1995), weniger gegen das Kapital.

Demokratie hat – als Minimalbedingung sozusagen – etwas mit der Achtung vor der Meinung des Volkes, der Menschen schlechthin, zu tun. Im Falle der Atomtests war an Volkes Meinung weltweit nicht zu zweifeln. Doch die Verantwortlichen ließen sich gerade einmal herab, die vorgesehenen zwölf Versuche auf acht und den Zeitraum von Juni auf Februar zu verkürzen (wobei man sehr darauf bedacht war, ja nicht den Eindruck eines Zusammenhangs zwischen Verkürzung und Protesten zu erwecken). Diese Art der Immunität gegenüber Reaktionen von außen, fast schon ein Autismus, paßt natürlich vorzüglich zum Wahlritual der Demokratie des Typs B, doch überhaupt nicht zum Dialog zwischen Regierenden und Regierten, wie er für Demokratietyp A charakteristisch ist.

Das französische Volk weiß das genau, ja, nimmt es sogar *a priori* noch für selbstverständlicher als nötig. Die Franzosen lassen die erste Stufe des verbalen Dialogs – Kommunikation über die Medien (die ohnehin weitgehend von Staat und/oder Kapital kontrolliert werden, ausgenommen die Zeitung *Le Canard Enchaîné*) – einfach aus, desgleichen die zweite Stufe – Demonstrationen und Transparente – und gehen direkt zur dritten Stufe über, der Sprache der Gewalt, dem non-verbalen Nicht-Dialog sozusagen. Das Ergebnis kennen wir aus Nachrichtensendungen: umgeworfene Autos, in Brand gesteckte Busse, eben die spezifisch französische Art der Kommunikation über brennende Reifen hinweg und durch beißenden Rauch hindurch.

> Die Franzosen gehen direkt zur dritten Stufe über, dem non-verbalen Nicht-Dialog sozusagen.

Was also ganz offenkundig fehlt, ist eine Tradition des echten Dialogs, und zwar nicht innerhalb der einzelnen Schichten des Machtgefüges, sondern übergreifend, zwischen diesen. Weniger offensichtlich (und eher verwunderlich) ist hingegen, daß das Standardszenario durchaus funktioniert:

Regierung: Unsere Entscheidung ist unverrückbar, *je ne retirerai pas.*
Volk: Das werden wir ja sehen. Legen wir mal Paris ein bißchen lahm.
Regierung: Könnt ihr ruhig. Wir geben dem Druck der Straße, dem Mob, niemals nach.
Volk: Mob? Na gut, das könnt ihr haben (umgeworfene Autos, brennende Reifen, Wurfgeschosse).
Regierung: Natürlich sind wir dialogbereit und wollen unsere Sicht der Dinge gerne darlegen.

> **Legen wir mal Paris ein bißchen lahm.**

Daraufhin werden einige Gewerkschaftsführer ins Hôtel Matignon oder den Elysée-Palast eingeladen – und sehen sich schon bald verdächtigt, dem elitären Klüngel selbst anzugehören.

Wie sieht nun die entsprechende US-Variante aus? Die gesamte materiell so gesegnete westliche Welt steht vor demselben Problem: Man gibt mehr aus, als man eigentlich hat. Dies gilt für private Haushalte und die Unternehmen (das Kapital) genauso wie für die öffentliche Hand (den Staat).[16] Auf allen Ebenen gibt es natürlich leuchtende Ausnahmen, die der zweifelnden Bevölkerung gern zu Bewunderungszwecken vor die Nase gehalten werden: Da, seht, es geht, ihr müßt es nur richtig wollen und kräftig sparen!

In den reichen, entwickelten Ländern konkurrieren staatliche Leistungen, wie freie Bildung, kostenlose Gesundheitsfürsorge, Arbeitslosengeld und Rentenbezüge, aufgrund begrenzter Mittel immer stärker miteinander. Werden unter solchen Verhältnissen die Entscheidungen, welche dieser Leistungen gekürzt werden müssen, nur von jenen gefällt, die vermutlich nie von den Konsequenzen der Leistungskürzungen betroffen sein werden, so muß das katastrophale Folgen für die tatsächlich Betroffenen haben. Jedenfalls kann man diesen Entscheidungsprozeß nicht demokratisch nennen (höchstens parlamentokratisch), wenn er ausschließlich auf der Ebene von Regierung und Parlament oder in einem Dialog zwischen diesen beiden stattfindet. Er wird zweifellos heftige Reaktionen bei denen hervorrufen, die es am schlimmsten trifft, zumal man sie nie wirklich nach ihrer Meinung gefragt hatte. Dies dürfte das Szenario sein, auf das wir in den meisten westlichen Demokratien zusteuern.

Jene US-Staatsbediensteten, die einfach »beurlaubt« wurden, als »der Staat dichtmachte«, sind nur ein mögliches Beispiel. Hintergrund war die Weigerung der Republikaner, Geld für Gehälter zur Verfügung zu stellen, solange der Haushalt nicht durch andere Kürzungen ausgeglichen war. Kandidaten für die Streichungen fand man natürlich vorzugsweise in der Liste der Wohlfahrtsleistungen. Dies geschah praktisch ohne jede Reaktion von den direkt Betroffenen, weder von den Staatsbediensteten selbst noch von ihren »Kunden«, etwa den Bürgern, die einen Paß brauchten. Keine größeren Demonstrationen, nichts, was mit dem »Marsch der Millionen« (1995 in Washington D.C., organisiert von Louis Farrakhan) vergleichbar gewesen wäre. Apathie, nicht Demokratie.

> In den USA keine Gewalt wie in Frankreich, sondern Privatisierung des Problems bis hinunter auf die persönliche Ebene.

Nein, keine Gewalt wie in Frankreich. Keine größere Solidaritätsbekundung, vielmehr stille Bemühungen des einzelnen, private Kredite umzuschulden und über die Hypothekenzinsen zu verhandeln. Anders ausgedrückt: Privatisierung des Problems bis hinunter auf die persönliche Ebene – nicht nur eines gravierenden gesellschaftlichen Problems, sondern eines globalen Problems. Dessen Lösung überläßt man den Eliten, dem Dialog zwischen Weißem Haus und Kongreß, wobei man beiden mißtraut, vielleicht aber hofft, daß ein neuer Typ von Partei (eine »Reform Party«) die Antwort auf ein ausgesprochen systemisches Problem geben kann.

Meiner Meinung nach besteht die beste Lösungsmöglichkeit darin, den vielschichtigen Dialog (horizontal, vertikal, diagonal, in Klein- und Großgruppen, mit und ohne Print- und elektronische Medien) mit der via Wahlen auf Mehrheitsherrschaft zielenden Debatte zu verbinden. Wie dies geschehen kann, ist derzeit noch offen. Wie lassen sich die Ergebnisse all dieser Dialoge zusammenführen und bündeln, so daß sie gleichsam ein Reservoir für bessere Entscheidungen der gewählten Vertreter bilden? Bisher ist das höchstens das Vorwort der Demokratie.

Was wir inzwischen vielleicht aber erkannt haben, ist, wie es nicht funktionieren kann und daß ein demokratischer Ritualismus nicht die Antwort ist. Auch nicht das »Aufpfropfmodell« kambodschanischer Machart, nicht die französischen Straßenschlachten, nicht die Apathie der Amerikaner. Nichts von all dem kann den Dialog ersetzen.

Rechtsschutz für Grundbedürfnisse

Für die UNESCO entwickelte ich einmal eine Bedürfnisse/Rechte-Matrix, wobei ich 28 primäre und sekundäre Bedürfnisse zu den 49 Rechten der Allgemeinen Erklärung der Menschenrechte (Sekundärrechte eingeschlossen) in Beziehung setzte.[17] Aus dieser Matrix ergeben sich insgesamt 1.372 Kombinationen – doch nur in 49 Fällen gibt es eine Bedürfnis-Rechte-Relation. Natürlich sind derlei Zahlen nur Anhaltspunkte, und genauso klar ist auch, daß nie alle erdenklichen Bedürfnisse durch entsprechende Rechte abgedeckt werden können. Die Matrix wird also immer viele Leerstellen aufweisen.

> Für die UNESCO entwickelte ich einmal eine Bedürfnisse/Rechte-Matrix mit insgeamt 1.372 Kombinationen.

Dennoch ist diese Matrix interessant und nützlich, weil sie ein offenkundiges und bemerkenswertes Faktum hervorhebt: Zwischen Bedürfnissen und Rechten besteht keine 1:1-Entsprechung. Es gibt Rechte, mit denen gleich eine ganze Reihe von Bedürfnissen abdeckt sind, aber auch solche, die sich nur auf ein oder sogar auf kein Bedürfnis beziehen. Der letztere Fall ist im Grunde wenig problematisch. Anders sieht es jedoch aus, wenn sich für bestimmte Bedürfnisse keine Entsprechung unter den Rechten findet. Wo sonst aber liegt der Sinn von Rechten, wenn nicht in ihrer Schutzfunktion konkreter Bedürfnisse! Das heißt, hier ist ein starkes »Erneuerungselement« gegeben, nämlich die Aufforderung, kontinuierlich an der Implementierung neuer Normen zu arbeiten, den Prozeß als solchen am Leben zu erhalten.

Ein Ergebnis dieser Bemühungen ist eine Liste von Bedürfnissen, die gleichsam als Hauptkandidaten auf der globalen »Warteliste« gelten können und so bald wie möglich in Rechte überführt werden sollten. Falls dies tatsächlich gelänge, sähe die Matrix schon ganz anders aus, die meisten Leerstellen wären bald gefüllt. Und jene Rechte, denen keine Bedürfnisschutzfunktion zukommt, blieben solange unproblematisch, als sie anderen nützlichen Zwecken dienen, z.B. der Wahrung des sozialen Friedens.

Was ist noch zu tun? Die Menschenrechte der zweiten und dritten Generation

Die eingangs von mir erstellte Liste der noch nicht eingelösten Menschenrechte der zweiten Generation mag naiv erscheinen und unpräzise formuliert. Ihr Zweck liegt eben darin, einen Dialog anzuregen, an dem auf der einen Seite die beteiligt sind, die es gewohnt sind, in Bedürfniskategorien zu denken, und auf der anderen Seite jenen, die sich eher an Rechtskategorien orientieren. Auch den gut verankerten, allgemein anerkannten Menschenrechten würde ein solcher Dialog guttun, gerade weil wir uns allzu sehr an sie gewöhnt haben und eine neue Perspektive nützlich wäre. Auch die jeweiligen Ausformulierungen der Menschenrechte haben ihre Lebenszyklen. Menschenrechte werden gezeugt, reifen dann gleichsam heran, bevor sie durch Niederlegung in einem feierlich angenommenen Dokument ein richtiges Leben gewinnen. Danach folgen adoleszente Entwicklung, Reife und schließlich Alterung oder eher Veraltung. *Keiner* Menschenrechtsformulierung ist ewiges Leben vergönnt – im Unterschied zu ihrer Grundlage, dem jeweiligen Bedürfnis.

> *Keiner Menschenrechtsformulierung ist ewiges Leben vergönnt.*

Ein interessantes Forschungsthema wäre die Analyse der Umstände, unter denen Bedürfnisse in Rechte übergehen. Eine Hypothese könnte folgendermaßen lauten: Dies hängt nicht davon ab, wie gut die Begründung für die entsprechenden Bedürfnisse oder Rechte ist, dies hängt in erster Linie von der Meinung der wichtigen »Normgeber« ab, ob die neuen Rechte in ihrem jeweiligen Land bereits hinreichend stark verankert sind oder nicht. Denn kein fortschrittlicher Staat will durch die Einführung neuer Rechte den Eindruck erwecken, bei ihm habe es bisher an Rechtsstaatlichkeit gemangelt, und andererseits wäre es ganz bestimmt nicht wünschenswert, wenn schlecht regierte Länder mit dem bloßen Verweis auf solche Rechte sich als guter Rechtsstaat ausweisen können.

Meine Liste könnte ganz gut das »Recht der Alten auf ein Leben in ihrer Familie« enthalten, hätte ich von der Aufnahme von Normen der sozialen Gerechtigkeit nicht abgesehen. Es ist klar, daß sich dieses Recht gegen Alten- und Pflegeheime richtet. Dabei ist die Frage nach der Wahrscheinlichkeit, daß ein solches Recht von jenen Ländern, die in großem Stil ihre Alten von den Familien trennen und in Altersheime stecken, jemals formell angenommen wird, gar nicht einmal das zentrale Problem. Denn in puncto Umsetzung – und darauf käme es an – wären die führenden Länder der Ersten Welt bei einem Menschenrecht wie diesem mit Sicherheit ganz am Ende der Skala. Es würden sich die übliche Rangordnung also glatt umkehren, und das ist für die maßgebenden Länder Grund genug, sich der Umsetzung eines solchen Rechts zu widersetzen.

In diesem Fall gibt es aber zumindest eine klare Vorstellung davon, was die Umsetzung bedeuten müßte, nämlich gesellschaftliche Unterstützung für die Familien jener Alten, die daheim bleiben wollen. Bei vielen anderen der oben erwähnten Rechte haben die politischen Entscheidungsträger wahrscheinlich keine Ahnung, was ihre Umsetzung bedeutet, abgesehen vielleicht von dem vagen Eindruck, daß die Konsequenzen für ihr Land eher negativ wären. Ein allgemeiner Anspruch auf Identität und Selbstverwirklichung durch kreative Arbeit beispielsweise steht in direktem Widerspruch zu den Strukturen, wie moderne Gesellschaften im postindustriellen Zeitalter organisiert sind: Kreativität für ein paar wenige, Routinetätigkeiten für den Rest. Dies bedeutet aber auch: Wenn Rechte erst dann angenommen werden, wenn Umsetzungslösungen bereitstehen, dann werden wir noch lange auf sie warten müssen – zumindest so lange, bis andere gesellschaftliche Gruppierungen in die Lage kommen, als »Normsender« zu fungieren.

> Wenn Rechte erst dann angenommen werden, wenn Umsetzungslösungen bereitstehen, dann werden wir noch lange auf sie warten müssen.

Welche Chancen hätten also derartige Rechte im neuen Jahrhundert? Wird man sie ernst nehmen? Sie zählen ja alle zu jener Art von Rechten, die man im Prinzip bereits in der zweiten Generation von Menschenrechten, nämlich in den Internationalen Pakten von 1966, hätte berücksichtigen können. Nun mag es ja sein, daß damals einfach niemand daran gedacht hat, daß es für einen Großteil der rapide wachsenden Bevölkerung von Mexiko City keine Toiletten gibt oder daß in den indischen Großstädten von geschäftstüchtigen Menschen exorbitante Preise für die Nutzung öffentlicher Toiletten verlangt werden und wie erniedrigend dies insbesondere für Frauen ist. (Die Frage drängt sich auf: Waren hier wieder einmal Männer am Werk?)

Aber wie ist es möglich, daß sich niemand darüber Gedanken gemacht hat, welche Schande und welcher Skandal ein Krieg im Hinblick auf die Menschenrechte ist, daß grundsätzlich jeder Mensch genauso ein Recht darauf hat, nicht töten zu müssen und nicht getötet zu werden, wie die Menschen in manchen Ländern bei Naturkatastrophen einen Anspruch auf Unterstützung haben? Waren hier etwa Staatsdiener am Werk?

Und wie kann es sein, daß niemand es für nötig hielt, einmal einen neuen Blick auf eine unserer zentralen Einrichtungen, die Arbeit, zu werfen? Daß der Investor einen Anspruch auf Rendite hat, wenn er sie sich zu beschaffen vermag, ist uns die reine Selbstverständlichkeit. Doch wie steht es mit dem Recht des Arbeiters auf

Teilhabe am Arbeitsprozeß und wie mit seinem Anspruch auf nichtmateriellen Nutzen aus einer anspruchsvollen, motivierenden Arbeit?

Auch mit dem Recht auf mehr gesellschaftliche Transparenz sah es für die Bürger und Bürgerinnen bisher eher düster aus. Kann es vielleicht sein, daß die Forderung nach Transparenz hintertrieben wird, weil sonst allzu deutlich würde, was auf Staats- und Kapitalseite abläuft und welche Ziele man in Wirklichkeit verfolgt? Warum Transparenz beim Wetter, aber nicht in Politik und Wirtschaft?

> **Warum Transparenz beim Wetter, aber nicht in Politik und Wirtschaft?**

Wir haben die Versammlungsfreiheit, gewiß. Doch wie steht es mit der Mitgliedschaft in Gruppen, die vielleicht sogar mit der Familie einerseits und der Nation andererseits konkurrieren? Ich denke dabei an Sekten, unter der Voraussetzung allerdings, daß sie sich auf dem Boden des Rechts bewegen und daß ein Recht auf Austritt besteht. Auch das Recht auf Koexistenz bzw. Leben im Einklang mit der Natur wäre überlegenswert. Es bedeutet Nähe zu etwas Transpersonalem, nicht genetisch Manipuliertem – jenseits von Park oder Garten.

Kommen wir zum nächsten, schon eingangs angesprochenen Thema, den bereits diskutierten Menschenrechten der dritten Generation, die das Recht auf eine saubere Umwelt, das Recht auf Entwicklung und das Recht auf Frieden umfassen sollen. Wenn die Einforderung der aus der zweiten Generation übriggebliebenen Rechte schon ziemlich ambitioniert erschien, wie dann erst diese! Wir befinden uns mit der dritten Generation nicht mehr ausschließlich auf dem Gebiet der Beziehungen zwischen Staaten und Einzelpersonen; hinzu kommt nun der Unternehmenssektor, jedenfalls was das Recht auf eine saubere Umwelt und jenes auf Entwicklung angeht, und beim Recht auf Frieden treten zu den innerstaatlichen noch die zwischenstaatlichen Beziehungen hinzu. Überfordert oder übersteigt dies die Menschenrechte?

An diesem Punkt kommt uns eine sehr glückliche Formulierung aus der Allgemeinen Erklärung der Menschenrechte von 1948 zu Hilfe:

> *Artikel 28. Jeder Mensch hat Anspruch auf eine soziale und internationale Ordnung, in welcher die in der vorliegenden Erklärung angeführten Rechte und Freiheiten voll verwirklicht werden können.*

Das ist revolutionär: Die »Ordnung« wird als ein grundlegender »Parameter« begriffen, von dem die Möglichkeit der vollständigen Realisierung abhängt. Was genau die beste (oder, im Gegensatz dazu, die schlechteste) Ordnung ist, bleibt zunächst gewiß streitig. Doch es ist wichtig, diese Debatte zu führen, und zwar sehr ernsthaft. Möglicherweise verhält es sich hier so, wie wir das von vielen anderen Fällen her kennen: Nimmt man die vereinfachenden Schlagworte: »Demokratie versus Diktatur«, »Kapitalismus versus Sozialismus« einmal genauer unter die Lupe, stellt sich weltweit mehr Konsens ein als anfänglich gedacht.[18]

Der entscheidende Punkt ist: Wenn denn die menschlichen Bedürfnisse Vorrang haben, dann hat die soziale und internationale Ordnung in ihrem Dienst zu stehen – und nicht umgekehrt, so daß elementare menschliche Bedürfnisse auf dem Altar irgendeiner Ordnung geopfert werden.

Ist Selbstbestimmung für Volksgruppen ein Menschenrecht?

Ein wesentlicher Aspekt der heutigen Ordnung ist das Staatssystem (bzw. die Staatsorientierung), und dies führt uns direkt zur Frage der nationalen Selbstbestimmung. Ein Beispiel: In einem Referendum gibt eine Volksgruppe N ihrem Autonomiewillen überwältigenden Ausdruck. Dann aber gibt es da möglicherweise den Willen einer oder mehrerer anderer Volksgruppen im selben Staat, die den Austritt von N aus dem Staatsverband nicht zulassen wollen. Sie machen also vom Mehrheitsprinzip Gebrauch und »beweisen« der Welt in einer landesweiten Abstimmung, daß N für sein Autonomie- oder gar Unabhängigkeitsbestreben so gut wie keine Unterstützung hat.

Natürlich ist das Argument völlig unsinnig. Es bedeutet ja nichts anderes, als daß der Nation N das Recht auf Selbstregierung versagt wird. Separate Abstimmungen definieren die jeweiligen Parteien und kristallisieren die Akteure heraus, die Abstimmung im Ganzen jedoch ist kaum von Interesse – außer als ein Signal von einem Staat, den es in der bisherigen Form vielleicht schon bald nicht mehr geben wird. Selbstbestimmung ist ein Recht, über das nicht andere entscheiden können! Das Bedürfnis nach Identität (d.h. nach Einklang und Übereinstimmung mit sich selbst), nach eigener, durch sich selbst und für sich selbst ausgeübter Demokratie ist unveräußerlich.[19]

> Das Bedürfnis nach Identität, nach eigener, durch sich selbst und für sich selbst ausgeübter Demokratie ist unveräußerlich.

Das Problem liegt in dem Schritt von der Erkenntnis der Erkenntnis zur Erkenntnis des Erkennenden. Weder Großmächte noch deren Rechtsvertreter, noch die UN-Generalversammlung (gleichsam als Staatengewerkschaft), noch eine Völker- bzw. Nationengewerkschaft kann hier genügen. Denn was immer diese beschließen, es ist notwendigerweise eng an ihre Interessen gekoppelt, und folglich ist das Ergebnis vorhersehbar. Wohl sollte ihre Meinung Gehör finden; maßgebend aber kann sie nicht sein. Die Suche nach unabhängigen Parteien – der Internationale Gerichtshof ist ein Kandidat – ist zwar im Gange, doch bislang ohne konkretes Ergebnis. Vielleicht liegt dies daran, daß wir (zwangsläufig) über Absolutes mit religiösen oder quasireligiösen Konnotationen reden. Wie oben schon angedeutet, entziehen sich Entscheidungen in diesen Dingen ihrem Wesen nach einer Abstimmung; Voten gegen die Staatssouveränität finden nicht unbedingt Anerkennung. Ohnehin stellt sich die Frage, inwieweit Volkswillensprobleme überhaupt im Rahmen des gesetzten Rechts verhandelt und geregelt werden können. Die Details schon; doch den Kampf um Freiheit vermochte bislang noch kein Recht der Welt zu unterdrücken.

> Selbstbestimmung ist vielschichtig wie eine Zwiebel.

Hinzu kommt, daß Selbstbestimmung vielschichtig wie eine Zwiebel ist. So kann ein Staat ein »Gefängnis der Nationen« und Ursache heftiger Konflikte sein (häufig als »innerer Krieg« bezeichnet, obwohl dieser im Zeitalter der Intervention nicht mehr so ohne weiteres möglich ist). Gleiches gilt aber wiederum auch für Staaten, die aus solchen Konflikten hervorgehen, da sie das Problem der Anerkennung von Nationen/Völkern innerhalb von Nationen aufwerfen. Das Prinzip des *uti possidetis*, d.h. die Anerkennung faktischer Grenzen innerhalb von (kolonialen) Imperien und Föderationen wie der Sowjetunion und Jugoslawien (auf das sich der Internationale Gerichtshof im Grenzstreit zwischen Burkina Faso und Mali 1986 berief), orientiert sich allzu sehr an den Verwaltungsentscheidungen und Festlegungen der Vergangenheit. So wurde z.B. Slowenien, Kroatien und Bosnien-Herzegowina das Selbstbestimmungsrecht zugebilligt, nicht aber den Serben in der Krajina und in Slawonien, den Serben und Kroaten in Bosnien-Herzegowina und den Albanern im Kosovo. Das Ergebnis war Krieg und unendliches Leid. Beides hätte möglicherweise vermieden werden können, hätte man auch auf dieser unteren Ebene gleichermaßen das Recht auf Selbstbestimmung zugestanden.

Meine Schlußfolgerung kann also nur lauten, daß das Recht auf

Selbstbestimmung ein ganz wesentliches Menschenrecht ist. Allerdings darf es nicht als ein automatisches Recht auf Sezession, Unabhängigkeit und staatliche Anerkennung seitens der Staatengemeinschaft mißverstanden werden, ja nicht einmal als ein automatisches Recht auf weitreichende Autonomie innerhalb eines Staates. Das Recht auf Selbstbestimmung meint vielmehr das Recht eines Volkes, seinen Status innerhalb eines Staates – und implizit in der Welt – selbst zu bestimmen, wobei die Optionen von Unabhängigkeit bis Status quo reichen. Doch unabhängig von der getroffenen Entscheidung beinhaltet das Recht auf Autonomie, wie ausgeprägt diese auch immer sein mag, kein Recht auf rigorose Mißachtung anderer. Auch das Recht auf freie Meinungsäußerung bedeutet ja keineswegs, daß man die Konsequenzen der Ausübung dieses Rechts außer acht lassen darf. Das übergeordnete Prinzip heißt Verantwortung!

> Das Recht auf Autonomie beinhaltet kein Recht auf rigorose Mißachtung anderer.

Einfache Trennung (Sezession), ohne die dadurch entstandenen oder folgenden Schwierigkeiten auszuräumen, ist so verantwortungslos wie das Verhalten eines Ehepartners, der einfach verschwindet, ohne sich weiter um den zurückbleibenden Partner und Dritte (Kinder, Verwandte, Freunde, Nachbarn) zu kümmern. Prinzipiell ist dabei unerheblich, ob sich die geschlagene und unterdrückte Ehefrau bei der Trennung verantwortungslos verhält oder der egoistische, tyrannische Ehemann. Wenn Gewalt im Spiel ist, sind die Probleme natürlich besonders groß – und umso geringer ist die Bereitschaft der Beteiligten, an einer Problemlösung mitzuwirken. Die Schlußfolgerung kann also nur lauten: Selbstbestimmung ist ein ebenso wesentliches Menschenrecht wie die Gleichberechtigung der Frauen. Doch die Ausübung des Rechts auf Selbstbestimmung führt zu Konflikten, die innerhalb des Rahmens, in den das Recht selbst gehört, bewältigt werden müssen; der Konflikt setzt das Recht keineswegs außer Kraft. Denn dieses ist mit der Pflicht zur Konfliktbeilegung verbunden, am besten durch aktive, gemeinsame Vorbeugung, bevor sich Gewalt manifestiert.

Im konkreten Fall, etwa im Konflikt zwischen dem Kosovo und Belgrad oder zwischen Ost-Timor und Jakarta, würde dies für die Parteien bedeuten, entsprechend dem alten Sprichwort zu handeln: *audiatur et altera pars* – höre die andere Seite an. Wir können für die faschistischen Serben oder indonesischen Milizen nichts als Abscheu und für die Opfer Mitleid und Sympathie empfinden, aber das sollte uns nicht blind machen für die Argumente, die hinter der Gewalt stehen bzw. der Grund der Verzweiflung sind. Es könnte ja sein, daß Staaten nicht gerne Militärbasen anderer Mächte auf ihrem Territorium oder in ihrer Nachbarschaft haben, daß sie die wirtschaftliche Kolonialisierung nicht hinnehmen wollen, daß mythische Bande sie an das Sezessionsgebiet binden oder daß sie Angst vor Dominoeffekten haben, wie seinerzeit England, Spanien und Frankreich unkontrollierbare Entwicklungen befürchteten, als Schottland, das Baskenland und Korsika plötzlich aufzumucken und von Selbstbestimmung zu reden begannen. Also: Selbstbestimmung ja, aber verbunden mit der Pflicht zur Überwindung besagter Konflikte!

Globalisierung der Wirtschaft

Die Menschenrechte datieren aus einer Zeit, als es zwar schon erste Tendenzen zur Globalisierung gab, deren Umwälzungen aber beeinflussen und verändern erst in unseren Tagen das Zusammenleben der Menschen nachhaltig und tiefgreifend. Heißt das, daß die Menschenrechte unter diesen veränderten Bedingungen zunehmend ihre Notwendigkeit einbüßen? Werfen wir erst einmal einen genaueren Blick auf das, was eigentlich passiert und was sich für die Menschheit dadurch verändert.

Globalisierung, Staatsbildung und Regionalisierung

Was bedeutet »Globalisierung« für die Grundrechte?

»Globalisierung« hat für die meisten Menschen ganz unterschiedliche Bedeutungen; mich z.B. interessiert die Frage, was sie für die Grundrechte bedeutet. Für mich steht am Ende der Globalisierung eine *einstaatliche Welt*, geprägt von einer Menschheit, die sich als *eine Nation* (bzw. als Weltvolk) begreift. Dieser Prozeß wird manchmal mit dem englischen Begriff *nation-building* bezeichnet, obwohl doch eigentlich *state-building* gemeint ist (was eben besagt, daß der Staat, nicht das Volk, im Zentrum steht).[20] Im Prinzip geht es bei der Globalisierung um die Beseitigung der Grenzen zwischen kleineren territorialen Einheiten, die in Europa und anderswo noch aus dem Mittelalter übriggeblieben sind, um aus ihnen Länder mit einer Staatsorganisation als gemeinsamem Dach und Kern zu bilden.

Bei diesem Prozeß spielen sechs Faktoren ein entscheidende Rolle:

- *Kommunikation/Verkehr:* ungehinderte Mobilität der Menschen innerhalb des jeweiligen Landes, symbolisch wie auch physisch,
- *Wirtschaft:* ungehinderte Mobilität der Erzeugnisse und Produktionsfaktoren, wobei das Land in wirtschaftlicher Hinsicht als ein Markt gilt,
- *Kultur:* ungehinderte Mobilität der Ideen innerhalb des betreffenden Landes, inklusive Kommunikation über internalisierte Mythen (Identitätssymbole), im Hinblick sowohl auf Ruhm und Größe als auch auf traumatische kollektive Erfahrungen,
- *Politik:* zentralisierte politische Lenkung auf Staatsebene,
- *Militär:* militärische Macht unter Staatskontrolle,
- *Staatsbürgerschaft:* Rechte, Pflichten sowie Beteiligung am staatlichen und politischen Leben.

Wir stehen gerade am Anfang dieses ganzen Prozesses. Die Menschheit – das sind heute 200 Staaten und 2.000 Nationen/Ethnien, was zwangsläufig bedeutet, daß sich durchschnittlich zehn Volksgruppen ein »Heimatland« (oder Gefängnis, um mit Lenin zu sprechen) teilen. Aus globaler Perspektive gesehen sind wir indes alle Minderheiten, auch die Chinesen. Im Grunde gibt es nur eine einzige Ausnahme, und das sind die Frauen: Sie sind die wahre Mehrheit.

Die Menschheit – das sind heute 200 Staaten und 2.000 Nationen/Ethnien.

So, wie die Globalisierung schon mit den Fürstentümern, Herzogtümern und Grafschaften verfahren ist, so könnte sie auch mit den Staaten verfahren und Grenzen beseitigen, globale Institutionen fördern und zu einer Weltbürgerschaft führen.

Staatsbildung (*state-building*) und Globalisierung sind aber nicht die einzigen Tendenzen: Es gibt auch die »Regionalisierung«, eine Art von gegenläufiger Widerstandsbewegung, die teils ökonomischer Art ist (lokale Selbstversorgung/Unabhängigkeit), teils kultureller (lokale Nationalismen), auch politischer (lokale Machtzentren) oder militärischer Art (lokale »Kriegsherren«). Gleichzeiten entwickeln sich »Superstaaten« und »Übernationen« (letztere werden auch »Zivilisationen« genannt). Bekanntes Beispiel unserer Tage ist die EU, ein werdender Superstaat; dessen »Übernation« oder »Dachnation« ist das katholische/protestantische, lateinische/germanische Europa – wohlgemerkt unter Ausgrenzung der beiden anderen europäischen Teile bzw. Linien in Gestalt des orthodoxen/slawischen und des muslimischen/türkischen Europa.

Diese beiden dürften sich nach und nach ebenfalls zu einheitlichen Großregionen entwickeln, und zwar weitgehend in dialektischer Beziehung zum EU-Prozeß.

Ein anderes Beispiel wäre eine ostasiatische Gemeinschaft auf der Grundlage einer buddhistisch-konfuzianischen Identität: China-Japan-Korea-Vietnam. Vielleicht erwächst dieser Superstaat aus einem ostasiatischen Markt? Entscheidend hierbei ist wechselseitige Empathie oder Sympathie auf Basis einer gemeinsamen kulturellen Identität. Natürlich dürfen nicht allzu viele Konflikte bestehen: Superstaaten bzw. Übernationen können erst entstehen, wenn die Mitgliedsländer im Inneren ausreichend geeint sind oder innerhalb der Region besser miteinander zurechtkommen, als dies nach außen der Fall ist. Diese Funktion könnte die 1967 gegründete Vereinigung südostasiatischer Staaten (ASEAN) erfüllen, während die Globalisierung andererseits die gleiche Funktion für die Regionen wahrnehmen könnte.

Was hemmt die Globalisierung, was bringt sie voran?

> Es gibt keine einfache, lineare Zeitordnung für die drei Prozesse Staatenbildung, Globalisierung und Regionalisierung.

Es gibt keine einfache, lineare Zeitordnung für die drei Prozesse Staatenbildung, Globalisierung und Regionalisierung. Sie stellen so etwas wie unsynchronisierte Entwicklungsspuren (oder das Koordinatensystem) für die Welt als politisches System dar, wobei mal der eine Prozeß schneller, mal der andere langsamer verlaufen mag. Eine »lokale Spur« kann durchaus noch hinzukommen. Wir haben es hier mit sehr langfristigen Vorgängen zu tun: Die Staatenbildung ist seit mindestens einem Jahrtausend im Gange, und ein Ende dieser Entwicklung ist nicht abzusehen.

Gesellschaftliche Prozesse verlaufen selten völlig synchron – und wenn, dann nur aufgrund großangelegter zentralstaatlicher Planung, was aber bedeutet, daß zumindest einer der genannten Faktoren zunächst auf der Strecke bleibt: die Beteiligung der Staatsbürger/innen. Bestimmte Faktoren zeigen eine flexible, bisweilen sprungartige Entwicklung; andere sind eher statisch oder kaum veränderlich, hinken also in ihrer Entwicklung hinterher. Welche der sechs Faktoren, die ich oben aufgezählt habe, sind nun bei der Globalisierung die treibenden Faktoren, welche die eher nachhinkenden?

Kein Zweifel, unter den treibenden Faktoren ist *Kommunikation (und Verkehr)* die Nummer eins, das war schon seit den Anfangstagen der Internationalen Postunion so und ist es erst recht im Zeitalter der Telekommunikation, wo sich Millionen Internetsurfer täglich im Cyberspace treffen, der damit praktisch zu einem verbundenen System globaler Rathäuser wird. Die menschliche Qualität dieser Beziehungen mag gering sein, doch ein Austausch (Interaktion) findet statt, und zwar in Echtzeit und grenzüberschreitend, so daß räumliche Entfernungen irrelevant werden. Transport und Verkehr hinken hinterher; die Bewegung physischer Güter kann mit der Geschwindigkeit elektromechanischer Wellen nicht konkurrieren. Der Mensch hat also den globalisiertesten Faktor kopiert, den es gibt: die Natur selbst. Die Wellen und Partikel des Kosmos, die Strömungen der Flüsse und Ozeane und die Winde der Atmosphäre kennen keine Grenzen, wie der Blick auf die Wetterkarte beweist. Zugvögel, Fische und andere Tierarten oder pathogene Mikroorganismen interessiert es nicht, wo ein Strich auf der Landkarte verläuft. Also kann man die Globalisierung auch als die Rückkehr zum Normalen/Natürlichen begreifen, weil sie künstliche, vom Menschen gezogene Grenzen beseitigt.

> Der Mensch hat also den globalisiertesten Faktor kopiert, den es gibt: die Natur selbst.

Die *Marktwirtschaft* ist unbestritten die Nummer zwei unter den treibenden Faktoren, weil sie direkt auf Kommunikation und Verkehr beruht: Geldströme, Technologietransfer, Unternehmensstrategien, Dienstleistungen; Rohstoffmarkt, Arbeitskräfte und Unternehmensführung. Was neu hinzukommt, ist nicht der Warenverkehr, also die Mobilität von Rohstoffen, Halb- und Fertigwaren (was man gemeinhin auch als Handel bezeichnet) – diese Globalisierung gibt es schon lange, zumindest seit Kolumbus, Vasco da Gama und Magellan.[21] Das Neue besteht vielmehr in der Mobilität auch *aller übrigen* Produktionsfaktoren sowie der Dienstleistungen. Der Faktor Arbeit erlangte, in Gestalt der Sklaven, gleichzeitig mit dem Welthandel Mobilität. Seit aber die freie Arbeit zu einer wenigstens die Reproduktion sicherstellenden Entlohnung berechtigt, liegt die Mobilität weit unter dem, was die Transport- und Verkehrssysteme ermöglichen würden; meist bleibt sie auf den Nationalstaat bzw. den Superstaat beschränkt.[22] Mobiler denn je sind die Führungskräfte – nach dem Vorbild des »Dienstes in den Kolonien« setzt ein Platz weit oben in der Hierarchie Schulung in multikulturellen oder globalisierten unikulturellen Lebensstilen voraus.

Dies bedeutet, daß die heutige Mobilität sich nicht nur innerhalb oder zwischen transnationalen Unternehmen (sogenannten

»transnationalen Gesellschaften«, kurz TNG) abspielt, sondern auch das *Unternehmen als solches* komplett mit einschließt. Auch dies ist allerdings nicht ganz neu: Die Plantagenwirtschaft der Kolonialzeit basierte auf einem ähnlichen Mobilitätsniveau. Wie damals, so gilt wohl auch heute, daß die Mobilität ganz bestimmten Linien folgt: von den höheren zu den niedrigeren Lohnkosten; von höheren zu niedrigeren Unternehmenssteuern; von höheren zu niedrigeren Transportkosten für Rohstoffe, Halb- und Fertigwaren. Doch das Resultat ist unverkennbar, ob die jeweilige Marktwirtschaft nun eine rein kapitalistische oder eine mehr sozial gefärbte ist: Die heutige Welt entwickelt sich zunehmend zu einem einzigen großen Markt, auf dem jeder jedes Gut und jede Dienstleistung, wo immer erzeugt, erwerben kann, sofern man über die erforderliche Kaufkraft verfügt.

> **Treibender Globalisierungsfaktor Nummer drei ist die Kultur.**

Treibender Faktor Nummer drei ist die *Kultur*. Natürlich lassen sich Vorstellungen und Symbole aller Art immer problemloser verbreiten, und die letzten Abschottungsversuche von Staatsmächten, die den kulturellen Input für ihre Bürger und Bürgerinnen zu kontrollieren versuchten, scheinen nun ganz offenkundig zu scheitern. Allerdings geht es mir hier um etwas mehr als nur den »freien Ideenfluß«, es geht mir um Ideen, die von konkreten Menschen aufgenommen werden und zur Identitätsbildung beitragen. Genauer gesagt: Es geht um gemeinsame (kollektive) Vorstellungen von Triumph und Leid und sogar – auf einer tieferen Ebene – um heilige Orte in Raum und Zeit. Durch die Beanspruchung eines bestimmten, als heilig empfundenen Territoriums als Heimatgebiet, dessen sakraler Charakter in regelmäßigen oder unregelmäßigen Abständen gefeiert wird, entwickelt ein Volk Lokalismus (Lokalpatriotismus), Nationalismus, Regionalismus und Globalismus, je nachdem, wo die Menschen sich wirklich zu Hause fühlen, wo sie sich also ohne Orientierungsverlust zu bewegen vermögen.

Dieser Prozeß braucht natürlich Zeit. Außerdem können Identitäten in Konflikt geraten, auch wenn im Prinzip »konzentrische«, einen gemeinsamen Mittelpunkt aufweisende Identitäten denkbar sind. Beispielsweise können sich Menschen, die sich auf den Trümmern zerstörter lokaler Gemeinschaften mit Mühe eine nationale Identität aufgebaut haben, plötzlich gefordert sehen, dazu auch noch eine regionale und globale Identität aufzubauen. Ergebnis: die Abwesenheit verbindlicher Normen, und sei es auch nur deshalb, weil unterschiedliche Normen aufeinanderprallen und dieser

Konflikt dann für Verwirrung sorgt. Zu Beginn des neuen Jahrtausends scheint sich das Zentrum der Identifikation von der örtlichen Tradition über die nationale Kultur hin zur regionalen Zivilisation zu verschieben, kombiniert mit einem wachsenden Anteil globaler Identifikation mit der Menschheit insgesamt.

An diesem Punkt treffen wir auf einen der Hauptunterschiede zwischen den Zivilisationen dieser Welt: Nur der Okzident hat eine klar universalistische Tendenz und neigt aus diesem Grunde stärker zu einer globalisierenden Kultur sowie dazu, dieser Kultur seinen Stempel aufzudrücken. Gleiches gilt im übrigen für die Religionen des Okzidents, besonders die beiden missionarisch veranlagten großen Religionen, das Christentum und den Islam, und ebenso für die beiden säkularen Versionen, den Liberalismus und den Marxismus. Da der Westen als Teil des Okzidents gleichsam auf zwei Beinen marschieren kann, einem religiösen und einem säkularen, verschafft ihm dies bei der Globalisierung einen enormen Vorteil.

Die klassische chinesische Weltsicht – *zhong guo*, das Königreich der Mitte, umgeben von vier Arten von Barbaren: Norden (*di*), Osten (*yi*), Süden (*man*) und Westen (*rong*) – ist demgegenüber nicht gut genug. Sie schließt zuviel aus. Natürlich sieht sich der Westen noch immer als Zentrum der Welt, der Rest ist für ihn Peripherie, die es zu bekehren und zu verändern gilt. Ein Großteil von dem, was unter dem Etikett »Globalisierung« läuft, ist nichts anderes als Verwestlichung oder einfach Amerikanisierung. Dem wird sich zwar mit Sicherheit noch Widerstand entgegenstellen, doch möglicherweise ist der Westen selbst auf diesen Gegenangriff gut vorbereitet.

Ein Großteil von dem, was unter dem Etikett »Globalisierung« läuft, ist nichts anderes als Verwestlichung oder einfach Amerikanisierung.

Der Westen globalisiert den Planeten mit Englisch als Weltsprache und einem materialistischen Individualismus als Weltreligion. Durch das Britische Empire wurde Englisch ursprünglich als die Sprache von Geoffrey Chaucer, William Shakespeare und John Bunyan weltweit verbreitet und geriet in der amerikanischen Variante schließlich zur Sprache der »3 M«: Mickey Mouse, Michael Jackson und Madonna. Die so verbreitete Kultur ist eine Pop-Kultur, etwas vulgär, aber bemerkenswert erfolgreich und nicht exklusiv – ausgenommen die Angehörigen der Hochkultur, doch die haben ja ihre eigene. Dies hat vermutlich zur Konsequenz, daß viele kulturelle Eliten sich marginalisiert, d.h. auf bestimmte Gebiete und Regionen beschränkt sehen werden, weil sie nicht willens oder nicht in der Lage sind, sich der globalen amerikanischen Pop-Kultur anzuschließen bzw. zu unterwerfen.

Die Grundbedürfnisse bleiben auf der Strecke

Zwischen den verschiedenen Ländern wird es vermutlich zu gewissen Ausgleichseffekten kommen, nicht aber zwischen den Menschen. In dem Maße, wie die Unternehmen ihre Produktion immer mehr in Billiglohn- und Niedrigsteuerländer verlagern, verbessert sich natürlich auch die Beschäftigungssituation für einen Teil der Bevölkerung in diesen Ländern, desgleichen auch die Haushaltssituation durch zusätzlich Steuereinnahmen. Doch die steigende Arbeitsproduktivität wird in jenen Ländern die gleichen Auswirkungen haben wie bei uns, was den Beschäftigungszuwachs vermutlich mehr als ausgleichen wird. Was die Steuereinnahmen angeht (die ohnehin nicht riesig sein werden, weil jahrelange Steuerbefreiung Teil des Geschäfts sein dürfte), so ist ohnehin mehr als zweifelhaft, ob die Gelder dazu verwendet werden, Armut und Leid zu mindern. Viel Geld wird in den staatlichen Machtapparat (Polizei und Militär) fließen, um »Unruhen« begegnen zu können, für die jene sorgen werden, die besser bezahlte Arbeit fordern – oder überhaupt einen Arbeitsplatz. Das heißt: Die Armen kaufen weniger, aber teurer.

Neu dabei ist, daß diese Problematik zunehmend auch die reichen Länder erfassen wird. Amtliche Arbeitslosenquoten deutlich über zehn Prozent scheinen auch bei großen Anstrengungen kaum nach unten zu bewegen zu sein (und natürlich liegt die tatsächliche Arbeitslosigkeit noch viel höher, als die geschönten amtlichen Statistiken ausweisen). Keine Wirtschaftspolitik scheint hier wirklich etwas ausrichten zu können, es sei denn, man begeht das Sakrileg und schlachtet die heilige Kuh – verzichtet also auf eine hohe Produktivität. Der Globalisierungstrend fällt mit mindestens zwei anderen wichtigen weltwirtschaftlichen Entwicklungstrends zusammen: einer Modernisierung der nichtwestlichen Wirtschaftsakteure im Sinne eines ständig sich verschärfenden Wettbewerbs sowie einer ständig steigenden Arbeitsproduktivität. Da aber die Marktproduktion wettbewerbsbedingt nicht grenzenlos steigerbar ist, während andererseits die Arbeitsproduktivität durch die Computerisierung und Technisierung der Gesellschaft zunimmt, müssen die Kosten dieser Entwicklung zwangsläufig irgendwo anders liegen. Zweierlei wird rückläufig sein, nämlich die *Zahl der Erwerbstätigen*, was steigende Arbeitslosigkeit bedeutet, sowie das Volumen der Arbeitsstunden, was Unterbeschäftigung und Auftragsarbeit bedeutet.

> Viel Geld wird in den staatlichen Machtapparat fließen, um »Unruhen« begegnen zu können, für die jene sorgen werden, die einen Arbeitsplatz fordern.

Dies hat zur Folge, daß ein bislang relativ beständiges Merkmal sozialer Verhältnisse – nämlich ein dauerhafter oder sogar lebenslanger Arbeitsplatz, der bislang der Familie einen gewissen Lebensstandard sowie den Schutz der Sozialversicherung ermöglichte – schicht im Verschwinden begriffen ist. Stattdessen steuern wir auf eine »x-y-z-Gesellschaft« zu, in der x Prozent der Bevölkerung das Privileg einer sicheren festen Anstellung genießen, y Prozent sich unter völlig unsicheren Bedingungen von einer Auftragsarbeit zur nächsten durchschlagen und für z Prozent nur eines gewiß ist: die Langzeitarbeitslosigkeit ohne Aussicht auf einen Job. Ulrich Beck hat das im Buch *Schöne neue Arbeitswelt*, ebenfalls in der EXPO-Reihe erschienen, ausführlich beschrieben.

> **Wir steuern auf eine »x-y-z-Gesellschaft« zu.**

Die Arbeitslosenquoten werden wohl eher noch steigen und damit zu »Unruhen« in solchen Ausmaßen führen, daß sie die demokratischen Strukturen unserer Gesellschaft bedrohen. Bei weiter sinkenden Steuereinnahmen werden die Regierungen nicht länger in der Lage sein, die Grundbedürfnisse der Bevölkerung in den Bereichen Erziehung und Bildung (derzeit praktisch kostenfrei), Gesundheit (stark subventioniert) sowie die Leistungen der sozialen Sicherungssysteme zu garantieren. Die gewohnten Besitzstände wird man herunterfahren müssen, manche Leistungen werden ganz gestrichen. Diese Entscheidungen werden schwer sein, die Unruhen in der Bevölkerung beträchtlich. Interessanterweise schafft genau diese Situation die objektive Bedingung für globale Allianzen zwischen Arbeitslosen, Beschäftigten und Verbrauchern. Wenn alles andere sich globalisiert, dann auch sie.

Übertragen wir das oben beschriebene Szenario in die globale Ländergemeinschaft: x Prozent erfreuen sich demnach einer festen Position im globalen Wirtschaftsgefüge, weil sie etwas Unverzichtbares einzubringen vermögen (einschließlich Kaufkraft), etwa Öl und Fisch aus Norwegen; y Prozent müssen mit Gelegentheitsaufträgen Vorlieb nehmen; z Prozent sind schlicht entbehrlich in dem Sinn, daß ihr Verschwinden innerhalb des Weltsystems überhaupt nicht bemerkt würde. Die Hauptfrage lautet: Was für ein Leben führen die z Prozent der Bevölkerung am unteren Ende der z Prozent von Ländern am unteren Ende der Länderskala? Antwort: ein unerträgliches. Es könnte durchaus sein, daß bis zum Jahr 2030 eine Milliarde Menschen auf der Suche nach einer Existenzmöglichkeit sein wird – falls sie überhaupt gefunden werden kann. Eine bedrohliche Perspektive.

> Es wäre natürlich irreführend, dafür allein die »Globalisierung« verantwortlich zu machen.

Es wäre natürlich irreführend, dafür allein die »Globalisierung« verantwortlich zu machen. Zweifellos spielt die Globalisierung *auch* eine Rolle, insbesondere in ihren dynamischen Ausdrucksformen, der globalen Marktdurchdringung durch wirklich transnationale, nicht nur multinationale Unternehmen, was Staatsgrenzen und nationale Herkunft bedeutungslos werden läßt. Das hat natürlich Konsequenzen. Die Welt ist trotz Vernetzung und Echtzeit-Entscheidungen nicht nur groß, sondern auch komplex, was globale Analysen schwierig macht. Vermehrte Ungleichgewichte an den Schnittstellen zwischen Produktion und Verbrauch, Produktion und Finanzierung sind die Folge. Selbst auf einem Dorfmarkt kann es zu täglichen Produktionsüberschüssen oder -engpässen kommen, weshalb dann die Preise fallen oder steigen können. Oder denken wir an einen Kreditgeber, der vielleicht allzu sorglos und/oder uninformiert gehandelt hat. Die Konsequenzen, die sich in diesem kleinen Rahmen ergeben, wie mögen sie erst auf den höheren und komplexeren Ebenen von Nation, Staat, Region, Welt aussehen?

Die sowjetische Antwort lautete immer: Man stellte ein Gleichgewicht durch zentrale Planwirtschaft her, also durch Diktat. Man konzentrierte sich auf die Produktion und vernachlässigte die Nachfrage, ausgenommen die lebensnotwendigen Güter. Der hyperkapitalistische Ansatz ist freilich nicht weniger reduktionistisch (und genau hierin liegt auch sein Kommandocharakter): Produktion bzw. Angebotsseite haben absoluten Vorrang vor dem Verbrauch bzw. der Nachfrage, so daß die Finanzwirtschaft über die produzierende Wirtschaft gestellt wird.

Die Konsequenzen: Überproduktion, gemessen an der kaufkraftgestützten Nachfrage, aber gleichzeitig eine Unterversorgung an Lebensbedarfsartikeln, weil diese wohl gebraucht, aber nicht »nachgefragt« werden. Genauso offenkundig sind die kurzfristigen Gewinne für die Finanziers und Führungskräfte. Zum Teil ist der Reduktionismus sicher auch eine Reaktion auf Informationsüberlastung. Die Globalisierung macht die Wirtschaft noch undurchsichtiger, als sie ohnehin schon ist; umso willkommener sind einfache Grundsätze und Leitlinien. Zu Zeiten der Sowjetwirtschaft hieß die Antwort: »Erst die Staatsinteressen, dann die menschlichen Bedürfnisse«, und nach diesem Grundsatz wurde dann der Plan umgesetzt. Bei den Hyperkapitalisten heißt die vergleichbare Devise: »Zuerst kommt die Geld- und Finanzwirtschaft, mit räumlich und zeitlich stabilen Währungen; dann erst kommt die Produktionsseite in Gestalt einer globalen Marktwirtschaft, basierend auf der Triebkraft egoistischer Kosten-Nutzen-Überlegungen.« Die Marxisten verabsolutierten den Plan, die radikalen Liberalen den Markt. Dieser wie jener wird als Ausdruck des Willens der Massen bzw. der Konsumenten gefeiert, während in Wirklichkeit beide von einer Handvoll Individuen manipuliert wurden und werden.

Die globalisierende angelsächsische Marktwirtschaft sprengt nicht nur die Grenzen zwischen Staaten (Abbau der Zölle und nontarifären Handelshemmnisse), Nationen (Abbau von Geschmacksunterschieden), Zentrum und Peripherie (selbst der entfernteste Fleck der Erde ist erreichbar, wie man am Beispiel von Coca-Cola sehen kann), Klassen (nur Kaufkraft entscheidet) und den Geschlechtern (Abbau der geschlechtsspezifischen Unterschiede im wirtschaftlichen Verhalten); sie sprengt auch die Grenze zwischen Wachstums- und Subsistenzwirtschaften. Lokale Märkte werden durch billige Massengüter ausgehebelt und zerstört, und gleiches passiert mit den Subsistenzökonomien, in denen Geld bisher kaum eine Rolle spielte. Die benötigten Produktionsfaktoren wie Grund und Boden und andere natürliche Ressourcen werden angekauft oder schlicht zerstört.

Dies hat eine interessante Konsequenz für die Position der nationalen Eliten. Autonome lokale Produzenten, Händler und Verbraucher wurden gleichsam zu Zahnrädern in einer Maschinerie, die vom Zentrum her angetrieben wurde. Inzwischen kaufen die Menschen vom einen Ende des Globus zum anderen die gleichen Erzeugnisse, produziert und vertrieben von denselben Weltfirmen. Gerade als in den nationalen Ökonomien die Bestellung per Post üblich wurde, kam in der globalen Wirtschaft auch schon die Ablösung in Form der E-Mail-Bestellung und des elektronischen Geschäftsverkehrs. Die lokalen Brückenköpfe der alten multinationalen Strukturen gehen langsam in die Knie, ähnlich wie die örtlichen Wirtschaftsbosse, deren Stellung in den aufkommenden Nationalstaaten geschwächt wurde. Ihre Optionen: Abwanderung ins Zentrum, Anstellung bei einer TNG oder Verarmung. Die Imperialismustheorie muß neu geschrieben werden.[23]

> Die lokalen Brückenköpfe der alten multinationalen Strukturen gehen langsam in die Knie.

Gleiches gilt übrigens auch für die Staatseliten der Nationalstaaten: Wenn eine wesentliche Funktion des Staates in einer Hilfestellungs- oder Kontrollfunktion für das Kapital besteht (je nachdem, ob es sich um ein kapitalistisches oder sozialistisches System handelt), dann kann sie in beiden Fällen nur zentral ausgeübt werden. Dieses Zentrum verlagerte sich im Laufe der Zeit zunächst von der lokalen auf die nationale und anschließend auf die regionale Ebene (siehe Frankfurt a.M.) sowie globale Ebene (siehe Washington D.C.). Dies bringt uns zu unserem Ausgangspunkt zurück: Die *spezifische* lokale und nationale Zuständigkeit muß *allgemeinen* regionalen und globalen Prinzipien Platz machen; eben deshalb wird das System verstärkt Ungleichgewichten/Asynchronien ausgesetzt sein. Gleichzeitig schwinden die lokalen/nationalen Kapazitäten zur Abfederung der damit verbundenen Auswirkungen.

Ein anderer Trend: Öffentliche Unternehmen, bei denen der Staat für Produktion und Verteilung der Güter und Dienstleistungen verantwortlich ist (etwa Schienentransport, Post und Telekommunikation, Gesundheit, Strafvollzug, Bildung), werden zunehmend privatisiert. Mit den Staatsgrenzen verschwinden natürlich auch die Zölle im Güterverkehr. Die Unternehmen und Staatsbürger zahlen zwar noch immer Steuern und erhalten im Gegenzug Dienstleistungen in Gestalt des *l'état gendarme* (Polizeistaats), doch wenn der Staat weniger *gibt*, nährt dies auch die Argumente für einen Staat, der weniger *nimmt*.[24] Der Staat wird damit zunehmend seiner an der Nützlichkeit orientierten vertraglich-gestaltenden Macht (der Möglichkeit des »Zuckerbrots« sozusagen) beraubt und muß sich mit der Macht der »Peitsche« und sonstiger moralischer Überzeugungskräfte, die ihm zu Gebote stehen mögen, bescheiden.

Die Konsequenzen dieser Staatsdemontage sind vielfältig.

Die Konsequenzen dieser Staatsdemontage sind vielfältig. Erstens ist der Staat – bei aller Ineffizienz, Schwerfälligkeit, bürokratischen Arroganz, ja mitunter dumpfem Autoritarismus – der effektivste Verteilungsmechanismus, den die moderne Gesellschaftsbildung kennt. Staat, Kapital und bürgerliche Gesellschaft bilden eine funktionierende Dreierkonstellation. Das Kapital – in der modernen Form des Unternehmens – hat seine Funktion für das Wirtschaftswachstum. Doch für sich allein, ohne Gegenpol, erzeugt das Kapital Ungleichheiten und Ungerechtigkeiten. In neuerer Zeit scheint es der Beschäftigung eher zu schaden als zu nützen, wie die allgemein steigende Unterbeschäftigung und Arbeitslosigkeit zeigen.[25] Die bürgerliche Gesellschaft wiederum vermag Solidarität und buchstäblich Schutz zu bieten; sie verfügt über ein großes Potential, falls es den lokalen/kommunalen Behörden und NGOs gelingt, gemeinsam lokale Wirtschaftsräume aufzubauen. Doch soweit sind wir noch lange nicht.

Dem Staat standen bislang zwei Hauptmechanismen zu Gebote. Einer von ihnen war der *Wohlfahrtsstaat,* der es ihm erlaubte, die Grundbedürfnisse der Menschen zu sichern. Seine Finanzierung erfolgte über Zölle, Steuern (mehr oder weniger progressiv), Umsatzsteuern, Luxussteuern usw. Das zweite Mittel waren antizyklische Investitionen nach keynesianischem Rezept. In einer konjunkturellen Talsohle kann der Staat, so er es will, für Beschäftigung sorgen, damit möglichst viele Arbeitslose in den Kreislauf zurückgeholt werden können, die Nachfrage nach allgemeinen Bedarfsartikeln belebt wird und die Wirtschaft wieder in Fahrt kommt. Nicht zu vergessen ist auch der Aspekt der Menschenwürde, der mit einem Arbeitsplatz zusammenhängt. Mit weniger Staatseinnahmen sind jedoch zwangsläufig auch die Mittel beschränkter, die für solche Maßnahmen eingesetzt bzw. verteilt werden können. So ist zu erwarten, daß immer mehr Menschen in den unteren Gesellschaftsschichten dem Verelendungssyndrom (Unterbeschäftigung/Arbeitslosigkeit) anheimfallen, und zwar auch in den entwickelteren Ländern. Es gibt alarmierende Berichte über stark rückläufige Steuereinnahmen, verbunden mit der Prognose, daß sich die Situation noch weiter verschlechtern wird.[26]

> So ist zu erwarten, daß immer mehr Menschen dem Verelendungssyndrom anheimfallen.

Ein Grund für die fehlenden Steuereinnahmen sind, wie schon erwähnt, die abwandernden Firmen. Zur Globalisierung gehört auch, daß sich die Gewinne von den Beschäftigten zu den Aktionären verlagern. Ein Unternehmen ruht auf fünf Säulen:

- den *Kunden,* die Geld gegen die vom Unternehmen erzeugten Produkte tauschen,
- den *Beschäftigten,* die ihre Arbeitskraft gegen Geld (Löhne, Gehälter) oder Produkte tauschen,
- den *Führungskräften* mit administrativen oder technischen Aufgaben,
- den *Kapitaleignern* (Aktionären, Anteilseignern), die in das Unternehmen investieren,
- und schließlich der *Umwelt/Natur,* die zunehmend verschmutzt und ausgebeutet wird.

Wirtschaftsunternehmen lassen sich sehr gut über die unterschiedlich ausgeprägten Allianzen zwischen den genannten fünf Faktoren definieren. Ist die Verbindung zwischen Beschäftigten und Führungskräften besonders betont, hat man das typische japanische Unternehmen, in welchem die Gewinne und Verluste gemeinsam getragen werden, entsprechend den Prinzipien: lebenslange Anstellung und Seniorität. Je stärker die Arbeitnehmer sich einsetzen und je mehr sie leisten, desto mehr nehmen sie mit nach Hause (in Form von Prämien), und gleiches gilt für die Führungskräfte. Kommt zwischen Beschäftigten und Führungskräften noch das Prinzip der Rotation hinzu, haben wir es mit einem chinesischen Modellexperiment während der Kulturrevolution zu tun. Handelt es sich bei den Führungskräften um Parteifunktionäre, dann haben wir das sowjetische Muster vor uns. Ist indes der Kunden- oder Mitgliederbezug stark ausgeprägt, dann handelt es sich um eine Genossenschaft; hier bekommen die Kunden umso mehr heraus (in Form von Gewinnanteilen), je höher ihr Geschäftsanteil ist.

In der hyperkapitalistischen Ära hingegen ist das Kapital sowohl der Hauptinput als auch der Hauptoutput. Folglich erwarten die Aktionäre/Investoren umso höhere Dividenden, je mehr sie investieren. Das Unternehmen soll Qualitätsprodukte zu möglichst günstigem Preis anbieten; sparen kann man unter solchen Vorgaben natürlich nur noch bei den Lohnkosten. Was die Aktionäre wollen, ist klar: Stellenabbau und Auftragsvergabe nach außen, um auf der einen Seite die Sozialabgaben einzusparen und auf der anderen Seite die Gewinne zu steigern. Was sie sich damit gemeinsam, als Klasse, einhandeln, ist auch klar: immer mehr Kurzarbeiter und Arbeitslose, die sich das Nötigste kaum noch leisten können, geschweige denn die gängigen Konsumgüter oder gar die profitablen Luxusartikel. Sägen sie sich auf diese Weise nicht den grünen Ast ab, auf dem sie sitzen?

Wenn sich das Angebot nach der Nachfrage richtet, ist eine allgemeine Verlagerung der Produktion weg von den lebensnotwendigen Gütern, hin zu den normalen Gebrauchsgütern und den Luxusgütern zu erwarten. Die Seefischerei und Fischzucht beispielsweise konzentriert sich unter diesen Bedingungen auf die teuren Produkte (Lachs, Hummer usw.), also weg von Rotbarsch und Hering, und gleiches gilt sicher auch für die Landwirtschaft (weniger Faktoreinsatz für die Hauptnahrungsmittel, mehr für Luxuswaren wie tropische Früchte usw.).

Es gibt eine ganz naheliegende, doch eben nicht praktizierte Problemlösung: Man verringert einfach die (Arbeits-)Produktivität. Im Prinzip könnte dies mehr Beschäftigung schaffen, mehr Lohneinkommen für mehr Menschen, mehr Kaufkraft, mehr Umsatz, höhere Erträge. Doch einer solchen Alternative stehen ganz offen-

> **In der hyperkapitalistischen Ära ist das Kapital sowohl der Hauptinput als auch der Hauptoutput.**

kundig die Interessen der Technologieanbieter gegenüber, die Arbeitskräfte via Technologie durch Kapital ersetzen. Diese Gruppe hat in den meisten Unternehmen an Einfluß gewonnen, zumal Angestellte und Arbeiter immer weniger zu Streiks bereit sind angesichts der stets drohenden Entlassung (Ausnahmen sind allenfalls »unverzichtbare« Beschäftigte wie Fluglotsen, Piloten, Krankenwagenfahrer oder Techniker in Kraftwerken). Und nicht zuletzt stellt sich der Zeitgeist unter der Technologie den eigentlichen Fortschritt vor: nicht als ein Mehr an Arbeit für Geringqualifizierte definiert, sondern als Automatisierung/Roboterisierung und hochqualifizierte Arbeit. Die typische Reaktion des Systems wäre, ein hohes Bildungsniveau und die Umschulung von Erwachsenen zu fördern. In dem Maße aber, wie Bildung vom Luxusgut der oberen Schichten auf dem Wege über die Normalität schließlich zur Notwendigkeit wird, wird auch die Nachfrage nach Bildung zunehmend unelastisch; folglich werden die Gebühren/Kosten für etwas, das der Staat ohnehin nicht kostenlos zur Verfügung stellen kann, entsprechend steigen.

In der Zwischenzeit wird die Arbeitsproduktivität vermutlich aber schneller steigen als die Zahl der Hochqualifizierten, die Arbeit finden können. Mit anderen Worten: Es werden mehr Beschäftigte entlassen als neu eingestellt. Den Arbeitern ging es noch schlechter: Durch die Koppelung der Löhne an die Arbeitsproduktivität, also Lohnerhöhung bei Produktivitätsanstieg, ließen sie sich praktisch dafür bezahlen, daß sie sich selbst abschaffen. Man braucht nicht allzuviel Fantasie, um sich vorzustellen, wie demoralisierend diese sogenannten Marktzwänge für die Beschäftigten in den letzten 30 Jahren war. Und der Prozeß ist noch in vollem Gang.

Ein weiterer Trend der Gegenwart zeigt sich in Tatsache, daß immer mehr Mainstream-Ökonomen produziert werden. Es besagt, daß die blinden Flecken ihres ökonomistischen Diskurses die private und öffentliche Politik stärker dominieren. Das Kapital gerät zur Schlüsselmeßgröße, das Ökonomische wird von allen anderen Faktoren isoliert und verabsolutiert. Typisch ist auch die Blindheit gegenüber allen anderen Bereichen, wobei man alles, was dort geschieht, als »Externalitäten«[27] abtut: Die Natur wird als Ressource des Menschen begriffen, nicht als eine Existenz *sui generis*, und somit zum Ausbeutungsobjekt degradiert. Nicht viel besser ergeht es dem Individuum. Gesellschaft und Welt werden nur als Markt für egoistische, an Kosten-Nutzen-Relationen orientierten Hand-

> **Das Kapital gerät zur Schlüsselmeßgröße, das Ökonomische wird von allen anderen Faktoren isoliert und verabsolutiert.**

lungen gesehen. Kultur und Freizeit sind nicht von Belang. Was übrig bleibt, ist ein pyramidales Paradigma, in dem wirtschaftliches Wachstum, d.h. die materielle Wertschöpfung, absoluten Vorrang hat – koste es an ideellen Werten, was es wolle.

Zwischen den genannten Faktoren gibt es eine zunehmende Synergie – Folge der Aktivitäten des Internationalen Währungsfonds (IWF), der Weltbank und sonstiger US-kontrollierter Einrichtungen in Washington D.C. Sie basieren faktisch auf dem Abkommen von Bretton Woods und haben formell UN-Charakter.[28] Wo immer auf der Welt eine Volkswirtschaft darnieder liegt, ist der Internationale Währungsfonds rasch mit Diagnose, Prognose und Therapie zur Stelle. Der Medizinkoffer enthält aber leider nur ein einziges Allheilmittel (was hinreichender Grund zur Skepsis sein sollte): weg mit allen Beschränkungen für die Kapitaleigner, sprich: Investoren.

Die Schichtung der neuen Gesellschaft: Kaufleute triumphieren

Obwohl die Welt immer mehr den Charakter einer Weltgesellschaft annimmt, ist es mit den Strukturen einer »weltherrschaftlichen« Regierungsform noch nicht weit her. Noch immer stehen die einzelnen Länder/Staaten und die darunterliegenden Ebenen im Vordergrund der Politik, daneben gibt es gewisse Bemühungen in Richtung einer regionalen Integration.

> Mit welcher Stratifikation wird in der sich entwickelnden Weltgesellschaft zu rechnen sein?

Mit welcher Stratifikation wird in der sich entwickelnden Weltgesellschaft zu rechnen sein? Meine Hypothese ist: Wer zuerst kommt, mahlt zuerst. Dies sind in der Reihenfolge der Aufzählung im einzelnen:

1. allen voran die *Kommunikationsmogule*, Medienzaren, Softwarebarone, Telematikvertreter und andere, die die Räume der virtuellen Realität schaffen; die Bereiche Verkehr/Transport im engeren Sinn geraten aufs Nebengleis, verlieren an Bedeutung,
2. dann die *Marktmanager*, Chefs der großen transnationalen Unternehmen, insbesondere jene, die in der Finanzwelt (im Unterschied zur produzierenden Wirtschaft) den Ton angeben; im produzierenden Sektor vor allem wiederum die Medien-, Software- und Telematikbranche,
3. die *intellektuellen Meinungsführer*, also jene, die in der Lage sind,

neue symbolische Realitäten zu erzeugen und neue Diskurse und Agenden einzuführen,
4. die *politischen Führer*, auch die der Großmächte, der UN-Generalsekretär usw.; sie stehen für eine gewisse Zeit noch im Brennpunkt der Medien,
5. die *Militaristen*, denen mit schwindenden Grenzen alsbald die Feinde ausgehen dürften und die in der Folge mehr Probleme als Lösungen haben werden,
6. schließlich die *Menschen*, die einfachen Menschen, die nicht zu einer der oben genannten Gruppen gehören,
7. endlich die *Ausgestoßenen*, jene, die gegen diese Ordnung opponieren; z.B. Muslime, die der Meinung sind, wirtschaftliche Beziehungen sollten auch menschliche Beziehungen sein und nicht nur geldwerte Beziehungen.

Aber an der Spitze dieser ganzen Liste stehen natürlich die Medien, die zu einem Großteil Wirtschaftsmedien sind. Ich erwarte nicht, daß sie nennenswert zur Aufklärung oder Problemlösung beitragen.

Diese Ordnung unterscheidet sich von der klassischen indoeuropäischen Schichtung nach dem Muster *brahmin-kshatriyah-vaishyah-shudrah-pariah* (Kleriker-Krieger-Kaufleute-Arbeiter-Ausgestoßene), indem zum einen etwas völlig Neues eingeführt wird, nämlich Kommunikation an und für sich, und zum zweiten eine Umschichtung stattfindet: Auf einmal finden sich Militärs und Politiker hinter die Kaufleute zurückgestuft. Zwar haben die Militärs einer Supermacht wie den USA globale Reichweite, aber das trifft für die Wirtschaftsbosse in einem viel stärkeren Maße zu. Denn sie sind noch schneller und erreichen mit ihren Geschäften und Produkten auch die letzten Winkel der Erde, ganz zu schweigen von jenen, die über Echtzeit-Kommunikationsstrukturen verfügen.

Auf einmal finden sich Militärs und Politiker hinter die Kaufleute zurückgestuft.

Diese Ordnung unterscheidet sich vom ostasiatischen Schichtungsmuster *shih-nung-kung-shang* (Intellektuelle/Bürokraten-Bauern-Künstler-Kaufleute), indem zum einen jene neue Kommunikations-Machtelite hinzukommt und zum anderen der Kaufmann (*shang*) weit nach oben rutscht, bis an die Spitze über dem *shih*. China wiederum, im Unterschied zum indoeuropäischen und japanischen Modell, gleicht der neuen Schichtungsordnung insofern, als Militärs ganz am Ende rangieren. Trotz aller Ähnlichkeiten aber handelt es sich bei dieser neuen Realität um eine Wirklichkeit *sui generis*.

> Der entscheidende Punkt bei dieser neuen Schichtung der Gesellschaft ist, ob und wie sich die Machthaber mit ihrem »Abstieg« abfinden werden.

Der entscheidende Punkt bei dieser neuen Schichtung der Gesellschaft ist, ob und wie sich die Machthaber in den klassischen Ländern mit ihrem »Abstieg« abfinden werden. Sie könnten z.B. zu lokalen Herren werden, wie es einst die entmachteten Aristokraten taten, die sich in Europa (und in gewissem Maße auch in Indien und Japan) auf ihre Burgen und in ihre Schlösser zurückzogen und diese bewirtschafteten, als sich das bürgerliche Staatssystem zu etablieren begann. Der Staatspräsident von heute wird sich morgen wie ein Bürgermeister vorkommen – in seinem Einflußbereich zwar von Bedeutung, aber auch nur dort –, in den Schatten gestellt von den Medienzaren, den Wirtschaftsbossen und den Meinungsführern. All jenen, die meinen, die westliche Geschichte sei ein unpassender Vergleich, sei gesagt: Seine Durchlaucht droben auf seinem Berg war einmal eine ziemlich imposante Erscheinung; er konnte durchaus den Eindruck erwecken, als sei seine Macht für die Ewigkeit, und trotzdem liefen ihm die staatsbildenden Unternehmer den Rang ab. Wollte der Adel seinen Rang nicht nur auf seinem kleinen Hügel behaupten, gab es für ihn nur die eine Chance, sich mit den neuen Herren zu arrangieren und sich ihnen zur Verfügung zu stellen – als Heerführer, als Diplomat im auswärtigen Dienst oder in leitender Funktion in der Wirtschaft.

Globalisierung der Bürgerrechte

Daß die Zahl der (Staatsbürgerschaft gewährenden) Staaten viel kleiner ist als die Zahl der Nationen/Volksgruppen, denen die Menschen angehören können, weist auf eine ganz wesentliche Tatsache hin: Staaten sind in der Regel stärker als die Nationen. Nehmen wir die Ostdeutschen in der ehemaligen DDR. Sie waren, ob linientreu oder in der Opposition, auf dem Weg, eine Nation mit gemeinsamen Mythen und Traumata zu werden. Dann aber wurden sie von der Bundesrepublik »einverleibt« – und dies nicht nur territorial im Sinne einer gemeinsamen Staatsangehörigkeit. Es wurde nämlich von ihnen erwartet, daß sie sich als Minderheit in allen Belangen an der sich im wiedervereinigten Deutschland entwickelnden Nationalität zu orientieren haben. Nach wie vor besteht für die Ostdeutschen das Problem, daß sie nicht verhindern können, daß ihre Ideale – z.B. Vollbeschäftigung, ein intaktes Netz sozialer

Sicherung (insbesondere Befriedigung der Grundbedürfnisse der Bedürftigen), Gleichberechtigung der Frau sowie Gleichheit allgemein – einfach von den Sachzwängen überrollt werden. Ähnlich läßt sich auch die DDR-Nostalgie in den neuen Bundesländern erklären, was ja nicht ein Festhalten an der alten Honecker-DDR ist, sondern Ausdruck ihres Rechts auf die eigene Geschichte, die eben nicht die Geschichte der BRD ist.

Der Konflikt zwischen Schwarz und Weiß in Südafrika endete bekanntlich vorerst mit einem Sieg der Schwarzen. Gegen die Stärke dieses mehrheitlich schwarzafrikanischen Staats konnte sich selbst eine reiche, mächtige weiße Minderheit nicht behaupten. Aber oft zeigt sich später – etwa nach dem anfänglichen Bananen-/DM-/Reiseenthusiasmus bei den Ostdeutschen oder nach der Freude über das Ende der Gewalt bei den weißen Südafrikanern –, daß die »absorbierten« Minderheiten die neuen Verhältnisse dann doch nicht ganz so gut finden. Dies muß nicht immer so sein. In jedem Fall aber wird es mal mehr, mal weniger Zeit brauchen, bis diese Besser-Schlechter-Vergleiche aus den Köpfen verschwunden sind.

> Oft zeigt sich nach dem anfänglichen Bananenenthusiasmus, daß die »absorbierten« Minderheiten die neuen Verhältnisse dann doch nicht ganz so gut finden.

Es galt schon immer als ein zentrales Dilemma des modernen Staats, daß er alle in seinen Grenzen lebenden Bürger/innen gleich behandeln muß, obwohl diese sich in Geschlecht, in ihrer Zugehörigkeit zu einer Generation, als »Rasse«, Klasse (d.h. Macht: politisch, militärisch, ökonomisch und kulturell), Nation und Subterritorium/Landsmannschaft zum Teil erheblich voneinander unterscheiden. Die Geschlechter und Generationen lassen sich nicht systematisch oder physisch voneinander trennen, wohl aber die übrigen vier. Wo Rasse/Klasse/Nation und/oder Territorium zusammenfallen, kommt es häufig entweder zu Sezessionsbestrebungen (u.U. mit dem Ziel der Vereinigung mit einem Mutterland, in dem dieselbe Nation dominiert) oder zu einem Kampf um die Macht im Staate. In Ländern mit einer gewaltbetonten politischen Kultur werden solche Konflikt in der Regel mit viel Blutvergießen und Zerstörung ausgetragen, sofern es nicht gelingt, die verfeindeten Kräfte aufgrund des Einflusses eines anderen starken Staates oder Superstaates in Schach zu halten – wie dies etwa auf dem Balkan geschah durch die beiden Blöcke während des Kalten Krieges oder die vier, fünf europäische Mächte.[29] Fehlt diese kontrollierende Macht, bekommt der betreffende Staat sofort die heftige Konkurrenz seiner starken Nationen zu spüren. Auch gesellschaftliche Klassen oder ethnische Volksgruppen mischen sich in diesen

Machtkampf sofort ein. Zwischen den Generationen und Geschlechtern hingegen geht es naturgemäß weniger revolutionär zu, sie sind an Gemeinsamkeiten gebunden.

Der globale Aspekt solcher regionalen Angelegenheiten kommt in dem Moment hinzu, da weltweite Prozesse die Bruchlinien innerhalb von Staaten verstärken oder verringern. Auch zu transnationalen Solidaritätsaktionen kann es kommen. In dem Moment, da Staatsgrenzen an Bedeutung verlieren, läuft die Welt Gefahr, sich entlang der Grenzen von Menschenrassen, von Klassen und Nationalitäten zu organisieren. Die Konsequenzen sind zunehmende Gewalt, wie wir sie kürzlich im Zusammenhang mit Nationen/Volksgruppen erlebt haben und wie wir es vermutlich als globalisierten Klassenkampf noch zu sehen bekommen werden. Auch Konflikte zwischen den Menschenrassen könnten sich wieder verschärfen, wenn die Staaten, die dieses Konflikpotential bislang eindämmten, im Zuge der Globalisierung verschwinden.

Meine keineswegs gewagte Prognose für das 21. Jahrhundert lautet: Im neuen Jahrhundert wird weniger von den 200 Staaten dieser Erde (185 davon Mitglieder der UNO) die Rede sein; im Brennpunkt werden vielmehr die beiden Geschlechter, die drei Generationen und die fünf großen Menschenrassen stehen (Gelb: 33 Prozent; Braun: 25 Prozent; Weiß: 23 Prozent; Schwarz: 12 Prozent; Rot: 2 Prozent). Aber in der Welt rangieren die Weißen offenkundig ganz oben, gefolgt von den Menschen gelber und brauner Hautfarbe (Südasien, Pazifik) als einer Art Mittelklasse[30], und am Ende der Skala schließlich die Roten und Schwarzen als die Opfer des Kolonialismus, des Genozids und der Sklaverei der Weißen. Über 2.000 Nationen haben wir bereits eine ganze Menge Informationen; und ob sie sich nun religiös, ideologisch oder historisch definieren, sie alle machen gewisse Gebietsansprüche geltend. Wer also glaubt, wir stünden vor einer friedlicheren Welt, nur weil die zwischenstaatlichen kriegerischen Auseinandersetzungen abnehmen, ist reichlich naiv. Wir sollten uns besser auf die alte taoistische Erkenntnis besinnen: Wenn *ein* Widerspruch verschwindet, macht er zwei (oder mehr) neuen Platz.

Die Verursachungszyklen werden in Zukunft Staats- bzw. Regionalgrenzen überschreiten, und die resultierenden Probleme werden sich in vielen Ländern/Regionen ziemlich gleichen. Nirgendwo im Raum der Weltöffentlichkeit tritt diese Globalisierung deutlicher zutage als in Gestalt der die Staaten und Nationen übergreifenden

---

Im neuen Jahrhundert wird weniger von den 200 Staaten als vielmehr von den beiden Geschlechtern, den drei Generationen und den fünf großen Menschenrassen die Rede sein.

NGO-Foren der UNO im Zusammenhang mit den Konferenzen über die diversen großen Probleme der Welt. Plötzlich sehen sich die Staaten gleichsam mit einem »sechsten Kontinent« konfrontiert: einer Supermacht von NGOs, denen sich mitunter auch kleine Staaten anschließen. So drückte es die Nobelpreisträgerin Jody Williams aus, die hervorragende Organisatorin der Anti-Landminen-Konferenz, die vor nicht langer Zeit zum Ottawa-Abkommen führte. Während die Staaten bislang dachten und noch immer denken, sie hätten es lediglich miteinander zu tun, sei es im Guten oder Schlechten, so sehen sie sich nun plötzlich der Übermacht globalisierender NGOs gegenüber.[31]

Wenn die Staaten nicht mehr in der Lage sein sollten, ihre sozialen Sicherungsnetze aufrechtzuerhalten und Grundbedürfnisse nicht mehr befriedigt werden, werden heftige Gegenreaktionen von seiten der dritten Säule der modernen Gesellschaft, der bürgerlichen Gesellschaft, die Folge sein. Sie wird gegen das Kapital intervenieren, falls sich ein ausgebluteter Staat außerstande zeigt, als Korrektiv und Gestalter zu wirken. Die klassische Intervention war bekanntlich der Arbeiterstreik. Doch die Beschäftigten haben heute bei ständig steigender Arbeitsproduktivität schlechte Karten und wenig Stehvermögen; ihre Löhne wandern gleichsam in die Taschen der Direktoren, Verbraucher und Aktionäre. Die naheliegende Prognose dürfte sein, daß es unter solchen Umständen zu Wellen massiver Verbraucherstreiks (bezogen auf einzelne Unternehmen, einzelne Branchen oder allgemein) kommen wird, um diesen Prozeß zu steuern, etwa zugunsten lokaler Unternehmen. Durch die geringen Gewinnspannen infolge des heftigen Wettbewerbs und weil die Firmen kaum Schutz- bzw. Abwehrmöglichkeiten haben, könnten sich solche Maßnahmen selbst bei niedrigen Boykottbeteiligungsquoten als hoch effektiv erweisen. Resultat dürfte sein, daß sich das profitinteressierte Kapital verstärkt nach anderen Betätigungsfeldern umsieht. Auch eine Tendenz hin zur reinen Geldwirtschaft (Börse, Finanzwesen), weg von der produzierenden Wirtschaft ist denkbar. Dieser Prozeß könnte sich so lange fortsetzen, bis es entweder zu einem größeren Crash kommt oder die Konsumenten ihre eigenen Unternehmen zu organisieren beginnen, lokal, branchenweise oder allgemein. Nicht Sozialismus, sondern Kommunalismus könnte das Ergebnis heißen, basierend nicht auf der Arbeiterklasse, sondern den Verbrauchern. Die Arbeiterklasse wird als einer der Hauptträger des sozialen Wandels praktisch verschwinden.

> Unter solchen Umständen dürfte es zu Wellen massiver Verbraucherstreiks kommen.

Die Menschen beginnen als potentielle Weltbürger/ -innen zu handeln.

Neu an diesem Szenario ist, daß Menschen als potentielle Weltbürger/innen zu handeln beginnen. Die Konsumenten sind heute jederzeit in der Lage, sich per Fax, Internet usw. genauso leicht und effizient zu organisieren wie die Aktionäre: Transnationalisierung politischer Maßnahmen nicht nur über Staats-, sondern auch regionale Grenzen hinweg. Auf dialektische Weise erzeugt so die Globalisierung an einem Punkt des Gesamtsystems die Globalisierung an einem anderen Punkt – und so fort. Die Menschen werden sich zunehmend und zwangsläufig als Teil einer sich herausentwickelnden Weltgesellschaft begreifen und empfinden, wie dies bei manchen Gruppen, wie Händlern, Missionaren oder Söldnern, ja schon lange der Fall ist. Sie mögen also einerseits völlig realistisch sehen, daß die Kräfte, denen sie sich entgegenstellen oder die sie unterstützen, Staats- und Regionsgrenzen überschreiten; solche Empfindungen und Einschätzungen erzeugen andererseits aber noch lange keine Gesellschaft. Genauso wenig wird jemand automatisch zum Weltbürger, weil für ihn die Welt nicht nur rund, sondern symmetrisch ist und weil er sich für die menschlichen Verhältnisse weltweit interessiert und sich diesbezüglich auskennt.

Eine Weltbürgerschaft setzt Rechte und Pflichten gegenüber einer globalen Zentralbehörde voraus, so wie jedes Land dieser Erde Bestimmungen kennt, die für seine Bürger und Bürgerinnen gelten. Den globalen Staatsbürger gibt es also nicht, weder faktisch noch rechtlich. Regionalbürgerschaft gibt es wohl, etwa »Europäer« im Sinne eines Staatsbürgers eines Mitgliedstaats der Europäischen Union, ebenso Gemeindebürger in millionenfacher Ausprägung, doch eben keine Weltbürger. Manche Menschen hielten dies schon vor längerer Zeit für einen ausgesprochen unbefriedigenden Zustand: So gab es z.B. Versuche, eine Weltreligion (Baha'i) zu gründen oder eine Weltsprache (Esperanto) zu entwickeln. Auch an eine durch einen entsprechenden Ausweis dokumentierte Weltbürgerschaft wurde schon gedacht; die Idee stammt von Garry Davis. Zwar konnte sich keiner dieser Ansätze allgemein durchsetzen; sie alle aber sind wichtige Vorläufer der heutigen Entwicklung.

Weltbürgerschaft: Wie soll man sich das vorstellen?

Die Antwort ist ganz einfach: ähnlich wie eine normale Staatsbürgerschaft in unserer heutigen Zeit. Wir brauchen uns nur einen kodifizierten Gesellschaftsvertrag vorzustellen, der die Beziehungen zwischen Herrschenden und Beherrschten regelt, natürlich unter der wichtigen Bedingung, daß es sich bei letzteren nicht um »Untertanen«, sondern um freie Bürgerinnen und Bürger handelt. Der Despot oder Tyrann hat hier nichts mehr verloren. Jeden Herrscher stehen prinzipiell vier Machtinstrumente zur Verfügung:

- *politische Macht/Entscheidungsbefugnis*: man befolgt, weil es so beschlossen wurde – der Bürger hält sich freiwillig an staatliche Entscheidungen/Regelungen,
- *militärische bzw. Zwangsgewalt (»Peitsche«)*: man befolgt, weil sonst Sanktionen drohen – Mißachtungen und Verstöße werden bestraft,
- *wirtschaftliche/vertragsrechtliche Macht (»Zuckerbrot«)*: man befolgt, weil es einem nützt – Kooperation bringt Vorteile,
- *kulturelle/normative Macht*: man befolgt, weil man von der Richtigkeit eines bestimmten Tuns überzeugt ist – Handeln aus Einsicht.

Diese Formen staatlicher Macht sind überall dort erfolgreich – und stellen damit die Rechtsgeltung sicher –, wo die Regierten unterwürfig, furchtsam, abhängig oder identitätsschwach sind. Sind diese hingegen autonom, furchtlos, selbständig und identitätsstark, richtet diese Macht von oben nichts aus. Genau dies hat Gandhi erkannt und der Menschheit vermittelt. Und es ist wohl genau dieser Typ des starken Staatsbürgers, den ein Gemeinwesen, ob kommunal oder global, braucht. Natürlich ist dies nicht immer der Typ, der bei den Politikern gut ankommt: Sie haben es aus Gründen der »Regierbarkeit« lieber mit dem schwachen Typus zu tun. Der Aufbau eines Nationalstaats läßt sich tendenziell als militärisch-ökonomisch-kulturelles Unterwerfungsprojekt begreifen, als ein Projekt zur Brechung der Furchtlosigkeit/Selbständigkeit und Identität der Staatsbürgerinnen und Staatsbürger in spe. Der Aufbau eines regionalen Staats (Beispiel: Europäische Union) oder eines globalen Superstaats könnte sich, wenn wir Pech haben, nicht allzu sehr davon unterscheiden. Allein schon die europäische Geschichte mit ihren enormen Gewaltmanifestationen im Namen des Staates sollte uns ein warnender Hinweis darauf sein, daß wir hier kein Vorbild zur Übertragung auf globaler Ebene vor uns haben, wo die antagonistischen Unterschiede ja keineswegs geringer, sondern eher größer sind.

Der Aufbau eines Nationalstaats läßt sich tendenziell als militärisch-ökonomisch-kulturelles Unterwerfungsprojekt begreifen.

Wir stehen hier also vor einem Dilemma: Der globale Staatsbürger ließe sich zwar schaffen, doch zu einem viel zu hohen Preis. Ein jeder Krieg in einer Welt mit einer Zentralregierung wäre ja ein Bürgerkrieg. Doch Bürgerkriege besitzen immer – über alle Verwerfungslinien zwischen dem Ich und dem Anderen hinweg – eine entmenschlichende Tendenz, indem jeder für sein eigenes, partielles Ich kämpft, nicht für das allgemein menschliche, globale Ich, dem wir alle angehören.[32] Aus diesen Gründen spreche ich mich für eine »weiche« globale Staatsbürgerschaft im Unterschied zum »harten« Ansatz aus. Konkret bedeutet dies eine Weltbürgerschaft mit viel lokaler Autonomie, ausgeprägter Furchtlosigkeit, Selbständigkeit und Identität. Doch wo genau liegt dabei nun das Neue? Wie würde sich das Verhältnis eines Weltbürgers zu einer Weltzentralbehörde konkret darstellen? Hier sind – das wurde eingangs bereits kurz skizziert – grundlegende Antworten möglich, ausgehend von den vier Formen der Macht:

> Ich spreche mich für eine Weltbürgerschaft mit viel lokaler Autonomie, ausgeprägter Furchtlosigkeit, Selbständigkeit und Identität aus.

Wie schon im Zusammenhang mit den Menschenrechten der dritten Generation angesprochen, sollte ein Weltbürger erwarten dürfen, daß seine Meinung ernstgenommen und er gegen schwere Gewalt geschützt wird. Gleichzeitig aber muß die von einer globalen Zentralbehörde (oder »Weltregierung«) ausgeübte Gewalt auf ein Minimum begrenzt bleiben. Auch sollte ein Weltbürger erwarten können, daß entschlossen daran gearbeitet wird, allen Menschen eine Existenzgrundlage, sprich: bezahlte Arbeit zu verschaffen, so daß jeder zumindest seine Grundbedürfnisse decken kann. Die Welt sollte eine Heimat sein, in der er auch seine nichtmateriellen, geistigen Bedürfnisse befriedigen kann. Dabei muß es den örtlichen Gemeinschaften überlassen bleiben, ihre eigene Kultur zu schaffen und zu pflegen, allerdings unter der Voraussetzung, daß keine kulturelle Gruppe ihr Sinnverständnis einer anderen Gruppe oktroyieren darf. Es sollte ein an Pflicht grenzendes Recht bestehen, mit anderen Gruppen in einen Dialog über Sinnfragen einzutreten.

Was wären die Voraussetzungen einer solchen Weltbürgerschaft?

Wer für eine »weiche« globale Staatsbürgerschaft eintritt, votiert zwangsläufig auch für eine in bestimmter Weise strukturierte Weltgesellschaft. Doch weder ein zentralisierter (unitarischer) Staat noch eine Föderation, noch ein lockerer Verbund unterschiedlicher

Regierungssysteme scheint dafür eine gute Lösung zu sein. Näher kommt der Sache eine Konföderation etwa folgenden Typs: Schweiz vor 1848; nordische Gemeinschaft vor Beitritt dreier Länder zur Europäischen Union; Europäische Gemeinschaft vor Forcierung des Integrationskurses durch den Maastrichter Vertrag; eine ASEAN (Vereinigung südostasiatischer Staaten) mit stärkerer Ausrichtung auf die Situation der Bürger der Mitgliedstaaten. Dies läßt sich durchaus weiter konkretisieren. Ich habe eine bescheidene Liste politischer Maßnahmen in den Bereichen Frieden und Entwicklung zusammengestellt, die zu den primären Aufgaben einer globalen Zentralbehörde, aber auch des Weltbürgers zählen müßten.[33]

Die primären Aufgaben einer globalen Zentralbehörde.

Unter den in dieser Liste genannten Bedingungen könnte das, was »ein Weltbürger mit Recht erwarten dürfte«, Gestalt annehmen. Es erübrigt sich eigentlich die Feststellung, daß in der gegenwärtigen Welt all dies noch Wunschträume sind. Kein Bürger vermag mit seiner Stimme Einfluß auf die obersten Ebenen zu nehmen, auf denen global relevante Entscheidungen getroffen werden. Beispielsweise ist in vielen Teilen der Welt ein gewaltsamer Tod inzwischen die häufigste Todesursache, was bestimmte Bevöl-

Friedens-/Entwicklungsziele für das 21. Jahrhundert — Tab. 1

	Negativer Frieden	Positiver Frieden
Politisch	Demokratisierung der Staaten Menschenrechte überall, doch »Entwestlichungsinitiative«, Referendum, direkte Demokratie, Dezentralisierung	Demokratisierung der UNO Ein Land, eine Stimme, kein Veto der Großmächte, zweite/zusätzliche UN-Versammlung
Militärisch	Defensive Verteidigung, Delegimitierung der Waffen, nichtmilitärische Verteidigung	Friedenssicherungskräfte, nichtmilitärische Fähigkeiten, internationale Friedensbrigaden
Ökonomisch	Eigenständigkeit I Internalisierung der Externalitäten, Nutzung der eigenen Faktoren, auch lokal	Eigenständigkeit II Gemeinsame Handhabung der externen Effekte, horizontaler Austausch, Süd-Süd-Kooperation
Kulturell	Herausforderung – Singularismus – Universalismus – Vorstellung vom »erwählten Volk« – Gewalt, Krieg **Dialog** – zwischen »hart« und »weich«	Globale Zivilisation – Vielzahl von Zentren – entspannte Zeit – holistisch, global – Partnerschaft mit der Natur – Gleichheit, Gerechtigkeit – Lebensverbesserung

kerungsgruppen angeht. Die Perspektiven für die unteren 20 Prozent der Weltbevölkerung sehen düster aus, um es zurückhaltend zu formulieren. Hinzu kommt, daß die verschiedenen Kulturen dieser Welt einen höchst ungleichen, asymmetrischen Zugang zu den Zentren der Sinnproduktion (Gerichte, Schulen/Universitäten, Medien) haben.

Die oben aufgelisteten Ziele sollen dazu beitragen, daß die Diskussion über die anzustrebende Weltbürgerschaft konkreter wird. Zugrunde liegt ihnen das Modell eines modernen, (kon)föderalen, multinationalen Landes, vergleichbar etwa der heutigen Schweiz. Davon ist die Welt zweifellos noch ein ganzes Stück entfernt, aber das 21. Jahrhundert hat ja gerade erst begonnen. Wir haben zwar noch einen sehr langen Weg vor uns, was aber nicht heißt, daß die aufgelisteten Ziele realitätsfern oder illusorisch seien.

In der einen Spalte finden sich einige Maßnahmen, die notwendig wären, um negative Faktoren wie Diktaturen, offensiv agierendes Militär, wirtschaftliche Abhängigkeit und harte, intolerante Kulturen lokal zu beseitigen. In der anderen Spalte liegt der Schwerpunkt auf positiven Maßnahmen, um die Welt in einer globalen Demokratie zusammenzuschweißen. Dazu gehören Friedenstruppen, die nicht töten, faire Handelsbeziehungen und die Suche nach einer pluralistischen und dennoch globalen Zivilisation. Für die Weltbürgerinnen und die Weltbürger bleibt noch viel zu tun. Millionen Menschen arbeiten bereits an solchen Projekten, vor allem im NGO-Sektor. Aber noch viel mehr sollten sich hinzugesellen.

Politische Macht: Menschenrechte

Die Internationale Charta der Menschenrechte (International Bill of Human Rights) ist zweifellos das Werk, das heute einem Weltkodex oder Weltrecht im Sinne eines Gesellschaftsvertrages zwischen einer Zentralbehörde und den Bürgern und Bürgerinnen am nächsten kommt. Daneben gibt es auch das internationale bzw. das Völkerrecht, das zum einen die Beziehungen zwischen Staaten regelt (insofern ist es zwischenstaatliches, nicht internationales Recht), zum anderen die Beziehungen zwischen nichtstaatlichen juristischen Personen (Unternehmen, Privatpersonen). Dieser Kodex ist zur Regelung der Beziehungen zwischen einer Weltzentralbehörde und den Weltbürgern allerdings nicht geeignet.

> Zugrunde liegt ihnen das Modell eines modernen, (kon)föderalen, multinationalen Landes, vergleichbar etwa der heutigen Schweiz.

Eins der Probleme, die das vorhandene Menschenrechtsgebäude stark prägen, ist die Mittlerfunktion des Staates. Das Menschenrechtsgebäude hat gleichsam drei Stockwerke. Es verbindet Aspekte des internationalen Rechts (Völkerrechts) und des Kommunalrechts miteinander, wobei die UNO als »Normsender« (Schöpfer gültiger Normen) auftritt, während die Mitgliedstaaten die »Normempfänger« (die Normen umsetzenden Adressaten) und die Bürger dieser Staaten die »Normobjekte« (die von diesen Akten/Gesetzen Betroffenen) sind. Doch da die Staaten an Bedeutung verlieren, andererseits aber eine globale Konstruktion angestrebt wird, sollte die Zwischenfunktion, das mittlere Stockwerk sozusagen, entweder ganz wegfallen oder entsprechend an Bedeutung verlieren. Das hat einen einfachen Grund: Wenn geltende Normen gebrochen werden, gibt es zwei Möglichkeiten: entweder dafür zu sorgen, daß der Normadressat, der Staat, Abhilfe schafft, oder aber den Normsender neue, »realistischere« Normen setzen zu lassen. Heute sind im Rahmen des Staatensystems beide Prozesse Praxis, wobei sich die Menschen – als »Normobjekte« – im wesentlichen in einer Zuschauerrolle befinden. Gleichzeitig beobachte ich aber auch eine Entwicklung von kollektiven negativen Sanktionen gegen Staaten hin zu individuellen Sanktionen gegen Einzelpersonen, die »Verbrechen gegen die Menschlichkeit« begangen haben.

> **Das Menschenrechtsgebäude hat gleichsam drei Stockwerke.**

Im politischen Klima Mitte der 90er Jahre war es wohl möglich, beträchtlichen Druck auf Staaten auszuüben, die bürgerlich-politische Rechte mißachten, nicht aber auf Staaten, die sich sozioökonomischen Rechten verweigern. Ein Staat, der so miserabel wirtschaftet, daß über ein Viertel aller Erwerbstätigen und mehr als 40 Prozent der jüngeren Arbeitnehmer ohne Arbeit sind, kommt ungeschoren davon. Eine Erklärung dafür lautet, daß es sich bei den Bedürfnissen, denen Aufmerksamkeit geschenkt wird – und den Menschenrechten, die auf dieser Basis entwickelt wurden – eben um Bedürfnisse/Rechte handelt, die in den herrschenden Ländern gelten und beachtet werden.

Doch es gibt noch andere Gründe, weshalb die Utopie des Idealstaats anhand der Weltbürgerschaft, wie auch immer konzipiert, schwer zu realisieren sein dürfte: Einerseits kursieren viele verschiedene Vorstellungen, andererseits kann gerade die Vorstellung von einem Ideal dessen Verwirklichung im Wege stehen. Wir sollten uns daher weniger auf eine abstrakte Utopie festlegen, sondern auf das konkrete Ziel verständigen: nämlich das Leiden der Menschen zu verringern. Die Vorstellung von »Grundbedürfnissen« zielt genau auf diesen Punkt. Wo diese nicht befriedigt werden, herrscht Elend, und wo Elend herrscht, herrscht Leid.

Häufig krankt die Menschenrechtsdiskussion an einer falschen Dichotomie zwischen westlichen und universellen Rechten. Die Geschichte der Entstehung der Menschenrechte ist elementar mit der Geschichte des Westens verbunden, angesiedelt an der Schnittstelle zwischen der traditionellen und modernen Gesellschaft bzw. zwischen der feudalen und der kapitalistischen Gesellschaftsordnung. Doch das bedeutet nicht, daß nicht zumindest einige dieser in Dokumenten kanonisierten Rechte auch universellen Charakter haben könnten. Natürlich hängt dies auch davon ab, wie der Begriff »universell« definiert wird. Die These »westliche Geschichte ist gleich Universalgeschichte« ist jedenfalls eine reine Tautologie und bringt nichts. In ersterer findet sich ein Teil der Welt in einer Weise privilegiert, wie dies mit der in einer globalen Gesellschaft erforderlichen Symmetrie unvereinbar ist. Gleiches gilt auch, wenn man »universell« mit »von universellen (weltweiten) Organisationen geschaffen« gleichsetzt. Wir wissen ja, wie westlich geprägt diese Organisationen bislang waren.

Anders sieht die Sache hingegen aus, wenn wir »universell« mit »menschliche Grundbedürfnisse« in Verbindung bringen, wobei das Präfix »Grund-« als universell (allgemeingültig) zu verstehen ist. Gewisse (vermutete) Wahrheiten bezüglich des Leids wie auch des Glücks der Menschen mögen durchaus universelle Gültigkeit beanspruchen können, und ein Indikator dafür wäre allgemeine Akzeptanz. Doch beständige, begründete Inakzeptanz muß ernstgenommen werden. Jedenfalls wäre es Anmaßung, wollte der Westen behaupten, er allein habe innerhalb seiner Grenzen in Raum und Zeit Zugang zu universellen Einsichten. Folglich müssen die Bemühungen, einen Menschenrechtskodex zu erstellen, durch den sich alle Menschen als Weltbürger und Weltbürgerinnen fühlen können, räumlich/horizontal ausgedehnt und zeitlich/vertikal eingeschränkt werden. Mit »räumlich ausdehnen« ist gemeint: Einbeziehung aller übrigen Zivilisationen/Kulturen, verbunden mit der Ermutigung an sie, in einem Dialog der Zivilisationen ihre Vorstellungen von Rechten als Ausdruck menschlicher Bedürfnisse einzubringen. Und mit »zeitlich einschränken« ist gemeint: nicht den Eindruck erwecken wollen, »universell« sei mit »ewig« gleichzusetzen. Menschen machen Fehler. Fügen wir daher auch eine

Überprüfungsklausel ein, z.B., daß wir die Menschenrechte alle 50 Jahre überprüfen und bei Bedarf überarbeiten werden.

Militärische Macht: Durchsetzung von Normen mit Gewalt

Die gesamte Idee der Weltbürgerschaft beruht auf einer Art Gesellschaftsvertrag zwischen einer Weltzentralbehörde und den Weltbürgerinnen sowie Weltbürgern. Die Normen dieses Vertrages müssen sanktionierbar sein, wenn es sich um mehr als unverbindliche »fromme Wünsche« handeln soll. Sanktionen lassen sich grundsätzlich in vier verschiedene Kategorien einteilen: als »moralische Gefühle«, wenn sie vom Individuum internalisiert werden; als gesellschaftliche Reaktionen, wenn sie institutionalisiert sind; in Form eines guten Gewissens oder einer Belohnung, wenn Normen beachtet werden; und durch ein schlechtes Gewissen oder eine Bestrafung, wenn sie gebrochen werden. Aus Gründen, die tief in unserem kollektiven Unterbewußtsein verankert sind, scheint die letztgenannte Option leider eine größere Rolle zu spielen als die drei anderen Typen zusammengenommen. Eben deshalb ist so häufig von »Durchsetzung« die Rede.

Kollektive Wirtschaftssanktionen sind ein zweischneidiges Schwert, weil sie nicht nur die Schuldigen bestrafen, sondern auch Unschuldige treffen; letztere sogar in erster Linie, was – und dieser Effekt ist sicher nicht beabsichtigt – den Zusammenhalt zwischen diesen Menschen stärkt. Außerdem haben solche Maßnahmen die Tendenz, Länder an den Pranger zu stellen, sie zu stigmatisieren und sie nur um so mehr zum Objekt harter Strafaktionen zu machen. Als Beispiel wäre der Irak im zweiten Golfkrieg zu nennen. Auf Kommunalrechtsebene entsprächen dem ökonomische Sanktionen gegen Kriminalität erzeugende oder deckende Einheiten (ein Dorf, ein Stadtviertel, eine Stadt oder eine ganze Großstadt), notfalls verbunden mit entsprechenden Gewaltmaßnahmen. Bei dieser Vorstellung läuft unser Gerechtigkeitsgefühl Sturm. Der »Arm des Gesetzes« sollte also in der Lage sein, durch den Schutzmantel des Hauses/Staates hindurch die wirklich verantwortlichen Menschen zu ergreifen und sie vor Gericht zu stellen. In einer Weltgesellschaft ist die Polizei lediglich dazu da, die Verantwortlichen zu fassen, nicht jedoch, sie zu töten (wie im Fall der Militärs).

Kollektive Wirtschaftssanktionen sind ein zweischneidiges Schwert.

Ökonomische Macht: Nach außen hart, nach innen weich

In der Welt der Produktion, Distribution und des Verbrauchs wären die Nebeneffekte (Externalitäten) des wirtschaftlichen Handelns der zentrale Punkt – jene Konsequenzen und Ursachen also, die in der Regel völlig ignoriert werden, und zwar sowohl von der Mainstream-Wirtschaftstheorie als auch in der üblichen Wirtschaftspraxis. Meist geht es dort in erster Linie um die »Internalitäten« im Sinne von in Geld ausdrückbarer Einheiten, die im Marktzusammenhang miteinander verglichen und gegeneinander aufgewogen werden können. Es geht also ums Sahnehäubchen oder die Spitze des Eisbergs, den Rest des Eisbergs ignoriert man einfach, und die resultierenden Probleme überläßt man anderen.

Solange sich eine relativ klare Grenzlinie ziehen läßt zwischen dem »Wir« und den »Anderen«, spielt bei wirtschaftlichen Vorgängen Diskriminierung mit: Für alles, was innerhalb der Gruppe geschieht, gilt eine »weiche« Ökonomie, dem Rest ist eine »harte« Ökonomie zugedacht, bei der so getan wird, als gäbe es überhaupt keine (negativen) Folgeerscheinungen. Innerhalb der Gruppe braucht man hingegen weichere Ansätze, hier werden alle möglichen Nebeneffekte ernstgenommen und abgemildert; hier wird so lange verhandelt, bis die Parteien zufrieden sind und ein faires Ergebnis erreicht ist. Die Wirtschaftswissenschaften müssen also einer tiefgreifenden Revision unterzogen werden, wenn sie für eine einheitliche Weltwirtschaft taugen sollen. Die Weltbürgerschaft setzt voraus, daß zwischen den Wirtschaftsgebieten keine scharfen Gegensätze der Art bestehen, daß für den »Inländer« andere Bedingungen gelten als für den »Ausländer«.

In der gegenwärtigen Welt basiert der globale Gütermarkt zwar auf freiem Waren- und Kapitalverkehr, doch die Freiheit des Arbeitnehmers bleibt außen vor. Auch beim Informations- und Kulturmarkt ist es nicht anders; er basiert auf dem freien Fluß der Ideen und Symbole, nicht aber auf der Freizügigkeit der Menschen. Das Problem ist, daß der von den Regierungen dominierte »Entscheidungsmarkt« tiefgreifende Auswirkungen auf die Menschen, ihre gesamte Existenz, hat – im Guten wie im Schlechten. Wenn sich also die Menschen nicht dort niederlassen können, wo die Entscheidungen gefällt werden, weil dafür die Jobs und Wohnungen nicht ausreichen, dann sollten sie wenigstens die Möglichkeit der Zureise haben (um ihre Chance suchen zu können). Wenn aber

> Die Wirtschaftswissenschaften müssen einer tiefgreifenden Revision unterzogen werden, wenn sie für eine einheitliche Weltwirtschaft taugen sollen.

nicht einmal Reisefreiheit besteht, dann bleibt ihnen auf globaler Ebene letztlich nur eine Möglichkeit, sich zu wehren: nämlich sich diesen wirtschaftlichen und kulturellen Märkten einfach zu verweigern. Konkret bedeutet dies Boykottierung »transnationaler« Produkte und Abschottung gegen »transnationale« Kulturen, vergleichbar mit dem Schutz heimisch-volkstümlicher Erzeugnisse und Mundarten/Ausdrucksformen in den heutigen nationalen Kulturen.

Globalisierte Bürgerrechte müßten also die Garantie der freien Einreise in alle Staaten bieten, etwa so, wie dies heute im EU-/EFTA-Raum der Fall ist: Man kommt als Tourist, bleibt drei Monate, und wenn man in dieser Zeit keine Arbeit und Wohnung finden konnte, verläßt man das Land wieder und versucht es u.U. später noch einmal. Bekommt man aber einen Job und kann Fuß fassen, erwirbt man sich nach und nach dieselben Rechte wie die einheimischen Bürger, einschließlich des Wahlrechts (etwa auf kommunaler Ebene, wie das heute in verschiedenen Staaten der Fall ist). Zu den Bedingungen für diese Art Symmetrie würde natürlich gehören, daß alle Währungen problemlos gegen die anderen zu tauschen sind und global harmonisierte Steuersätze (im Ansatz wenigstens) geschaffen werden. Dieser Prozeß ist schon im Gange. Viel wichtiger ist freilich: Wir brauchen Erzeugnisse, die sich auch die Ärmsten der Armen leisten können, um ihre Grundbedürfnisse zu befriedigen.

> Globalisierte Bürgerrechte müßten also die Garantie der freien Einreise in alle Staaten bieten.

Kulturelle Macht: Die Welt als eine Nation

Der Begriff »Nation« hat in heutiger Zeit keinen guten Klang. Und zwar liegt das an dem abgeleiteten Wort »Nationalismus«, inzwischen ein Schreckenswort. Überraschen kann das nicht, wenn man bedenkt, was der Nationalismus anzurichten vermag, wenn er Völker trennt und Schieflagen legitimiert, an deren Linien entlang sich die Entmenschlichung und in ihrem Sog direkte und strukturelle Gewalt – Ausbeutung, Repression und Separation – ungehindert Bahn brechen können. Menschen einer Nation verbindet eine gemeinsame Kultur mit räumlich-zeitlichen Ansprüchen, wobei gewisse Punkte als heilig definiert werden. Leider haben diese mythischen Bezugspunkte häufig mit den (Un-)Taten einer Kriegerkaste zu tun, einer gewonnenen oder verlorenen Schlacht, der

Geburt oder dem Tod eines Königs; und bestenfalls handelt es sich um die Taten der Nachfolger dieser Krieger, in der Regel Politiker, mitunter auch Juristen, die dabei waren, wenn eine Verfassung geboren oder zu Grabe getragen wurde.

Kann die Welt eine universelle nationale Heimat für alle Menschen werden? Wir sollten diese Idee ernst nehmen. Schließlich hat sich die Entwicklung von Nationen schon immer unter der Prämisse vollzogen, daß verschiedene originäre Volksgruppen zusammenwachsen können, so daß sich Dialekte verlieren und dörfliche Gottheiten wandeln, wie bei *Shinto* und *Kami*. Noch immer dominiert die weiße, christliche Nation die Welt in einer Weise, die in einem völligen Mißverhältnis zu ihrer zahlenmäßigen Größe steht. Eine universelle Nation wird auf Multikulturalismus basieren müssen, was nur bedeuten kann, daß der Westen seine heutige Stellung nicht halten können wird. Die vielfach anzutreffende Vorstellung, wonach sich die westliche Geschichte mit der Universalgeschichte decke, das Christentum die einzig gültige Religionsform sei und Englisch (gefolgt von Spanisch, Französisch und Deutsch) die Weltsprache darstelle, kann nicht allzu weit tragen.

> Noch immer dominiert die weiße, christliche Nation die Welt in einer Weise, die in einem völligen Mißverhältnis zu ihrer zahlenmäßigen Größe steht.

Leider sind die bisherigen Erfahrungen mit einer universellen Rechtskultur alles andere als ermutigend. Die Allgemeine Erklärung der Menschenrechte vom 10. Dezember 1948 enthält zwar drei schöne westliche Ideen: die Unverletzlichkeit des menschlichen Körpers, die Unverletzlichkeit des menschlichen Geistes sowie die Gleichheit vor dem Gesetz. Doch dies genügt nicht, es gibt ja noch andere Ideen: »Universell« müßte »Dialog der Zivilisationen« bedeuten, und zwar auf Basis eines fairen Gebens und Nehmens (»Ich akzeptiere deine menschlichen Grundrechte, du die meinen«). Im Prinzip können wir von Hawaii lernen, wo das recht gut funktioniert: Pflegt eure Mundarten und sonstigen Ausdrucksformen, habt Respekt für all die übrigen, erfreut euch an der Vielfalt des Multikulturalismus; doch versucht nicht, eine einzige Kultur vor oder über alle anderen zu stellen.[34] Es gibt keine Kultur, die den Schlüssel zur Weisheit besäße. Wir sind unbedingt auf alle möglichen guten Antworten angewiesen: Bewege dich behutsam im religiösen und sprachlichen Raum, mache deine eigenen Entdeckungen, genieße!

Die Universal- bzw. Weltgeschichte ist *per definitionem* eine gemeinsame, wie es in der buddhistischen Vorstellung von der »Entstehung (der Individuen) in funktionaler Abhängigkeit voneinander« ausgedrückt ist. In der Weltnation kommt alle Aggression von innen, und alle Kriege sind Bürgerkriege. Alle Geschichte ist nun Menschheitsgeschichte, so daß die Vorstellung, der eine Teil der Welt sei ausschließlich Schöpfer, der andere nur Zerstörer, keinen Platz mehr hat. Und es kann auch keine mythischen Bezugspunkte des Typs mehr geben, der den Sieg des einen Teils der Menschheit über den anderen markiert, es sei denn, man macht daraus Symbole des gemeinsamen Leidens (Auschwitz, Hiroshima).

Doch wo ist das konstitutive Ereignis, das das globale Menschenvolk, die Weltnation, einen kann und Identität stiftet? Kann es der Schöpfungsakt selbst sein? Oder soll jede Zivilisation ihre eigene Version beisteuern, etwa die Urknall-Kosmologie, die Darwinsche Evolution, Adam und Eva und das Paradies, die komplexen Bahnen der japanischen Sonnengöttin *Amaterasu o-mikami* als Ursache und Japan als Folge? Sollen wir dann all dies entsprechend feiern? Natürlich könnte man auch einen Dialog einrichten, mit dem Ziel, zu reicheren, »universelleren« Varianten zu gelangen. Doch wir könnten z.B. auch den simplen Tatbestand der Existenz des »Wir«, des Homo sapiens, des Lebens selbst, feiern – oder etwa unseren Heimatplaneten, Mutter *Gaia*, oder das Dasein des ganzen Universums, auch wenn seine exakten Entstehungsdaten noch ziemlich im dunkeln liegen. Es gibt so viel zu feiern jenseits der Reiterstatue; zu verlieren haben wir lediglich unsere Krieger und ihre Schlachten! Auf der nicht so metaphorischen, konkreteren Ebene gibt es nicht wenigere Gelegenheiten für feierliche Anlässe. Fünf existieren schon:

> Wo ist das konstitutive Ereignis, das das globale Menschenvolk, die Weltnation, einen kann und Identität stiftet?

- *8. März:* Internationaler Frauentag
- *1. Mai:* Internationaler Tag der Arbeit
- *5. Juni:* Tag der Erde
- *24. Oktober:* Tag der Vereinten Nationen
- *10. Dezember:* Tag der Menschenrechte

Der Tag der Vereinten Nationen steht in der Tradition der Staatsmänner bei der Arbeit, beim Aufbau von Institutionen. Doch wie bei den nationalen Feiertagen ist das, was gefeiert wird, eher der Traum als die Realität. Mehr als spaltend denn als einigend werden im Vergleich dazu manche den Frauentag und den Tag der Arbeit empfinden. Doch auch dies hängt in erster Linie davon ab, wie man solche Tage begeht. Eins steht fest: Wir brauchen mehr solcher

Gedenktage. Die meisten Länder haben lediglich einen Feiertag, an dem sie *das* konstitutive Ereignis festlich begehen. Vielleicht ist das Ausdruck einer Art von Monotheismus. Warum denn nicht mehr als ein Ereignis festlich begehen?

Wie immer man das auch sehen mag, die Welt als Ganze – die Menschheit – läßt sich jedenfalls nicht von einem einzigen konstitutiven Ereignis ableiten, und ein lebensferner, nicht-menschlicher Urknall kann schlechterdings nicht die Antwort sein. Jahrtausende haben bisher nicht zu einer allgemeinen Vorstellung vom Ursprung des Menschen geführt. Die Menschheit gleicht eben einem Edelstein mit sehr vielen Facetten. Also ein Tag für jede einzelne Facette? Dann gingen uns mit Sicherheit die Tage aus, sofern wir uns am Jahreszyklus orientieren. Natürlich wäre es denkbar, daß man jeden Gedenktag nur alle zehn Jahre begeht. Damit hätten wir gut 3.650 Tage zur Verfügung, und die Gedenktage gerieten zu Jubiläen.

Warum eigentlich nicht? Vom kurzen Zyklus eines Jahres brauchen wir uns doch nicht einengen zu lassen. Das Jahr ist kein Dogma. Viel wichtiger ist, vom Nationalismus und vom Regionalismus wegzukommen, hin zu einem echten Globalismus. Ziel muß sein, die Gewalt, aber auch den Formalismus der Krieger/Politiker hinter uns zu lassen und uns auf das wirklich Wichtige zu konzentrieren: auf die Liebe, Solidarität und Kreativität, die in jedem Menschen steckt.

Eine entscheidende Funktion nimmt die UNESCO wahr: Sie ermittelt und bewahrt das Weltkulturerbe.[35] Dies sind genau jene räumlichen Fix- und Bezugspunkte, die die Menschheit zur Orientierung und Identitätsbildung braucht. Meistens handelt es sich um besonders denkwürdige kulturelle Leistungen, gelegentlich sind es eben auch Mahnmale für die Schrecknisse, zu denen die Menschheit ebenfalls fähig ist. Mitunter sind sie an ein ganz bestimmtes Datum gebunden (Hiroshima), manchmal auch nicht (Auschwitz). Bei diesen Aktivitäten bezieht die UNESCO ihre Inspiration eben nicht aus den Taten der *Kschatrija* (Krieger) dieser Welt, sondern aus den Leistungen der *Brahmanen* (Künstler aller Art, Wissenschaftler, Visionäre; im Indischen im engeren Sinn eigentlich Priester) und der *Schudra* (der Menschen allgemein), obgleich letztere zweifellos mehr als Opfer und Leidende in Erscheinung treten. Es fehlen natürlich die *Vaishya*, die Kaufleute, die das ökonomische Kapital erzeugten und letztlich auch über dessen Verwendung entschieden, bevor der Ökonomismus sie dazu trieb, es nur noch zur

> Ziel muß sein, uns auf das wirklich Wichtige zu konzentrieren: auf die Liebe, Solidarität und Kreativität, die in jedem Menschen steckt.

Erzeugung von noch mehr Kapital einzusetzen. Im großen und ganzen sind natürlich auch die *Parias*, d.h. all die Ausgestoßenen, Entrechteten und Unterprivilegierten dieser Welt, in den Listen der UNESCO nicht zu finden. Gleichwohl ist die Bewahrung des Weltkulturerbes etwas ganz anderes als als die Pflege nationaler Monumente.

Kulturelle Macht: Die Welt als *ein* Gemeinwesen

Die Welt als ein unitarischer (zentralistischer) Staat ist in absehbarer Zeit nicht nur unwahrscheinlich, sondern auch wenig wünschenswert angesichts der enormen politischen, militärischen, wirtschaftlichen und kulturellen Macht, die das Zentrum zur Verfügung hätte, um jeden Widerstand an der Peripherie zu unterdrücken. Auch funktional gesehen ist ein solcher Zentralstaat keineswegs erforderlich. Denn wie oben schon erwähnt, gibt es eine Reihe sehr vernünftiger konföderaler Ansätze. Welcher Typus von Weltbürger würde dem nun entsprechen?

> Die Welt als ein unitarischer Staat ist in absehbarer Zeit nicht nur unwahrscheinlich, sondern auch wenig wünschenswert.

Zunächst müßte der Bürger in der Lage sein, die Welt als Einheit zu begreifen, sagen wir in Ermangelung eines geeigneteren Ausdrucks: als Gemeinwesen. Das hat tiefgreifende Konsequenzen für unsere kulturellen, wirtschaftlichen und kulturellen Vorstellungen und Denkweisen. Dazu gehört:

- *Geschichte als Weltgeschichte begreifen*: Der Blick ist also darauf konzentriert, wie die Anstrengungen der Menschen über alle Epochen und Räume hinweg ineinandergreifen und verzahnt sind. Von den Historikern wurde hier schon Großartiges geleistet, aber konzeptuell bleibt noch vieles zu tun.
- *Geographie als Weltgeographie begreifen:* Niemand demonstriert dies heute besser als der Sender CNN/Sky mit seinen fantastischen Wetterberichten. Im Hintergrund spüren wir hier die Bemühungen der Weltorganisation für Meterologie (WMO) und anderer Institutionen.
- *Die Welt als eine einzige Gesellschaft begreifen*: Und das wird gar nicht so einfach sein bei einer so diversen Bevölkerung von 5,6 Milliarden Menschen!

Die Weltstatistik sollte zwar nach Ländern organisiert sein, aber eben nicht nur. Hier haben die Vereinten Nationen im Rahmen ihrer Berichte zur Entwicklung der Menschheit (*UNDP Reports on Human Development*) gute Arbeit geleistet. Es gelingt ihnen, ein echtes Bild der Weltgesellschaft zu zeichnen, etwa indem sie die Verschiedenheiten zwischen den einzelnen Ländern aufzeigen, noch mehr aber, indem sie die Ungleichheiten zwischen den Menschen darstellen (z.B. anhand der Kaufkraftunterschiede). Die extremen Unterschiede in den Lebensverhältnissen machen die Welt zu einer äußerst problematischen Gesellschaft, und die Statistiken, über die wir verfügen, sind häufig leider so wenig aussagekräftig, als wollte man das Bild einer feudalen Gesellschaft zeichnen, indem man die Menschen im »Schloß dort oben« (ein Traum, der vornehmlich den »schloßlosen« Amerikanern eigen ist) getrennt behandelt von den Leibeigenen unten in den Dörfern, als handelte es sich um Gesellschaften, die nichts miteinander zu tun haben.

Dies bringt uns zu der alten Frage nach den Indikatoren der gesellschaftlichen und wirtschaftlichen Wirklichkeit auf Weltebene. Angesichts der heutigen Verflechtungen und wechselseitigen Abhängigkeiten habe ich schon immer meine Bedenken gegen länderspezifische Indikatoren gehabt. Wie viel vom Bruttosozialprodukt der hochentwickelten Länder mag gleichsam »Weltschloß«-BSP sein (nur deshalb hoch, weil das »Dorf«- bzw. Leibeigenen-BSP der unterentwickelten Länder niedrig ist und *vice versa*)? Was wir benötigen, sind Indikatoren für die Welt insgesamt (und es gibt sie allmählich auch). Lokale Meßgrößen zunächst, wobei danach die schwierige Aufgabe kommt, Indikatoren zu den Beziehungen zwischen diesen lokalen Meßgrößen zu erstellen. Was im Idealfall dabei herauskommt, wäre ein weltumspannendes »Flußdiagramm«, aus dem man genau ersehen kann, wie aus der Natur Werte gewonnen werden, wie und in welchem Maße dann durch Verarbeitung Wertschöpfung erzielt wird und wie diese Werte sich dann in alle Richtungen verteilen. Anhand dieser Ströme können die Menschen dann selbst beurteilen, ob sich der Reichtum gerecht verteilt oder nicht – und nicht nur, ob die Lebensverhältnisse gleich sind (was sie offenkundig nicht sind). Anders ausgedrückt: Ein Weltbürger sollte alle Informationen verlangen dürfen und auch bekommen, die er benötigt, um potentielle Maßnahmen zur Beseitigung der schreienden Ungerechtigkeiten sachgerecht beurteilen zu können.

Diese Konstruktion steht und fällt mit der Fähigkeit, über alle globalen Bruch- und Verwerfungslinien hinweg den Dialog aufzunehmen. Natürlich braucht der Geist des Dialoges seinerseits be-

> **Was wir benötigen, sind Indikatoren für die Welt insgesamt.**

stimmte Bedingungen, etwa einen breiteren, offeneren Blick auf die Zivilisationen. Das Ziel erschöpft sich nicht in wechselseitiger Toleranz (»Ich bin ja so großzügig, euch die Existenz zuzugestehen«), sondern muß als Respekt, gepaart mit Neugier, begriffen werden (»Ich freue mich über euer Anderssein; laßt uns voneinander lernen«). Dahinter steht die Auffassung, daß die Wahrheit im Prozeß steckt und der Dialog das Instrument dieses Prozesses ist, daß Wahrheit eben kein ein für allemal feststehendes Ergebnis sein kann, zumal ein solches ja in nachfolgenden Dialogen immer wieder in Frage gestellt werden würde. Möglicherweise gibt es hierfür kein besseres Bild als den talmudischen Judaismus mit seinem dialogförmigen Talmud, im Unterschied zum Thora-Judaismus mit seinem als ewige Wahrheit verstandenen Bild des erwählten Volkes und des Gelobten Landes. Es ist angesichts einer enger werdenden Welt schwer vorstellbar, wie die Idee einer Weltbürgerschaft ohne einen tiefen Geist des gegenseitigen Respekts, der Neugier und des Dialogs überdauern kann.

Ich erwähne dies nicht zuletzt wegen der großen Bedrohung, der sich die menschliche Gesellschaft heute ganz allgemein gegenübersieht und die sich in zwei Begriffe fassen läßt: Werteverlust, *Anomie*, und Destrukturierung, *Atomie*. Das gesellschaftliche Gefüge löst sich in einem rasanten Tempo auf, was jeglicher Form von Gewalt auf allen Ebenen – lokal, national, regional und global – Tür und Tor öffnet. Auf irgendeine Weise müssen wir lernen, die Verbindlichkeit gesellschaftlicher Normen wieder stärker zu spüren und anzuerkennen. Dies bedeutet nicht unbedingt neue Normen, sondern (auch) eine Renaissance der alten, wie sie nach einem intensiven Dialog mit den Normen anderer Zivilisationen möglicherweise neu (und bestätigt) wieder auftauchen. Mir ist klar, daß dies, wie das Konzept der Weltbürgerschaft überhaupt, etwas Elitistisches an sich hat. Doch nicht anders war und ist es ja auch im Fall der Staatsbürgerschaft, bedenkt man, daß die meisten Menschen noch immer auf einer rein lokalen Ebene leben. Das Problem läßt sich daher einfach so formulieren: Wie kann es gelingen, die Begeisterung der Menschen für diese Prozesse zu wecken?

> Die große Bedrohung, der sich die menschliche Gesellschaft heute ganz allgemein gegenübersieht: *Anomie* und *Atomie*.

Globalisierung der Menschenrechte

Wenn die Welt so stark globalisiert ist, warum dann nicht auch die Menschenrechte? Ich will im folgenden herauszuarbeiten versuchen, was dies für jenes faszinierende, einstmals so hochmoderne Konzept bedeuten könnte.

Um den Bedürfnissen der Menschen unter den Bedingungen der Globalisierung/Privatisierung gerecht werden zu können, muß der Menschenrechtsbegriff formal und teilweise inhaltlich neu bestimmt werden. Unberührt bleibt natürlich die Grundstruktur mit ihren drei Elementen »Normsender«, »Normempfänger« und »Normobjekt«, denn ohne diese drei Bezugspunkte kommt keine Norm aus, wenngleich zwei von ihnen, vielleicht auch alle drei, praktisch zusammenfallen, d.h. miteinander verschmelzen können. Betrachten wir als konkretes Beispiel die folgende neue Triade, die die alte Triade UNGV-Staaten-Bürger ergänzt:

- als *Normsender* bzw. Normschöpfer eine demokratisierte UNO mit einer gewählten Volksversammlung (UNVV), also einem richtigen UN-Parlament, nicht nur einer aus Regierungsvertretern bestehenden Generalversammlung (UNGV),
- als *Normempfänger* bzw. Adressat ein Netz von Akteuren/Handlungsträgern, eingeschlossen zwischenstaatliche Organisationen (IGOs), Regionen, Staaten, Kommunen, transnationale Gesellschaften (TNGs), nichtstaatliche Organisationen (NGOs), lokale Behörden; sie alle verpflichten sich durch Unterzeichnung zur Einhaltung der Normen,
- als *Normobjekte* Einzelpersonen, aber auch Personenklassen (Frauen, Kinder, Schwache und Benachteiligte) und bestimmte Gruppen (Familien, Clans/Sippen), je nach den örtlichen Gegebenheiten.[36] Genau hier also kommt das berühmte Problem der Gruppen- bzw. Kollektivrechte ins Spiel. Die hier vertretene Position ist ganz klar ein Sowohl-Als-auch, kein Entweder-Oder.

Ein neuer Ansatz, der sich vom derzeitigen, weitgehend staatszentrierten System deutlich unterscheidet.

Dieser neue Ansatz würde sich vom derzeitigen, weitgehend staatszentrierten System deutlich unterscheiden müssen. UN-Parlamentarier (UNMPs) wären nicht Vertreter ihrer Staaten, sondern Weltbürger aus einem bestimmten »Wahlkreisland«, und das UN-Parlament (UNVV) könnte nach und nach die UN-Generalversammlung (UNGV) als Normsender ablösen. Bei den Normadressaten wäre die Vielfalt größer; hier käme es also darauf an, in abgestimmter Weise dafür Sorge zu tragen, daß die Menschenrechtsnormen in weltweiter und zudem individuellerer, konkreterer Weise Beachtung finden. Auch bei den Normobjekten würde sich die Palette verbreitern, wenn Kollektivrechte unterschiedlicher Art einbezogen werden würden. Es gäbe demnach einen universellen Kern, doch mit Raum für regionale Variation und Anpassung.

In manchen Ländern sind diese Bedingungen bereits gegeben, vor allem dort, wo Demokratie, öffentliche Sicherheit, Wohlfahrt und Toleranz sehr ausgeprägt sind. Die Frage ist freilich, ob ein Land hier Vorbild für die Welt sein kann, indem es den Schritt von globalisierten Rechten zum Weltbürgerstatus, der Weltbürgerschaft, vollzieht. Dies setzt natürlich einen rechtlich-institutionellen Rahmen voraus, innerhalb dessen ein »weicher« Herrschaftsansatz mit den schon erwähnten vernünftigen Erwartungen des Weltbürgers zur Deckung kommt: nämlich seinem Anspruch auf freie Meinungsäußerung, gewählte Vertreter im Weltparlament, Schutz vor Gewalt, eine menschenwürdige Existenz und kulturelle Identität. Dies alles bewegt sich vollkommen im Rahmen der Menschenrechtstradition,[37] wobei die Rechte allerdings durch Menschenpflichten ergänzt wurden. Im staatsorientierten Herrschaftssystem hatten die Pflichten impliziten Charakter, wurden gleichsam für selbstverständlich erachtet. Nun bekämen die Pflichten einen expliziten Platz neben den Rechten zugewiesen, so daß alle Weltbürger und Weltbürgerinnen zur Teilnahme an der Wahl eines Weltparlaments (z.B. einer UNVV), zum Dienst bei friedensichernden Maßnahmen, zur Entrichtung von Weltsteuern und zum respektvoll-interessierten Umgang mit anderen Kulturen verpflichtet werden.

Noch ist das ein Zukunftsszenario, gewiß, doch vielleicht ist diese Zukunft gar nicht mehr so weit, wie viele glauben. Möglicherweise sehen sich transnationale Unternehmen eines Tages schon bald starken NGOs gegenüber, die an die Stelle schwacher Staaten treten und in der Lage wären, in globalen Märkten Verbraucherboykotte zu organisieren, zunehmend unterstützt von weltstaatlichen Zentralbehörden. Andererseits sind Konsumverweigerungsdrohungen natürlich nur wirksam, wenn die Verbraucher über die entsprechende Kaufkraft verfügen.

> Die Menschenrechte würden durch Menschenpflichten ergänzt werden.

Kulturelle Gleichheit in den Menschenrechten verankern

> Bisher basieren die Menschenrechte auf einem bestimmten Kulturtypus und blenden andere Kulturen aus.

Bisher basieren die Menschenrechte auf einem bestimmten Kulturtypus und blenden andere Kulturen aus. Man könnte dieses Problem anpacken, indem man Kulturen anhand einer einfachen Dichotomie untersucht: »Ich-Kulturen« (Individualkulturen hauptsächlich westlichen Typs, oft in der Ersten Welt zu finden) im Unterschied zu »Wir-Kulturen« (Kollektivkulturen hauptsächlich nichtwestlichen Typs, häufig in der Dritten Welt angesiedelt). Typisch für eine »Ich-Kultur« ist, daß sie das Individuum als freien, von sozialen Bindungen unbehinderten Entscheidungsträger betont. Hält sich dieser Einzelne an Werte wie Altruismus und Solidarität, so tut er dies aus freien Stücken. Im Ergebnis stellt die Gesellschaft die Bühne dar, auf der die Individuen, seien sie stark oder schwach, aktiv oder passiv, gut oder schlecht, agieren und ihren Willen in geregelten Formen inszenieren. Das Individuum definiert sich dabei als die Summe dessen, was es in sich vereint (von Natur aus oder geworden), und die Gesellschaft ist die Summe all dieser Individuen. Der biologische Tod ist das Ende dieses Individuums, sofern nicht Reinkarnation (Hinduismus) oder ewiges Leben (Christentum, Islam) zugestanden wird.

In den »Wir-Kulturen« hingegen sind die Individuen in ein dichtes Netz sozialer Beziehungen eingebettet, in ein kollektives »Wir«: Stamm, Clan, Kern- oder Großfamilie, Freundeskreis, Nachbarn, Kollegen in Organisationen und Vereinen; Nation, Staat. Hier könnte man das Individuum als die Summe seiner sozialen Beziehungen definieren. Ohne solche Beziehungen ist es (gesellschaftlich) tot oder zumindest inexistent. Dabei kann der gesellschaftliche Tod dem biologischen Tod *vorausgehen* – wie bei der Verbannung, Ächtung oder Verfemung –, mit diesem zusammenfallen oder aber *nach* diesem eintreten, etwa wenn jegliches Andenken an einen Verstorbenen ausgelöscht ist. Schließlich aber ist es auch möglich, daß der gesellschaftliche Tod *niemals* eintritt, etwa weil die Erinnerung dauerhaft wachgehalten wird oder aufgrund einer Wiedergeburt (wie im Hinduismus/Buddhismus).

In solchen Kulturen ist Solidarität mit dem »Wir«, ja, sogar Altruismus die Normalität. Sein Ich auf Kosten aller anderen zu behaupten ist hingegen die verpönte Anomalie. Zu starke Ichbezogenheit kann gesellschaftlichen Tod und Verbannung nach sich ziehen, wie sich an primitiven und traditionellen Gesellschaften oder kleineren Gemeinschaften überall auf der Welt (z.B. in Japan) belegen läßt. Zwar gibt es auch in modernen Gesellschaften Nischen der Wir-Kultur, etwa in den familiären Bereichen, die noch intakt sind, doch insbesondere die postmoderne Gesellschaft ist »anomisch«, wie die Soziologen das Fehlen sozialmoralischer Leitideen nennen, und sehr von einer Ich-Kultur geprägt.[38]

Diese Dialektik zwischen Ich-Kulturen und Wir-Kulturen ist ein immanentes, unauslöschliches Element der *Conditio humana*. Auf der Ebene des Individuums zeigt sich diese Spannung als persönliches Dilemma zwischen der Freiheit des Ich und der Solidarität mit dem Wir. Auf gesellschaftlicher Ebene wiederum tritt sie in Kräften zu Tage, die in die eine oder andere Richtung wirken, wobei das dominierende Zentrum (sei es eine Ich- oder Wir-Kultur) die als Nischenexistenz vorhandene Gegenkultur bekämpft.[39] So gibt es in christlichen Kulturen die Angst vor muslimischen Minderheiten, welche als die gesellschaftliche Ordnung bedrohende Kollektive begriffen werden; in islamischen Ländern wiederum werden organisierte christliche Minderheiten als chaotisch und in ihrem Individualismus als unberechenbar empfunden. Auch auf globaler Ebene ist der von der Auseinandersetzung zwischen Ich- und Wir-Kulturen geprägte Kampf zwischen Nationen (bzw. ethnischen Gruppen) und Staaten ein bekanntes Phänomen.[40]

> **Diese Dialektik zwischen Ich-Kulturen und Wir-Kulturen ist ein immanentes, unauslöschliches Element der *Conditio humana*.**

Nehmen wir die Demokratie als Beispiel, wie ich sie hier schon beschrieben habe. Es ist nicht zu übersehen, daß die *Diskussion* bzw. Debatte dem wettbewerbsorientierten Individuum einen idealen Rahmen für ein verbales Duell liefert, in dem es darum geht, den Gegner mit Schlagfertigkeit (ein Wort, das seinen Ursprung nicht im verbalen Schlag hat!) und Eloquenz in die Enge zu treiben, so wie es angelsächsische Studenten in Oxford, Cambridge in ihren Debattierclubs typischerweise lernen und üben. Von vielen wird dieses »Wortgefecht« als höchster Ausdruck der Demokratie angesehen. Es steht außer Zweifel, daß eine *Abstimmung* (im Sinne einer Wahl) auf das Kollektiv spaltend wirken kann. Sind Polarisationen entlang derselben Bruchlinie (so daß ein einziges »Wir« stets in die gleichen zwei »Wir« aufgeteilt wird) schon spaltend und atomisierend genug, so ist dies bei Teilungen, bei denen mehrere Bruch- bzw. Verwerfungslinien sich kreuzen, noch viel stärker der Fall.

Im Gegensatz dazu wirkt der Dialog einigend und kann die Wir-Kultur im Rahmen einer gemeinsamen Suche nach Lösungen bewahren. Nehmen wir als weiteres Beispiel die Menschenrechte.

Wohl werden die individuellen Grundbedürfnisse letztlich befriedigt; die Rechte lassen sich jedoch auch auf kollektive »Normobjekte« beziehen. Die aus westlichem Recht und allgemein der Ich-Kultur abgeleiteten Menschenrechtsbestimmungen beziehen sich in der Regel auf Individuen als Normobjekte (mit einer wichtigen Ausnahme, nämlich dem Kollektivrecht auf Selbstbestimmung). Angesichts des großen Ungleichgewichts zugunsten der Ich-Kultur stellt sich daher die Frage: Ist es fair zu verlangen, daß alle Wir-Kulturen in gleicher Weise nachziehen sollen?

Nehmen wir den Fall Salman Rushdie. Daß *Die satanischen Verse*[41] in den Augen eines gläubigen Moslems Blasphemie sind, ist unschwer nachzuvollziehen. Also zog das Sakrileg gegen Schlüsselsymbole einer Wir-Kultur die *Fatwah* gegen Rushdie nach sich, eine Mobilisierung der Gläubigen zur Rettung des Glaubens, des Zements eben jener Kultur. Tot oder lebendig hieß die Parole, am besten aber tot. Daß eine *Fatwah* in einer so ernsten Sache auf so säkulare Kleinigkeiten wie Landesgrenzen und Gerichtsbarkeiten keine Rücksicht nimmt, liegt auf der Hand. Christen hätten vor einigen Jahrhunderten vermutlich ebenso gehandelt. Daß all dies natürlich in heftigem Widerspruch zur *persönlichen* Meinungsfreiheit steht, wie sie der Ich-Kultur inhärent ist, versteht sich gleichfalls von selbst. Das Problem ist also: Wie kann eine positive Überwindung dieses Konflikts gelingen?

Ein anderes Beispiel ist das Sektenproblem, das derzeit in den USA, in Deutschland, Japan und vor allem in Frankreich virulent ist. In den Ländern, wo der Säkularismus quasi Staatsreligion ist, werden Sekten als Bedrohung dieser Staatsreligion/Autorität gesehen. Sie sind gleichsam Inseln der Wir-Kultur in einem Meer der Ich-Kultur. Auf den Westen wirken solche Sekten unheimlich, weil ihre gesellschaftliche Kosmologie eine andere ist. Dennoch haben sie in individualisierenden, postmodernen Gesellschaften, die an Anomie und Atomie leiden, wichtige integrative Funktionen (moralische Vorbildlichkeit, sinn- und identitätstiftende Funktion). Da sie häufig auch totalitäre Strukturen aufweisen, ist es für eine Sekte oft nur ein kleiner Schritt vom Ganzheitlichen zum Totalitären. Wie sich das ausdrückt, erfährt man aus den Medien: soziale und finanzielle Ausbeutung sowie psychosoziale Manipulation der Mitglieder bis hin zur Gehirnwäsche; Verachtung und Ablehnung für die gesellschaftliche Umwelt, autoritäre Strukturen ohne echte Diskussion, Trennung von Familie, Freunden, Kollegen

> Sekten sind gleichsam Inseln der Wir-Kultur in einem Meer der Ich-Kultur.

und nicht zuletzt die Abkehr von Gemeinschaft, politischen Parteien, Land, Staat.[42] Es ist leicht, von der Ich-Kultur in eine Sekte bzw. Wir-Kultur überzuwechseln – man braucht sich dafür nur zu entscheiden –, aber es ist alles andere als einfach, da wieder herauszukommen. Denn ein solcher Schritt heißt Bruch mit dem *corpus mysticum*, Zerschneiden eines mystischen Bandes; es bedeutet den gesellschaftlichen Tod des Individuums einerseits und den partiellen Tod jener, die zurückbleiben.

Nehmen wir die von Malaysias Ministerpräsident Mahathir und Singapurs Expremier Lee Kuan Yew so eloquent geführte Debatte, in der es um die grundlegenden Unterschiede zwischen dem Westen einerseits und asiatischen Ländern wie Malaysia und Singapur andererseits geht.[43] Das konfuzianische Argument zieht die Wir-Kultur der Ich-Kultur vor, weil es der Wir-Kultur nicht nur um ein höheres Wirtschaftswachstum, sondern auch um eine bessere Verteilung des Wohlstands gehe. Doch wer verbirgt sich eigentlich hinter dem »Wir«?

Das konfuzianische Argument zieht die Wir-Kultur der Ich-Kultur vor.

Wenn das »Wir« für Familie bzw. Clan steht, könnte das im Endeffekt das Recht auf Scheidung beschränken oder eine Solidarität mit der Kern- und/oder der Großfamilie erzwingen, was im Grunde nicht allzu weit vom amerikanischen Konzept der »Familienwerte« entfernt wäre, der einzigen Form (so scheint es), in der Gruppenrechte in den USA anerkannt sind.

Andererseits kann ein solches »Wir« auch eine wichtige wirtschaftliche Konsequenz enthalten, eine Beschränkung des individuell-egoistischen Marktverhaltens zugunsten der Familie oder Sippe, also eine Einschränkung des einzelnen als Rechtsperson. In der Praxis kann es durchaus sein, daß »Familienwerte« patriarchalische Strukturen und die Dominanz der Eltern stärken, das muß aber nicht zwangsläufig geschehen. Steht das »Wir« für Nation/Staat, öffnet sich die Büchse der Pandora. Staatsnormen kommen in Gesetzen zum Ausdruck, der Verstoß gegen die Gesetze gilt als Vergehen oder Verbrechen und wird bestraft. Das verlangt im Falle der Wir-Kultur eine strenge und *öffentliche* Rechtsdurchsetzung, da ein Rechtsbruch gegen das öffentliche »Wir« gerichtet ist – und nicht gegen ein einzelnes Ich oder selbst gegen Gott. Die Öffentlichkeit kann nicht tagtäglich Zeuge einer 20jährigen Freiheitsstrafe sein, aber bei Auspeitschung oder Enthauptung ist eine solche Zeugenrolle sehr wohl möglich.[44]

Was aber, wenn es sich bei dem Rechtsbruch um freie Meinungsäußerung handelt oder den Besitz eines direkten Internet-Zugangs zum Ausland? Was, wenn über diesen Zugang andere als Familienwerte transportiert werden? Was, wenn es sich bei denjenigen, die diesen Zugang verlangen, gar um Kollektive, z.B. Familien, handelt? Steht hier ein »Wir« gegen das andere?

Ich-Kultur gegen Wir-Kultur: Christentum und Islam

Oder nehmen wir schließlich noch den allgemeinen Fall »Christentum versus Islam«, diesen Kampf, der nun bald 1.400 Jahre dauert (Gründung des Islam im Jahr 622) bzw. 900 Jahre, wenn man ab 1095 rechnet, als Papst Urban II. auf der Synode von Clermont zum Kreuzzug gegen den Islam aufrief. Eine allgemeine These könnte lauten: Der Islam (und hier mehr die Schiiten als die Sunniten) neigt stärker zur Wir-Kultur, das Christentum (und hier mehr der Protestantismus als der Katholizismus und die Orthodoxen) neigt stärker zur Ich-Kultur. Das würde bedeuten, daß der Islam die Menschen weniger fragmentiert. Das heißt aber auch, das Christentum *segmentiert* die Menschheit mehr als der Islam, indem es das Leben in getrennte Bereiche aufspaltet. Das Christentum legitimiert die Trennung von Staat und Kirche getreu dem Matthäus-Wort: »Gebet dem Kaiser, was des Kaisers ist, und Gott, was Gottes ist.« Im Protestantismus entspricht dies den »zwei Reichen/Regimenten«. Die Trennung des wirtschaftlichen vom religiösen Leben war freilich auch Ergebnis eines historischen Prozesses: 1495 kapitulierte die Kirche vor dem Kapital, indem sie ihren Widerstand gegen den Zins aufgab. Für die Abtrennung und Eigenständigkeit des Militärischen wiederum sorgte der Nationalismus; man kämpfte fortan für die Nation, nicht mehr für Gott. So bildete sich das religiöse Leben immer weiter zurück, und die fortschreitende Säkularisierung ließ der Religion bald nur noch ein kleines Segment im Lebensbereich der Menschen. Schließlich folgte dann noch der Angriff auf den Glauben selbst, an dessen Stelle die Aufklärung die Vernunft setzte.[45]

Anders war die Entwicklung im Islam. Der Islam ist ganzheitlich ausgerichtet, beharrt auf Integration, verweigert sich der Segmentierung. Ihm zufolge sollte der Mensch in seiner Totalität gesehen werden, ebenso seine Handlungen und Beziehungen. Das Religiöse durchdringt somit alles Politische, Ökonomische und Militärische:

> Der Islam neigt stärker zur Wir-Kultur, das Christentum neigt stärker zur Ich-Kultur.

Krieg ist Glaubenssache (Heiliger Krieg), eine wirtschaftliche Transaktion wird zum religiösen Ritual, Priester sind Politiker und umgekehrt (Scharia). Mit anderen Worten: Islam und Säkularisierung schließen sich wechselseitig aus. Wenn man vom Islam Säkularisierung verlangt, ist das für wahre Gläubige genau das gleiche, als würde man ihnen den Krieg erklären und wieder einen Kreuzzug gegen sie führen.

> Islam und Säkularisierung schließen sich wechselseitig aus.

Noch deutlicher wird dies, wenn man sich einige zentrale gesellschaftliche Prozesse ansieht. Früher einmal lebte die Menschheit vermutlich in holistischen Wir-Kulturen, wie wir sie uns etwa bei Nomadenstämmen vorstellen.[46] Man könnte diese Gemeinschaften auch als »undifferenziert« bezeichnen, als eine menschliche Gesellschaft, in der sich die Individuen – abgesehen von ihren trivialen biologischen Merkmalen – kaum voneinander unterscheiden, in der es keine Arbeitsteilung gibt (außer nach trivialen Geschlechts- und Altersgrenzen). Versuchen wir uns analog dazu eine ähnlich undifferenzierte Natur vorzustellen, eine Natur ohne die bekannten »Reiche« (Fauna, Flora, Minerale und all die weiteren Untergliederungen), auch ohne Besitzgrenzen persönlicher oder staatlicher Art. Stellen wir uns nun vor, daß diese beiden undifferenzierten Bereiche eins werden, daß selbst die Grenzen zwischen Menschheit und Natur verschwimmen, ähnlich wie die Grenze zwischen Körper und Luft, der ja durch Mund, Nase und Haut atmet.

Führen wir nun die Differenzierung ein, eine Art Zellteilung, durch welche dieses undifferenzierte Ganze fortschreitend aufgespalten wird. Die Menschheit trennt sich von der Natur und untergliedert sich zunächst in »juristische Personen« (Individuen wie Kollektive), die als tatsächliche oder potentielle Eigentümer definiert sind. Beides, Menschheit wie Natur, wird weiter untergliedert, so daß bestimmte Glieder in Besitz genommen werden können: Menschliche Wesen dieser Art nennt man Sklaven; Familienmitglieder können Eigentum des Familienoberhaupts sein; in Besitz genommene Völker heißen Kolonien. Nun verbinden wir diese Kategorien durch Einführung einer spezifischen Beziehung – *Dominium* (Herrschaft), Eigentumsrecht – miteinander, so daß Eigentümer und Eigentum ein Verhältnis bilden, und jetzt definiert sich der Mensch nach seinem Besitz, weniger anhand seiner sozialen Beziehungen. Persönliches und gesellschaftliches Wachstum beginnen hinter das wirtschaftliche zurückzutreten; Besitz dient der

Anhäufung von immer mehr Besitz. Es folgen 2.000 Jahre weiterer Ausdifferenzierung, was eine Fragmentierung und allgemeine Segmentierung der menschlichen Gesellschaft zur Folge hat, ein Prozeß, der von den Wissenschaften eifrig unterstützt wird (etwa der Geometrie, was die Erdvermessung und -einteilung angeht, oder der Arithmetik, was die Bestimmung des Besitzwertes anbelangt). Die Marktgeschäfte gründen sich nun auf das Tauschverhältnis: Gleiches für Gleiches.

Der Prozeß, den ich hier beschrieben habe, hat mit dem römischen Recht zu tun, das zu den Säulen westlicher Zivilisation gehört. Also: Mit welchem Recht (jenseits schierer Gewalt) läßt sich einer Solidaritäts- und Integrationskultur eine Fragmentierungs- und Segmentierungskultur aufzwingen (oder umgekehrt)? Nehmen wir z.B. eine spezifische Doktrin des römischen Rechts: *res communis = res nullius* – was allen gehört (allen »gemeinsam« ist), gehört keinem. Mit diesem Prinzip wurde der Landraub in den Kolonien gerechtfertigt: Grenzen wurden gezogen, Besitzverhältnisse geschaffen (in bezug auf Sklaven wie Kolonien), einschließlich des Rechts der Zerstörung und Tötung. Eine Logik wurde auf die andere gesetzt, stets mit Verweis auf den evolutionären Charakter der Differenzierung als Merkmal einer höheren Gattung, im Unterschied zu undifferenzierten, »primitiven« Einzellern. Diese Denkart ist vermutlich noch immer sehr verbreitet.

> **Was allen gehört, gehört keinem: Mit diesem Prinzip wurde der Landraub in den Kolonien gerechtfertigt.**

Das im Kulturkampf vorherrschende Argument dreht sich daher weniger um den Primat des Besitzrechts als um den Primat der Differenzierung. Die kritische These aber lautet: *Die Ausdifferenzierung hat ebenso ihre Grenzen wie das Wachstum.*[47] Segmentierung birgt nämlich die Gefahr der *Anomie*, womit ein Zustand der Desintegration, Hilflosigkeit, Richtungslosigkeit und Handlungsunfähigkeit gemeint ist, weil aus den verschiedenen Segmenten unvereinbare Ansprüche erwachsen, und zwar nicht nur innerhalb der Gesellschaft, sondern auch innerhalb des Individuums selbst, insbesondere zwischen dem religiösen und weltlichen Lebensbereich.

In Europa kommt erschwerend die Trennung zwischen Körper und Seele hinzu: letztere gehört der Kirche, ersterer gehört dem Staat, dem Kapital, der bürgerlichen Gesellschaft. Mit der Auflösung des sozialen Zusammenhalts durch Fragmentierung setzt die *Atomie* ein, ein Prozeß der sozialen Auflösung in einzelne Atome. Es entstehen Gruppen, teils kriminellen, teils sektenartigen Zuschnitts, welche Solidarität und Integration bieten und sozialen

Zusammenhalt anstreben. Doch so dramatisch die Herauslösung des Einzelatoms Mensch aus dem gesellschaftlichen Molekül ist, so dramatisch ist auch die Neueinbettung des Individuums in ein nichtfragmentiertes, nichtsegmentiertes Kollektiv, eben wegen des Konflikts zwischen Ich- und Wir-Kulturen. Der Preis für das Aufgehobensein in einer Wir-Gruppe ist häufig der Konflikt mit der umgebenden Ich-Kultur.

Gibt es Lösungen für diese riesigen Probleme? Haben sie alle auf die eine oder andere Weise ihren Ursprung im Gegensatz zwischen Ich- und Wir-Kulturen? – Sie existieren als existentielles Dilemma in den Seelen von Millionen, ja Milliarden von Menschen, als soziopolitisches Problem innerhalb intoleranter Gesellschaften und als geopolitisches Problem zwischen Gesellschaften oder Gruppen von Gesellschaften. Noch konkreter: Gibt es Lösungen im Rahmen der Menschenrechte (sei es in ihrer derzeitigen oder einer verbesserten Form)?

Ein Lösungsvorschlag: Anerkennung von Gruppenrechten

Beim Problem der Ich-Kulturen versus Wir-Kulturen besteht der Hauptpunkt darin, die Existenz dieser Kulturen und die Dialektik zwischen ihnen – ihre Yin-Yang-Beziehung – anzuerkennen und zu respektieren, zumindest in unserer gegenwärtigen Welt und jeder anderen, die der gegenwärtigen ähnelt. Wenn Freiheit und Identität zu den menschlichen Grundbedürfnissen zählen, werden die Menschen auch danach streben, sie zu befriedigen. Das Streben nach individueller Freiheit ist in einer Ich-Kultur leicht, das Streben nach kollektiver Identität ist in einer Wir-Kultur leicht. Wie aber steht es, wenn beides zusammen, gleichzeitig oder parallel angestrebt wird? Auch das ist leicht, solange die eine dieser Kulturen die andere toleriert oder wenn es sich um eine Mischkultur handelt. Es muß grundsätzlich zu den Menschenrechten gehören, in gewisser Weise *beiden Welten zugehören* zu dürfen.

Es gibt keinerlei Grund zu glauben, Debatte und Dialog, Abstimmung und Konsens schlössen sich in einem absoluten Sinne aus. Die Führer einer Partei sind untereinander auf Dialog angewiesen, um jene Fragen zu klären, die sie der Öffentlichkeit zur Diskussion vorlegen wollen; die Menschen können dann diesen Dialog durchaus fortführen. Was heute aber fehlt, ist der Respekt für die Dialog-

> Es muß grundsätzlich zu den Menschenrechten gehören, in gewisser Weise *beiden Welten zugehören* zu dürfen.

kultur, desgleichen für Wir-Kulturen, in denen Dialog und Konsens, jedenfalls tendenziell, als Basis der Demokratie geeigneter sein dürften.

Für die Menschenrechte lautet die Implikation mehr Anerkennung für »Gruppenrechte« im Sinne der Rechte bestimmter Kategorien von Menschen (Frauen, Kinder und Alte) und bestimmter Gruppen (Familien, Clans; vielleicht auch Lebensräume), ferner das Recht, in unorthodoxen Gemeinschaften (Genossenschaften, Sekten, Kolchosen) zu leben. Verbesserungen in puncto Anerkennung von Gruppenrechten müssen jedoch mit den Rechten der Ich-Kultur vereinbar bleiben, z.B. dem Recht, einer Gruppe nicht beitreten zu müssen, aus einer Gruppe austreten oder in eine andere wechseln zu dürfen. Solche Rechte ergeben sich allerdings nicht von selbst; sie müssen vielmehr erkämpft werden – die der Ich-Kulturen in den Wir-Kulturen und umgekehrt.

Problematisch wird es nur bei Gruppenrechten, bei denen Gruppen zunächst als Normobjekte, in der Konsequenz auch als Normempfänger auftreten. Die Schwierigkeit liegt darin, daß die Gruppenrechte u.U. nicht deckungsgleich sind mit der Summe der Individualrechte. Sind sie es, besteht auch kein Problem; in diesem Fall dominiert der Individualismus. Sind sie jedoch nicht deckungsgleich, z.B. wenn eine Minderheit eigene Schulen und für die Kinder Unterricht in der eigenen Sprache fordert, wird die den Staat beherrschende Gruppe zur Summe der Individualrechte tendieren. Damit soll die jeweilige Gruppe in die herrschende Struktur bzw. Kultur (ob Majorität oder nicht) assimiliert werden.

Beharrt die »unterworfene« Gruppe jedoch weiterhin auf Gruppenrechten, kommt es zumindest potentiell – und möglicherweise dauerhaft – zu einer *actio popularis*, zu einer Volkserhebung. Wo es überhaupt keine Individualrechte als Gegenpol und Alternative gibt, dürfte sich das Gruppenrecht relativ leicht durchsetzen. Das klassische Beispiel ist die nationale Selbstbestimmung, für die es kein entsprechendes Individualrecht gibt. Was den umgekehrten Fall angeht (Individualrecht ohne entsprechendes Gruppenrecht), können die meisten bürgerlichen und politischen Rechte (wie z.B. die Meinungsfreiheit) als Beispiel dienen.

Leider funktioniert dies bei vielen gesellschaftlichen, ökonomischen und kulturellen Rechten nicht. Zugang zu den von der herrschenden Gruppe geführten Schulen ist eben nicht das gleiche wie die Einrichtung eigener Schulen. Zwar mag der Unterschied hier

> **Die Schwierigkeit liegt darin, daß die Gruppenrechte u.U. nicht deckungsgleich sind mit der Summe der Individualrechte.**

nicht so groß sein wie im kirchlich-religiösen Bereich, doch die Richtung ist die gleiche. Es besteht eben ein Unterschied zwischen Zugang zum Gesundheitswesen und Unterhaltung eines eigenen Gesundheitswesens. Der Grund liegt in der Opposition gegen die universelle Gültigkeit eines Systems – gegen das (westlich dominierte) Schulwesen genauso wie im (westlich geprägten) Gesundheitssystem und in der Religion.

Einen ganz wichtigen Unterschied dürfen wir keinesfalls vergessen: jenen zwischen Gruppeneigentum und der Summe des Individualbesitzes. Letzterem liegt das berühmte Recht auf Privateigentum zugrunde; ersteres ist »Kollektivismus«, Gemeineigentum, *res communis*. Aller Wahrscheinlichkeit nach liegt hier das haarigste Problem, die Grunddifferenz schlechthin, an der sich die Menschen bei ihrer Entscheidung für oder gegen Gruppenrechte orientieren. Die Anerkennung von Gruppen (Nationen und ihr Recht auf einen eigenen Staat einmal ausgenommen) dürfte auch Gruppeneigentum implizieren. Ähnliches gilt für das Recht auf Entwicklung. Gesellschaftliche Entwicklung läßt sich nicht mit der Summe der individuellen Entwicklungsprozesse der Menschen gleichsetzen – so wenig, wie Frieden als Recht einer Nation mit Frieden als Summe der Bürgerrechte in einer Gesellschaft verwechselt werden darf. Bei diesen beiden Beispielen von Kollektivrechten dürfte das Problem eher darin liegen, Äquivalente auf Individualebene zu finden, weniger darin also, Gruppenrechtsäquivalente für Individualrechte zu definieren. Doch unabhängig von der Problematik dieser Entsprechungen gilt es, auf jeden Fall die Tatsache zu erkennen, daß die menschliche Existenz nicht nur eine individuelle, sondern auch eine gruppenbezogene Ebene umfaßt und daß beide »Seinsformen« mit starken Gefühlen verknüpft sind und entsprechend verteidigt werden. Dies bedeutet, daß Gruppenrechte auf der Tagesordnung stehen und bleiben werden, und zwar nicht nur jene, denen kein entsprechendes Individualrecht gegenübersteht, sondern auch andere, wo immer der Unterschied relevant ist, und in der Regel ist er es.

Zurück zu Salman Rushdie. Er berief sich zur Rechtfertigung seines Tuns auf die Meinungsfreiheit und verletzte dabei wahrscheinlich die kollektive Identität von Tausenden, vielleicht Millionen von Menschen. Eine der in der Bieler Erklärung vom 27. November 1995[48] (»Beendigung des Kreuzzuges: Eine Friedenserklärung«) enthaltenen Formulierungen ist besonders relevant:

> Auf jeden Fall gilt es, die Tatsache zu erkennen, daß die menschliche Existenz nicht nur eine individuelle, sondern auch eine gruppenbezogene Ebene umfaßt.

Wir appellieren an die Anhänger beider Religionen, die Redefreiheit nicht zu mißbrauchen, wenn sie sich zur jeweils anderen Religion schriftlich oder mündlich äußern.

Anders ausgedrückt: Es kann Grenzen der Meinungsfreiheit geben, und am besten wären selbstauferlegte; es gibt Empfindlichkeiten, auf die auch bei der freien Meinungsäußerung Rücksicht genommen werden sollte. Wer dies nicht tut, mißbraucht das freie Wort zur Ausübung nichtphysischer, d.h. seelischer Gewalt. Aber diese Formel ist doch recht problematisch. Denn wo ist die Grenze zu ziehen? Schließlich kann jeder behaupten, er sei in seiner Identität verletzt worden, wenn z.B. kollektive Symbole angegriffen oder in Frage gestellt werden. Schnell läßt sich dann etwa das Verbrennen der nationalen Fahne für unzulässig erklären (und dies ist exakt die amerikanische Parallele zum Fall Rushdie, auch wenn die Amerikaner es nicht so sehen).

Es gibt aber einen Ausweg: eine Beleidigungsklage des Kollektivs, das sich verletzt fühlt. Damit hat es die Möglichkeit nachzuweisen, daß die Äußerung/Anschuldigung unzutreffend und unsachlich ist, also nur in der Absicht geäußert wurde, um zu verletzen und Schaden anzurichten. Im gegebenen Falle ist dann, je nach Rechtssystem, der Tatbestand der Beleidigung oder Verleumdung erfüllt. Das Problem läßt sich jedenfalls nicht dadurch beseitigen, indem man sich auf eine Seite des Dilemmas schlägt: unbegrenzte Meinungsfreiheit hier, unbegrenzte Kontrolle und Redeverbot im Namen kollektiver Sensibilität dort.

Aber wie sieht es im Falle der *Fatwah* aus? Ihre Gegner können sich nicht auf das Prinzip der Extraterritorialität berufen, also auf den Umstand, daß Rushdie nicht im Iran lebt. Der lange Arm Israels hatte Adolf Eichmann ja auch nicht in Israel, sondern (1960) in Argentinien gepackt; und ähnlich war es mit Manuel Noriega 1989/90 in Panama. Zwar sind die Fälle als solche wenig vergleichbar, doch gemeinsam ist ihnen das grenzüberschreitende Rechtsdurchsetzungselement. Auch die Inquisition hat sich bekanntlich nicht um Landesgrenzen geschert.[49] Das Argument, daß diese düsteren Tage der Verfolgung von Hexen und Ketzern vorbei seien, beruht auf der Gleichsetzung der Geschichte des Westens mit der Universalgeschichte. Unterschwellig schwingt dabei sogar mit, der Islam sei »rückständig« und solle gefälligst aufholen. Eine Annahme, die so intolerant wie intolerabel ist, suggeriert sie doch, der

> **Auch die Inquisition hat sich bekanntlich nicht um Landesgrenzen geschert.**

Islam habe kein Recht auf einen eigenen Weg durch die Geschichte. Dahinter steht das westliche Geschichtsbild, das die Geschichte als einen Zug betrachtet, bei dem der Westen die Lok ist, welche die übrigen Waggons über einen Schienenstrang zieht, den der westliche Ingenieur geplant und gebaut hat. Doch wer solchen Vorstellungen anhängt, wird auf Überraschungen gefaßt sein müssen.

Ein besseres Argument gegen die *Fatwah* könnte sich auf die Menschenrechte stützen und diese gegen eine grausame und unangemessene Bestrafung ins Feld führen, was sowohl die Todesstrafe an sich als auch die terroristisch-hinterhältige Art ihrer Ausführung angeht. Das praktische Problem bei diesem Argument sind freilich die vielen Staaten – einige davon hoch angesehen, ich brauche hier keine Namen zu nennen –, bei denen es die Todesstrafe noch immer gibt. Sie ziehen verständlicherweise Argumente vor, die sich entweder gegen den Islam selbst richten oder auf den Extraterritorialitätsansatz gründen.

Zurück zu den verschiedenen Bereichen. Das Thema Sekten ist im Prinzip von den Menschenrechten recht gut abgedeckt: Die Versammlungsfreiheit, die Gedanken- und die Meinungsfreiheit garantieren das Recht des Eintritts in eine Sekte. Aber garantieren sie auch das Recht, wieder auszutreten? Eine spezifische »Austrittsfreiheit« (*freedom of disassembly*) wäre wünschenswert und nützlich gewesen. Das ist ein genereller Kritikpunkt bei den Formulierungen von Menschenrechten: Es gibt ein Recht auf Arbeit, aber keineswegs das Recht, nicht zu arbeiten; das Recht auf Urlaub, aber nicht das Recht, keinen Urlaub zu nehmen; die Versammlungsfreiheit, aber nicht das Recht auf Nichtversammeln. Alle Rechte verankern aktive, positive Dinge als berechtigt, sie konzentrieren sich nicht in ähnlicher Weise auf den Verzicht solcher Aktivitäten.

Moderne Staaten sollten den Sekten eigentlich dankbar dafür sein, daß sie in den wachstumszerrütteten Gesellschaften zumindest einigen der zahllosen Heimatlosen einen Anker bieten. Jene aber, die aus einer Sekte wieder austreten wollen, benötigen möglicherweise ein SCS-System. Sekten sind keineswegs extraterritorial, welchen Wahrheitsanspruch sie auch immer erheben mögen. Sie unterstehen vielmehr den Gesetzen des Heimatlandes und der Welt, z.B. den Menschenrechten. Die Lösung liegt in einer symmetrischeren Haltung gegenüber den Ich- und Wir-Kulturen, so daß nicht automatisch die eine der anderen vorgezogen wird.

Zwischen Sekten und Familien/Sippen lassen sich durchaus Par-

> Moderne Staaten sollten den Sekten eigentlich dankbar dafür sein, daß sie zumindest einigen der zahllosen Heimatlosen einen Anker bieten.

allelen ziehen. Auch in letzteren findet in starkem Maße Gehirnwäsche statt, und der Eintritt in diese Gruppen geschieht auf die natürlichste Weise – nämlich durch das schiere Faktum der Geburt. Der Austritt aus der Familie/Verwandtschaft hingegen ist noch viel schwieriger als bei einer Sekte, und mitunter ist dies nicht einmal durch den Tod möglich. Wäre es denn nicht vorstellbar, die Familie/Verwandtschaft als *ipso facto* juristische Person anzuerkennen und gleichzeitig dem einzelnen ein Austrittsrecht sowie das Recht zur Bildung einer anderen juristischen Person oder zum Beitritt zu dieser zu verbürgen? Eine Kultur wie die westliche, die den sozialen Zusammenhalt so nachhaltig zerstört und gegenüber der Bedeutung dieses Faktors auch noch relativ blind ist, täte jedoch gut daran, dieses schwer verminte moralisch-rechtliche Gebiet mit Vorsicht und Sensibilität zu betreten. Gleiches gilt auch für Kulturen mit starkem Zugriff auf die Individuen, wobei das Sozialgefüge das »Bindemittel« darstellt. Wie bei den Sekten, so gilt auch hier: Vieles muß neu überdacht und neu formuliert werden! Ich mache mit diesem Abschnitt den Anfang, und es würde mich interessieren, was die Leser und Leserinnen davon halten.

> Selbst in einer überwiegend von einer Ich-Kultur geprägten Gesellschaft definiert sich die Nation als Wir-Kultur.

Wie steht es mit Staat und Nation? Vieles von dem, was ich über Sekten und Familien/Clans gesagt habe, gilt auch derzeit für Nationen: Eintritt/Zugehörigkeit durch Geburt; Austritt unmöglich. Selbst in einer überwiegend von einer Ich-Kultur geprägten Gesellschaft definiert sich die Nation als Wir-Kultur und bietet dem einzelnen als Gegenleistung für seine Loyalität Schutz. Hier gibt es Empfindlichkeiten, und wer Empfindlichkeiten tangiert, muß die Konsequenzen tragen.

Anders ist es beim Staat: Staatsbürgerschaft läßt sich erwerben (wird aber nur selten verliehen), und ebenso kann man sie auch verlieren, mitunter wird sie entzogen. Das Staatsbürgerschaftsrecht ist ein kollektives »Wir-Recht«; Meinungsfreiheit hingegen ist ein individuelles »Ich-Recht«. Nur liegt das Problem darin, daß wir beide Rechte brauchen. Für den Staat bedeutet das eine erhebliche Einschränkung seines Rechts, die Meinungs- und Versammlungsfreiheit grenzüberschreitend zu kontrollieren; es sei denn, der Staat kann nachweisen, daß es sich bei konkreten Inhalten bzw. Individualaktivitäten um tendenziell kriminelles Tun handelt (wie der Westen etwa bei der Verfolgung des Drogenhandels und der Kinderpornographie argumentiert). Drogen und Kinderpornographie anzupreisen oder für sie zu werben ist in der Praxis weder vom

»Recht auf Wissen« noch vom Recht auf freie Meinungsäußerung gedeckt, und dies völlig zu Recht, wie mir wohl die meisten zustimmen werden. Die Anpreisung von Waffen und Tabak hingegen ist geschützt (und dies zu Unrecht, wie mir hoffentlich ebenfalls viele Leser und Leserinnen beipflichten werden). Alle vier dieser Aktivitäten können das »Wir« enorm schädigen und ihm viel Leid zufügen, während sie dem »Ich« auf Kosten des »Wir« enormen materiellen Reichtum bescheren können. Worin liegt die wichtigere Aufgabe des Staates? Im Schutz der Meinungsfreiheit einzelner Individuen oder im Wohlergehen des Volkes insgesamt? Offenbar ist vom Prinzip her beides wichtig, doch die Menschenrechte neigen zu einseitig dem Individuum zu.

Ein noch ungelöstes Problem ist das Thema Christentum versus Islam. Die Unfähigkeit der beiden größten Religionsgemeinschaften, in Frieden miteinander zu leben, ist an der Schwelle zum 3. Jahrtausend ein böses Omen für die Menschheit. Leider erheben sowohl das Christentum als auch der Islam den singularistischen Anspruch auf exklusiven Besitz der Wahrheit und universelle Gültigkeit dieser Wahrheit. Beide Gemeinschaften müssen daher dringend lernen, sich gegenseitig mit Respekt zu behandeln und einen Dialog zu pflegen.

Christentum und Islam müssen dringend lernen, sich gegenseitig mit Respekt zu behandeln.

Ich habe gelegentlich solche Gespräche zwischen Christen und Muslimen organisiert. Dabei wollte ich von beiden Seiten wissen, wo einerseits ihre größten Ängste liegen und was sie andererseits am meisten aneinander schätzen oder bewundern. Die Ängste sind rasch auf den Punkt gebracht: die Stellung der Frau im Islam[50], ferner die Doktrin des »Heiligen Krieges«, die man sich gegenseitig zuschreibt (faktisch aber gibt es diesen weder in der Bibel noch im Koran). Beim Positiven ist es etwas schwieriger. Vor allem bei den Christen muß man da in der Regel etwas länger nachdenken. Dann aber nennt man z.B. die Gemeinschafts- bzw. Wir-Kultur des Islam, d.h. die enggewobene Identität, die nicht durch Zweifel und Differenz zerrissen ist. Manche Muslime andererseits bewundern am Christentum gerade den Aspekt der Ich-Kultur: die Freiheit, sich seine eigene Meinung zu bilden, sich sogar gegen den Glauben entscheiden zu können.

Dies ist kein Argument dafür, vom Islam mehr und vom Christentum weniger säkulare Offenheit zu verlangen. Weder Islam noch Christentum lassen sich auf die Summe ihrer Anhänger und deren Überzeugungen reduzieren. Für die wirklich Gläubigen handelt es sich um enthüllte Wahrheiten oder Botschaften, andere wiederum sehen darin äußerst komplexe Glaubenssysteme, die einem gewissen Wandel unterliegen, dies allerdings mehr in zweitrangigen als in zentralen Fragen. Statt all das »anzugreifen«, müßte man auf individueller Ebene ansetzen: Die Menschenrechte sollten garantieren, daß freier Ein- *und* Austritt möglich ist.

Auch Regionen und Organisationen sollten Normen prägen dürfen

Heute gibt lediglich eine einzige Triade für die Entwicklung der Menschenrechte, nämlich *universell-national-individuell*. Das ist ganz offensichtlich etwas wenig. Die Lösung liegt nicht darin, die Triade UNGV-Staat-Individuum abzuschaffen, sondern nach und nach andere Triaden zu ergänzen. Wenn man vom Transzendentalen absieht und sich auf irdische Akteure beschränkt, gibt es mehrere Kategorien von Normsendern und Normempfängern: *universell, regional, national, subnational (Gruppe) und individuell*.

> Neben der Generalversammlung kommen auch andere UN-Organisationen als Normsender in Frage.

Die Kategorie *universell* läßt sich so interpretieren, daß neben der Generalversammlung auch andere UN-Organisationen als Normsender in Frage kommen: UNESCO, WHO, FAO, ILO und die UNICEF, um nur einige direkt auf relativ konkrete menschliche Bedürfnisse bezogene Beispiele anzuführen. Und unter »regionalen« Sendern lassen sich z.B. Europa, Afrika, die arabische Welt, Ostasien, Lateinamerika, der Südpazifik u.a. verstehen. Natürlich könnte das auch für die Empfängerseite gelten, indem die Generalversammlung z.B. bestimmt, daß zusätzlich zu den Staaten auch die Fachbehörden und die Regionen für die Inkraftsetzung von Menschenrechten verantwortlich sein sollten. Außerdem ließen sich diese beiden Ansätze miteinander verbinden, handelt es sich doch um geringfügige Variationen im Rahmen des gegenwärtigen Menschenrechtsdiskurses und der Menschenrechtsstruktur, so daß hier (grundsätzlich-strukturell) keine Widerstände zu erwarten sein dürften, es sei denn, es werden neue Inhalte eingeführt.

Nach diesem Ansatz würde also anderen UN-Einrichtungen sowie den Regionen mehr Verantwortung zukommen. Damit würde eine Dezentralisierung entlang funktionaler und geographischer Linien erfolgen, man würde die Normsetzung nicht mehr so stark auf einen einzigen »Sender« (die UN-Generalversammlung) konzentrieren. Der Fokus läge nicht mehr so stark auf der delikaten

Balance zwischen der Verleihung von Rechten und dem Nutzen aus Pflichten bei einem einzigen Empfänger (dem Staat).

Es lassen sich aber auch noch interessantere, innovativere Kombinationen ins Auge fassen. Wäre es angesichts der in vielen Ländern feststellbaren »Devolutionstendenz«, d.h. der Übertragung von Hoheitsrechten auf Provinzen und Kommunen, denn so abwegig, der lokalen Ebene auch gewisse Rechtssetzungskompetenzen zu geben? Dies entspräche nicht nur der Philosophie des Föderalismus, sondern könnte zudem auf starke politische Traditionen zurückgreifen. Außerdem könnte es die Flexibilität steigern, wenn es der örtlichen Bevölkerung überlassen bliebe, die Normempfänger festzulegen. Würde man sich also für eine subnationale Einheit entscheiden, hätte man eine viel direktere Verbindung zum Normsender und würde den Nationalstaat umgehen. Ein solches Konzept würde die Weltgesellschaft nationalen Gesellschaften mit vielfältigen Befehls- und Kommunikationsbahnen ähnlicher machen.

Probleme treten freilich in dem Moment auf, in dem nichtterritoriale, nichtstaatliche Sender und Empfänger ins Spiel kommen, etwa NGOs, transnationale Gesellschaften oder Sender, bei denen es sich um nationale oder inter-/transnationale Interessengruppen handelt, etwa Berufsverbände und Gewerkschaften, alters- und geschlechtsspezifische Gruppen oder ethnische Gruppen. Aber warum sollten Unternehmen nicht neben dem, was sie derzeit tun, auch die Aufgabe erhalten, gewisse menschliche Grundbedürfnisse zu befriedigen? Sie würden davon mit Sicherheit profitieren, selbst wenn es ihnen mehr Verantwortung und Rechenschaftspflichtigkeit einbringt. Ganz im Einklang mit den allgemeinen Argumenten geht es ja nicht darum, den Staat aus der Verantwortung zu entlassen, sondern die Verantwortung durch Einbindung zusätzlicher globaler Akteure auszudehnen.

> Probleme treten freilich in dem Moment auf, in dem nichtterritoriale, nichtstaatliche Normsender und -empfänger ins Spiel kommen.

Der Punkt ist also nicht, daß die UN-Generalversammlung die Normproduktion einstellen sollte, sondern daß auch andere Großorganisationen allgemeingültige Normen mit Menschenrechtsstatus initiieren können, denken wir etwa nur an die katholische Kirche. Würde das aber nicht zu allzu vielen Normen aus allzu vielen Quellen führen? Nun, wer in einer monotheistischen Kultur mit einem einzigen geistigen Oberhaupt aufgewachsen ist, würde dem wohl zustimmen. Andere wiederum dürften an mehrere Autoritäten gewöhnt sein. Das Pro-Argument wäre jedenfalls, daß es in unserem Interesse liegen muß, ein dichtes normatives Netz zu entwickeln, das immer stärker in ganz bestimmter Weise, nämlich in Richtung auf die Sicherung der menschlichen Grundbedürfnisse, ausgerichtet ist, unter breiter Streuung sowohl der Befugnisse als auch des Nutzens. Dies heißt auch, die bürgerliche Gesellschaft ernst zu nehmen – nicht nur die auf dem Staatensystem basierende dreischichtige Staatskonstruktion.

Manche glauben, daß man im 21. Jahrhundert keine Weltzentralbehörde braucht, die in der Lage ist, Güter und Dienstleistungen zu verteilen, sondern eine Weltregierung mit einem schlagkräftigen Apparat, um eine einheitliche, universalistische Weltkultur notfalls mit Gewalt durchzusetzen. Ausgehend von den heutigen Nationalstaaten erscheint vielen ein solches Konzept naheliegend. Doch wer diese Lösung vertritt, bedenkt nicht, welch umfangreiche Zwangsmaschinerie erforderlich wäre, um widerspenstige Staaten zum Einlenken zu bewegen und auf Kurs zu bringen. Es läßt sich auch keineswegs voraussetzen, daß Bestrafung zwecks Vorbeugung auf internationaler Ebene besser funktioniert als auf nationaler Ebene. Der beste Schutz gegen Überzentralisierung dürfte eine möglichst große Zahl von Normsendern und -empfängern sein. Noch etwas gilt es zu bedenken: Die Vorstellung von universellen (allgemeingültigen) Menschenrechten, die sich aus nur einer einzigen Zivilisation (der westlichen) rekrutieren und von einem einzigen Absender – der UN-Generalversammlung – stammen, verbunden mit einem (vom Westen dominierten) Sicherheitsrat, der die Normgeltung gewaltsam durchzusetzen vermag, ist ein Rezept, das geradewegs in die Katastrophe führen muß. Parallelen mit dem Kosovo-Konflikt und den mittelalterlichen Kreuzzügen drängen sich auf.

Manche glauben, daß man im 21. Jahrhundert eine Weltregierung braucht.

Was für Lösungen brauchen wir noch?

Immer wieder mußte ich in den letzten Abschnitten auf Probleme wie Atomie, nationale Machtkonzentration und Entfremdung des Individuums zu sprechen kommen. Auch diese Fragen sollten in die Menschenrechtsdiskussion einfließen.

Gegen die Machtkonzentration in Nationen lassen sich einige recht konkrete Vorschläge anbringen. Wenn das Problem darin besteht, daß Rechte allzu leicht mit lediglich impliziten, also stillschweigend ignorierten Pflichten einhergehen, dann muß die Lösung darin bestehen, genau diese Pflichten zu betonen und als Herausforderung anzugehen. Zwei solcher Pflichten habe ich bereits angesprochen: die Steuerpflicht und die »Wehrpflicht« im Rahmen friedenssichernder Maßnahmen. Ersterem stellen sich die Rechten in den Weg, letzterem die Linken. Wir können uns hier sehr gut zwei neue Menschenrechte vorstellen: a) das Recht des einzelnen auf Verweigerung des Militärdienstes; b) das Recht des einzelnen, mit dem Staat eine Abmachung darüber zu treffen, daß er sein persönliches Paket an Sozialleistungen schnüren darf. Die Bürger und Bürgerinnen hätten also das Recht, sich die Leistungen herauszusuchen, die sie brauchen, und hätten auch nur für diese zu bezahlen. Dies bedeutet eine Dekonstruktion des Staates selbst.

Für das Problem der Entfremdung des Individuums gibt es keine einfache, naheliegende institutionelle Lösung. In unserer Zeit geht ein nachlassendes Vertrauen in Gott als dem letztgültigen Normsender Hand in Hand mit einer wachsenden Entfremdung nicht nur vom Mitmenschen, sondern auch vom eigenen inneren Selbst. Was wir suchen, ist ein dichter Kokon aus reziproken Rechten und Pflichten – von Individuen, für Individuen und über Individuen. Weder »Rechte allein« noch »Pflichten allein« genügen. Das Stichwort heißt *Mitgefühl*, eingebettet in ein Ethos der Einheit allen Seins. In manchen Bereichen ist das ein relativ klarer normativer Inhalt; für den Rest ist ethische Intuition gefragt. Kurz gesagt, was wir brauchen, ist eine intensivere, reichere Ethikkultur als die, wie wir sie heute vielerorts haben.

> Was wir brauchen, ist eine intensivere, reichere Ethikkultur.

Ebenfalls noch ungelöst ist das Problem eines ausgewogenen normativen Inputs. Die jüdisch-christliche normative Kultur ist in der Menschenrechtstradition stark vertreten. Drei Elemente sind hierbei von besonderer Bedeutung: die Unverletzlichkeit des menschlichen Körpers (z.B. Folterverbot), die Unverletzlichkeit des menschlichen Geistes (z.B. Verbot der Unterdrückung der Meinungs- und Informationsfreiheit) sowie die Gleichbehandlung, unabhängig von Geschlecht, »Rasse«, Klasse, Nation. Dies sind ganz wesentliche Beiträge zu einer normativen Universalkultur. Außerdem lassen sie sich auch gegen physische Umweltverschmutzung (z.B. durch die Industrie) und geistige Umweltverschmutzung (z.B. durch die Massenmedien) benutzen und mobilisieren. Doch wie steht es mit einem Beitrag des Islams? Wie läßt sich etwa eine Einrichtung wie die *Zakat*, eine obligatorische Armensteuer, in diesen Plan integrieren? Sie macht es jedem zur Pflicht, einen Beitrag der Befriedigung anderer zu leisten. In diesem Fall wäre das Individuum Normempfänger und Normobjekt zugleich. Der Normschöpfer bzw. -sender wäre für den Muslim Allah. Doch was spricht dagegen, daß sich die Vereinten Nationen eine islamische Norm zum Nutzen aller Nichtmuslime zum Vorbild nehmen?

In ganz ähnlicher Weise ließe sich dem Hinduismus, insbesondere dem Jainismus und Buddhismus eine äußerst wichtige normative Kultur entlehnen: nämlich *Ahimsa*, Gewaltlosigkeit. Warum sollten Staaten und andere Einrichtungen (als Normempfänger) nicht auch die Aufgabe zugewiesen bekommen, sich systematisch um den Abbau von Gewalt jeglicher Art zu bemühen, und zwar in gleicher Weise, wie sie sich ja z.B. auch systematisch um die Bekämpfung von Krankheiten bemühen? Muß man dies nicht als umso wichtiger ansehen, da Gewalt in immer größeren Bereichen und Gruppen zur häufigsten Todesursache wird? Könnte der Grund dafür, daß hier nichts geschieht, vielleicht darin liegen, daß der Staat auf physische Gewalt als Element seines Machtrepertoires (nach innen und außen frei einsetzbar) nicht verzichten will, während dies in puncto Krankheiten natürlich ganz anders ist? (Von daher erklärt sich sicherlich auch eine gewisse Abneigung gegen biologische und chemische Waffen, weil diese ja praktisch Krankheiten als Tötungswaffe einsetzen.)

> Aus der chinesischen Tradition könnte ebenfalls ein wichtiger Beitrag kommen.

Aus der chinesischen Tradition wiederum könnte ebenfalls ein wichtiger Beitrag kommen, nämlich Achtung für die Familie als soziale Einheit. Zum einen, indem man die Familie im Zusammenhang mit der Befriedigung grundlegender Bedürfnisse als Normempfänger institutionalisiert, zum anderen, indem man sie als vom Staat zu schützendes Normobjekt begreift. Aus der japanischen Tradition schließlich ließe sich etwas übernehmen, das zunächst wie ein Witz klingen mag, aber keiner ist: das Recht auf Urlaubsverzicht (etwa für Workaholics, die Entspannung krank macht).

Aber ganz ernst: Wie ließe sich eine andere Form des Verzichts wie im berühmten Artikel 9 der japanischen Verfassung (»Das japanische Volk verzichtet für alle Zeit auf Krieg als souveränes Recht seiner Nation sowie auf Androhung oder Einsatz von Gewalt zur Beilegung internationaler Streitigkeiten«) zu einem Element der Weltkultur machen? Japan will zwar »normal« werden, doch warum soll man nicht versuchen, andere Staaten auf japanisches Verfassungsniveau zu heben, anstatt Japan unter Nichtbeachtung von Artikel 9 seiner Verfassung auf das derzeitige Weltniveau herabsinken zu lassen? (Man soll aber nicht verschweigen, daß Artikel 9 wohl weniger der japanischen Tradition entsprungen ist, als vielmehr den Japanern von den Siegermächten aufoktroyiert worden sein mag.) Die Antwort liegt jedenfalls nicht in der UN-Charta mit ihrer zweischichtigen normativen Struktur: Normsender die Konferenz von San Francisco (26. Juni 1945); Normadressaten die Mitgliedstaaten. Die interessante Konstruktion wäre jedenfalls die folgende: Die UNGV als Normsender für den Artikel 9 (unter Streichung des Wortes »japanisch«); Normempfänger bzw. Adressaten die Bürger aller Staaten, welche dann die Aufgabe hätten sicherzustellen, daß der Staat, dem in diesem Modell die Rolle des Norm*objekts* zukommt, auf Krieg als Mittel der Politik tatsächlich verzichtet. Die Frage ist nur: Sind wir so weit?

Natürlich sind da noch – nicht zu vergessen – die vielen kleineren, alten, ursprünglichen Kulturen. Noch ist die Menschheit diesbezüglich reich. Doch wir sind dabei, diesen Reichtum durch Abbau der kulturellen und strukturellen Vielfalt zu untergraben, und zwar in ganz ähnlicher Weise, wie wir die Biodiversität verringern, die für das ökologische Gleichgewicht so wichtig ist. Die »Metanorm« bestünde darin, die kulturelle und strukturelle Vielfalt zu bewahren bzw. so zu steigern, daß eine immer vielfältigere Menschenrechtstradition dabei herauskäme.

> Wir sind dabei, diesen Reichtum durch Abbau der kulturellen Vielfalt zu untergraben.

Die Formel des Westens war traditionell folgende: starker Gott/König/Staat plus Kompensation durch starke Individualrechte. Doch andere Gesellschaften – viele Stammesordnungen z.B. – kennen weder das eine noch das andere. Natürlich sind auch despotische Ordnungen nach dem Muster »starker Staat plus schwache Individuen« oder die Option »schwacher Staat plus starke Individuen« (wie z.B. auf Island oder den Färöer-Inseln) nicht unbekannt. Viele Aspekte der westlichen Formel werden zweifellos noch lange Bestand haben. Doch die Formel läßt sich gewissermaßen sprengen bzw. erweitern, indem zum einen andere, nichtstaatliche Normsender und -empfänger und zum anderen auch Normempfänger und -objekte jenseits des Individuums einbezogen werden. Wenn wir bereit sind, diesen ganzen Reichtum der bürgerlichen Gesellschaft zu nutzen, bleibt in puncto Vertiefung und Verbreiterung der Menschenrechtstradition wahrlich genug zu tun. Niemand sollte hiervor Angst haben oder etwas Negatives, gar Verletzendes darin sehen. Würden wir uns auf diesem Gebiet nur konservativ verhalten nach dem Motto: »Halt! Setzen wir das, was wir

> **Die Grundrechte sind nicht nur stark von der westlichen Kultur geprägt, sondern auch vom Anthropozentrismus.**

haben, erst einmal richtig um!«, könnten wir genausogut auch der medizinischen Forschung einen Riegel vorschieben.

Die Grundrechte sind nicht nur stark von der westlichen Kultur geprägt, sondern auch vom Anthropozentrismus. Es gibt natürlich zwei sehr verschiedene Weisen, das Problem der Tier- und Pflanzenrechte anzugehen: a) Erweiterung des menschlichen Mitgefühls auf alle fühlenden Wesen. Dies ist das Prinzip der Einheit allen Lebens, wobei lebendige Wesen als unverletzlich gelten. b) *Lex talionis* als indirektes Prinzip: »Behandle Tiere/Pflanzen so, daß du weiterhin Nutzen von ihnen hast.« Diese beiden Perspektiven könnte man auch *biozentrisch* bzw. *homozentrisch* nennen, wobei sich beide aber nicht wechselseitig ausschließen müssen. Der Buddhismus neigt zweifellos der ersteren Variante zu, die westlichen transzendentalen Religionen der letzteren, da bei ihnen ja der Mensch im Mittelpunkt steht. In beiden Fällen aber wären nichtmenschliche Lebensformen als Normobjekte einbezogen. Anders ausgedrückt: Es würde bedeuten, daß die Normtriade sich ganz wesentlich verändert. Momentan ist es noch zu früh, um diese Diskussion zu führen. Doch wir könnten die homozentrische Perspektive als Einstieg betrachten und die biozentrische Verwurzelung fürs erste (aber eben nur fürs erste) zurückstellen.

Was soll am Ende bei allen diesen Veränderungsprozessen herauskommen? Der visionäre Begriff des Endzustands setzt voraus, daß wir heute schon in der Lage sind, uns ein Bild von dem zu machen, was am Ende des Prozesses herauskommt. Leider lehrt uns die Geschichte nur eines mit Sicherheit: daß diese unsere Fähigkeit begrenzt ist. Wie es derlei Prozesse so an sich haben, steckt auch der Menschenrechtsprozeß voller Widersprüche, und wir selbst sind Teil dieser Widersprüche. Der Positivismus beruht auf der Vorstellung, die Zukunft sei bereits in der Gegenwart enthalten bzw. nur ihre Kopie; die Dialektik hingegen begreift die Realität als eine sich selbst transzendierende, so daß die verschiedenen Stufen der Entwicklung nicht nur nicht bekannt, sondern überhaupt unvorhersehbar sind: Wüßten wir vorab, wohin uns diese Prozesse führen würden, wäre das Ziel ja schon halb erreicht. Ein harter Positivismus ist daher keine gute Lösung, akzeptabler wäre die »weiche« Form, die vom Istzustand ausgeht und für die nahe, einigermaßen abschätzbare Zukunft plant.

Globalisierung der Demokratie

Staats-/Nationsbildung und die Entwicklung von Demokratie

Auf niedrigerer, weniger ambitionierter Ebene haben ähnliche Prozesse wie die Globalisierung (*world-building*) schon immer stattgefunden, nämlich in Form der Staatsbildung (*state-building*) und/oder der Bildung von Nationen (*nation-building*). Während »Staatsbildung« ein Territorium mit einer bestimmten militärischen, ökonomischen und politischen Kohärenz impliziert, setzt »Nationsbildung« mythisch-heilige Orte innerhalb eines bestimmten Territoriums voraus, ein Mutter-/Vaterland. Dabei geht es darum, die dort lebenden Menschen über eine bestimmte Identität, d.h. durch Schaffung kultureller Kohärenz, miteinander zu verbinden.[51]

Auf niedrigerer Ebene haben ähnliche Prozesse wie die Globalisierung schon immer stattgefunden.

Sowohl Staaten als auch Nationen basieren mithin auf Macht, und aus guten Gründen muß es uns folglich darauf ankommen, dieses enorme Machtpotential durch Demokratisierung zu entschärfen. Natürlich erstrecken sich die jeweiligen Staaten nicht bis in die letzten Nischen und Winkel der Steppen oder Regenwälder ihres Landes, und auch die Nationen erreichen nicht immer die tieferen Bewußtseinsschichten aller Menschen, die im jeweiligen Gebiet leben. Im Gegenteil: Überall auf der Welt gab und gibt es Widerstand, oft aufgrund von Eigenarten und Identitäten nichtdominanter Volksgruppen, die gewaltsam oder gewaltfrei um wirtschaftliche Unabhängigkeit und/oder politische Autonomie kämpfen.

Der Prozeß der Staats-/Nationsbildung erzeugt Klassen, und Klassen erzeugen ihrerseits Staaten und Nationen. Klasse würde ich als Machtkategorie definieren: wer wen bestimmt (kulturelle Macht), wer wen tötet (militärische Macht), wer wen ausbeutet (ökonomische Macht) und wer über wen entscheidet (politische Macht). Nehmen wir Guatemala als Beispiel. Es gibt dort eine Bevölkerungsmehrheit, die von den Maya abstammt und der ihr Gebiet mindestens so heilig ist wie den erst später sich etablierenden Latinos. Doch ihre Sprache und Kultur wurden unterdrückt, sie selbst von der herrschenden Klasse und einer auswärtigen Macht in großer Zahl getötet oder als Tagelöhner ausgebeutet. Sie waren immer diejenigen, über die entschieden wurde, nie diejenigen, die selbst Entscheidungen treffen durften. Ein halbes Jahrtausend dauert dies alles schon an; doch ihr Widerstand ist ungebrochen.

Ein Staat ist mit »Souveränität« ausgestattet – in dem Sinne, daß die Herrschenden herrschen. Der Vergleich zu den Eigentumsrechten auf der Ebene des Individuums drängt sich förmlich auf. Hinzu kommt, daß das zwischenstaatliche System ein stark vertikal strukturiertes Klassensystem ist, mit einem steilen Gefälle zwischen jenen Staaten, die dominieren, fremdbestimmen, töten, ausbeuten und die Entscheidungen treffen, und denen, auf die sich das alles auswirkt. Also erzeugt die Souveränitätsdoktrin keineswegs Gleichheit unter den Staaten, sondern hat bislang vor allem dazu gedient, das innerstaatliche Machtmonopol der herrschenden Klasse zu sichern. Unter humanitären rechtlichen und praktischen Bedingungen wird die Souveränität hoffentlich weniger als Eisenzaun benutzt werden, mit dem man das Land abschottet, um die Menschenrechte ungestört und ungestraft mit Füßen treten zu können. Ein Großteil der heutigen Geschehnisse läßt sich schlicht als Manöver betrachten, mit denen versucht wird, sich von den Intervenierten auf die richtige Seite dieser Wasserscheide in den globalen Verhältnissen (sprich: zu den Intervenierern) zu schlagen. Übrig bleiben einige als Parias ausgesonderte Länder. Guatemala gehört offenkundig nicht zu ihnen. Im Gegenteil, hat doch eine Großmacht ihr Bestes getan, um einer herrschenden Klasse in den Sattel zu helfen und sie beim fortgesetzten Bruch der Menschenrechte noch zu unterstützen, anstatt schützend einzugreifen.

Zum Glück hat die Menschheit in den letzten zwei bis drei Jahrhunderten auch dieses andere, abmildernde Projekt der Demokratisierung und Entwicklung von Menschenrechten kennengelernt. Wir alle (Kinder noch immer ausgenommen, z.B. vom Wahlrecht) verfügen dadurch über unveräußerliche Rechte, zu denen auch das (wiewohl kleine) Recht zur Teilnahme am politischen Entscheidungsprozeß zählt, also sowohl Sender als auch Empfänger jener wertvollen Form der Macht, der Entscheidungsmacht, zu sein. Die Menschenrechtstradition geht noch einen Schritt weiter und definiert den menschlichen Körper wie auch den menschlichen Geist als reine Privatsphäre, über die nur das Individuum selbst bestimmen darf, was jegliche Folter ausschließt. Außerdem hat jeder einzelne ein Recht auf ein unbelästigtes, verfolgungsfreies Leben, unter Befriedigung seiner grundlegendsten Bedürfnisse und als freier Herr seiner Gedanken.

Glücklicherweise hat sich das Demokratisierungs-/Menschenrechtsprojekt fortentwickelt, ohne daß man erst darauf wartete,

> Die Souveränitätsdoktrin hat bislang vor allem dazu gedient, das innerstaatliche Machtmonopol zu sichern.

daß das andere Projekt – das der Staats-/Nationsbildung – ganz zum Abschluß kam.[52] Ein solches Projekt war es, das Staatsterritorium zum Binnenmarkt zu machen, wo Produktionsfaktoren und Erzeugnisse frei gehandelt werden können. Dies bedeutete jedoch Freiheit für die einen und Unterdrückung für die anderen. Natürlich fand sich die angesprochene »Kohärenz« mehr in den oberen als den unteren Schichten. Die Einführung der Demokratie war insofern ein cleverer Zug, um diese Kohärenz durch Einführung des Elements Zustimmung zu festigen und die Staatskonstruktion mit dem Argument »die Mehrheit hat immer Recht« schützen zu können. Doch es war auch ein großer Schritt vorwärts, zumal die Demokratisierung kein ein für allemal abgeschlossenes Projekt ist, sondern ein fortlaufender Prozeß.

Das Mehrheitsprinzip entwickelte sich zu einem zentralen Element des Gesamtprozesses. Um Mehrheiten zu erzeugen, war jedes Mittel recht. Gerne und oft praktiziert wurde die Veränderung der Bevölkerungsstruktur mittels Eroberungen, sprich: der Kolonialismus. Alternativ griff man zu einer entsprechenden Einwanderungspolitik – in den Genuß dieser Maßnahme kamen z.B. die Falkland-Inseln und Neukaledonien. Schied das aus, blieben immer noch internationale Wahlkreismanipulation (Nordirland); physische Eliminierung der »Gegenseite« (Kolumbien); Stimmenkauf (Süditalien); Androhung ewiger Verdammnis; Wahlfälschung und Beeinflussung der Menschen mit allerlei Medientricks. Gleichwohl ermöglichte diese Verschiebung – weg von der Macht qua Geburt, hin zur Macht der Mehrheit – den gewaltfreien Übergang von Macht, indem die Macht über Menschen in den Menschen selbst verankert wurde. Doch es bleiben Probleme: Demokratie macht eben auch die Herrschaft der knappen Mehrheit (von 51 Prozent) möglich. Genau hier kommen die Menschenrechte als letzter Garant für den Schutz von Minoritäten gegen (international durch das Souveränitätsprinzip gedeckte) Übergriffe der Mehrheit ins Spiel.

Ebenfalls problematisch ist geringe Auswahl (z.B. an unterscheidbaren Parteiprogrammen), geringe Beteiligung und wenig Demokratie. Wenn kaum jemand zur Wahl geht, wird Demokratie zur Farce, ebenso dann, wenn sich die zur Auswahl stehenden Parteien gleichen wie ein Ei dem anderen oder vielleicht sogar nur eine Partei zur »Auswahl« steht. Kurz, Demokratie ist ein relativer Begriff, was wiederum das Wahlritual in ein problematisches Licht rückt.[53]

> Um Mehrheiten zu erzeugen, war jedes Mittel recht.

Aus dem Konflikt zwischen den Demokratietypen A und B (Sie erinnern sich: ersterer funktionierte über Dialog und Konsens, letzterer über Debatte und Abstimmung) ergibt sich, daß die Summe der Staatsdemokratien nicht notwendigerweise mit weltweiter Demokratie identisch ist. Das Weltsystem ist noch immer feudal/hierarchisch-anarchisch strukturiert, wie die übermäßige militärische und politische Dominanz der großen Mächte deutlich zeigt. Genauso wenig läßt sich ja auch lokale/kommunale Demokratie nicht einfach zu einer landesweiten Demokratie aufaddieren.[54] Dies mag höchstens ein durchaus guter Anfang sein, wie wir am Beispiel Chinas hoffentlich noch sehen werden.

Vor gut 200 Jahren bemühte man sich in der Alten und Neuen Welt um den Aufbau von Staaten/Nationen *und* die Einführung von Demokratie und Menschenrechten. Wenn die Verantwortlichen mit dem Demokratisierungsprojekt gewartet hätten, bis das »Staatsbildungsprojekt« weltweit abgeschlossen gewesen wäre, dann gäbe es heute nicht viele Demokratien auf dieser Welt. Anders formuliert: Die widerspenstigen »Minoritäten« hätte man nicht mit dem Wort, sondern mit der Waffe bekämpft und zum Schweigen gebracht, wie man das aus den vordemokratischen Zeiten vieler Länder ja nur zu gut kennt. Glücklicherweise aber liefen die beiden Prozesse parallel. Dies beschert uns heute zwar schwierige Verhältnisse, aber immerhin klar definierte Aufgaben.

Es spielt sich aber noch mehr ab im globalen Dorf. Seit dem Zweiten Weltkrieg wurden diese beiden Prozesse nämlich von einem Wirtschaftswachstumsprojekt ohnegleichen überlagert. Es lief mit Volldampf, nicht abgemildert, wie das bei dem von den bürgerlichen und politischen Menschenrechten gezügelten Staatsbildungsprojekt der Fall war. Vielmehr wurden die ökonomischen, sozialen und kulturellen Rechte[55] praktisch außer Kraft gesetzt – und legitimiert wurde das dadurch, daß das führende Land, die USA, sie nicht ratifizierte. So wird inzwischen fast schon vergessen, daß auf globaler Ebene, im Rahmen der sich entwickelnden WTO-/MAI-Bedingungen (Welthandelsorganisation, Multilaterales Abkommen über Investitionen), nur drei der vier wirtschaftlichen Freizügigkeitsrechte der Europäischen Union faktisch Anwendung finden: Freizügigkeit von Gütern, Dienstleistungen und Kapital ja, doch *keine Freizügigkeit der Arbeitskräfte*. Doch eines muß klar sein: Die Steigerung des Warenabsatzes durch den Welthandel ist absolut sekundär gegenüber der Bedeutung eines weltweit freien Arbeits-

Auf globaler Ebene finden nur drei der vier wirtschaftlichen Freizügigkeitsrechte der EU faktisch Anwendung.

marktes für die Menschen – andernfalls würde man eine sehr abstrakte und menschenferne Definition von Globalisierung zugrunde legen. Genau so verhalten sich jedoch die Ökonomen. Sie pflegen »die Wirtschaft« so zu behandeln, als gäbe es in ihr keine Menschen, nur Marktprozesse. Wachstum ist für sie normal. Eine »Krise« besteht für sie in rückläufigen Marktaktivitäten, auch wieder unabhängig davon, wie es den Menschen dabei geht und was mit ihnen passiert.

Politische und ökonomische Prozesse haben in diesem Fall vieles gemeinsam. Staatsbildung bedeutet Machtkonzentration im Zentrum des Landes, wobei »Zentrum« sowohl geographisch als auch allgemein gesellschaftlich zu verstehen ist. Demokratisierung bezeichnet den gegenläufigen Prozeß: Verteilung der Macht in Richtung Peripherie. Der Aufbau von Märkten auf nationaler Ebene mit dem Wirtschaftswachstum, das sich daraus ergibt, zielt wieder in die andere Richtung, ins Zentrum. Das Problem ist nun, wie sich der so akkumulierte Reichtum in Richtung Peripherie verteilen läßt. Eine Möglichkeit besteht darin, wenigstens Bildung und Gesundheitsfürsorge allgemein frei zugänglich zu machen. Idealerweise sollte dies dazu führen, daß die Menschen nicht nur leistungsfähigere Beiträger zum Wirtschaftswachstum, sondern auch bessere Teilnehmer am demokratischen Entscheidungsprozeß werden. Die ökonomische Verteilung sollte also auch zu »politischer Verteilung« im Sinne der Stärkung der Kompetenz der Menschen, sprich: Reduzierung, ja, Eliminierung von Unwissenheit und Apathie führen. Und die Machtverteilung wiederum, die ja im Zentrum der Demokratie steht, sollte ihrerseits eine bessere Verteilung der ökonomischen Ressourcen nach sich ziehen, zumindest solange die Unterprivilegierten in der Mehrheit sind. Doch was geschieht, wenn das Land reich wird?

Die Vermögenden (bzw. die, denen es gut geht) werden versuchen, ihren Reichtum zu bewahren, werden also nicht teilen wollen. Wir bekommen unter diesen Voraussetzungen also eine Demokratie, die nur für die Mehrheit gut funktioniert, sagen wir: für die Zwei-Drittel-Gesellschaft. Immer mehr reiche Länder dürften daher in der Folge dazu neigen, den Wohlfahrtsstaat abzuschaffen, da er – jedenfalls in ihren Augen – der Mehrheit nun nichts mehr bringt, also überflüssig wird. Zur Legitimierung stellt man die Armen einfach als Betrüger und Verlierer dar. Doch im Weltmaßstab sind die Gutbetuchten natürlich alles andere als eine Mehrheit. Da sie das

Immer mehr reiche Länder dürften daher dazu neigen, den Wohlfahrtsstaat abzuschaffen.

wissen, ziehen sie den Schluß, daß eine globale Demokratie zwangsläufig zu ihrem Nachteil sein müsse. Wie kann es uns unter diesen Voraussetzungen gelingen, der Globalisierung der Demokratie in einer Welt globaler Strukturen näherzukommen?

Globalisierung und Demokratisierung: Durch wen und für wen?

Natürlich könnten wir mit der globalen Demokratisierung so fortfahren, wie von der UNO bzw. der Menschheit[56] bislang praktiziert, also über zwischenstaatliche Organisationen (IGOs) und NGOs, in denen die Entscheidungsprozesse weltweit meist sehr demokratisch ablaufen. Problematischer sind allerdings die transnationalen Gesellschaften. Nach Boutros-Ghali gibt es mittlerweile mehr als 40.000 von ihnen, mit 25.000 Niederlassungen weltweit. In der Regel sind in solchen Unternehmen sowohl die Beschäftigten als auch die Kunden von den Entscheidungsprozessen ausgeschlossen. Im gleichen Atemzug sollte jedoch gesagt werden, daß auch im Rahmen des (internationalen) Staatensystems – bei Abstimmungen durch die Staaten – die Bürger nicht zwangsläufig zuvor gefragt werden. Normalerweise hört man erst durch die Medien, was auf höchster Ebene so beschlossen worden ist. Umgekehrt gilt das genauso: Der Informationsfluß zur Regierung ist schwach und langsam, und Feedback auf dieses Feedback gibt es erst recht nicht. Doch geringe Partizipation bedeutet geringe Transparenz und wenig Verantwortlichkeit.

Ich gehe davon aus, daß Demokratie mit Partizipation (einschließlich dem Wahlrecht) zu tun hat, daß Partizipation den aktiven Bürger voraussetzt. Auf Staatsebene sind das Individuen. Wer aber sind die Bürger auf Weltebene? Potentielle Kandidaten gibt es viele; einige davon habe ich schon erwähnt: Staaten, IGOs, NGOs, TNGs; und in erster Linie natürlich alle Menschen. Doch es gibt noch weitere potentielle »Bürger«, also Akteure, z.B. die lokalen Behörden und Gemeinden. Außerdem schließt der Begriff »Umwelt« nicht nur den Menschen, sondern noch viele andere Arten von Leben ein.

Durch ihre Bedeutung im Rahmen des Hauptprojekts, der Nationsbildung, haben die Staaten bis dato die zentrale Weltbürgerrolle gespielt, ja, sie überragen sogar so sehr, daß manche Beobachter außer Staaten überhaupt nichts mehr sehen. Dies erweist sich

Wer aber sind die Bürger auf Weltebene?

nicht als die beste Wahl, wenn man bedenkt, was für miserable Weltbürger die Staaten eigentlich sind – mit Charakterzügen, die doch allzu sehr an ihre Herkunft aus dem mittelalterlichen Kastenwesen erinnern

- *gotthaftes Selbstbild* als letzte Machtinstanz (*l'état gendarme*) und letzte Fürsorgeinstanz (*l'état provident*),
- *Gewaltmonopol* (»Wer einen Hammer hat, sieht die Welt gern als Nagel«); Kampfbereitschaft als sich selbst erfüllende Prophezeiung,
- *Arroganz*, da ausgestattet mit der elementaren Macht zu töten, zu herrschen und Steuern aufzuerlegen,
- *Expansionismus* als allgemeine Tendenz, die eigene Macht noch zu steigern,
- *Feindbildproduktion;* allgemeine Nullsummenorientierung, die sich möglicherweise aus territorialen Gewohnheiten ableitet; man sieht »nichts als Feinde und Betrüger überall«,
- *Informationsmonopol;* Geheimhaltung soll die Informationen vor inneren und äußeren »Staatsfeinden« schützen; der Geheimrat flüstert ins Ohr des Fürsten,
- *Geheimbündelei, geschlossene Gesellschaft;* die Staatsdiener verstehen sich als eigene Kaste, als *corpus mysticum;* mit Geringeren gibt man sich ungern ab, man ist sich selbst genug; die Staatschefs und obersten Staatsdiener gelten als »Exzellenzen«,
- *Patriarchat,* mit Elementen der Gerontokratie; die Staatsoberhäupter sind typischerweise ältere Herren, in der Regel der herrschenden Volksgruppe/Nation angehörig,
- *Kosmologieorientierung;* man inszeniert auf immergleiche, stereotype Weise die Tiefenkultur der Gesellschaft (und ihrer elitären Schichten)[57]; man hält sich für den Nabel der Welt,
- *Korrespondenzprinzip;* die Staatsoberhäupter sehen sich mit Vorliebe im Spiegel der Tiefenkultur, der Kosmologie der herrschenden Nation/Volksgruppe,
- *Konventionalismus* getreu dem Prinzip: besser, man handelt nach gängiger Auffassung und irrt sich gemeinsam mit allen anderen als auf eigene Faust; denn im ersteren Fall hat die ganze Welt Schuld, im letzteren Fall liegt das Schuldrisiko beim einzelnen.

Dieser Größenwahnsinn plus Paranoia trifft natürlich umso mehr zu, je größer der jeweilige Staat ist, und entsprechend stärker auch auf die Oberhäupter großer Staaten. Sie haben einfach auch mehr

Größenwahnsinn plus Paranoia.

zu verlieren. Diese Logik als solche aber wohnt jedem Staat inne, unabhängig von seiner Größe. »Souveränität« ist nichts anderes als die Verbrämung dieses Sachverhalts.

Würde man die globale Demokratie also auf die Staaten allein gründen, käme es auf das gleiche hinaus, als würde man die innerstaatliche Demokratie allein auf den Adel stützen – und genau dies wurde ja eine Zeitlang versucht. Die Debatte über die Organisation des britischen Oberhauses (House of Lords) z.B. führte lange Zeit ein bedeutenderes Dasein als die viel wichtigere Frage des Verhältnisses zwischen Unter- und Oberhaus, ganz zu schweigen von der Frage, ob die »*Common(er)s*«, das gemeine Volk und seine Vertreter, überhaupt eine Kammer brauchen oder sich über Referenden und Plebiszite vielleicht sogar besser artikulieren können. Eine Spezialdebatte schließlich rankte sich um das Prinzip des *primus inter pares,* d.h. die Frage des Status jener, die mehr oder weniger ständig mit dem Souverän, dem König, zusammen am Hof residieren. Ich erwähne dies, um die Debatte über jenes feudale Überbleibsel, das Vetorecht der »ständigen« Mitglieder des Sicherheitsrates, etwas zu relativieren. Es gibt allerdings noch eine ganze Reihe weiterer wichtiger Diskurse.

Das Kapital ist für das Wirtschaftswachstumsprojekt von zentraler Bedeutung. Also dürften die nächste Kandidaten für führende Rollen die transnationalen Gesellschaften sein. Doch die Logik des Kapitals ist auch nicht viel besser als die Staatslogik. Dies wird sofort deutlich, wenn man sich die Charakteristika der Unternehmen einmal näher ansieht:

Doch die Logik des Kapitals ist auch nicht viel besser als die Staatslogik.

- *gottähnliches Selbstverständnis,* zum einen als Erzeuger von Wohlstand und Gewinn, zum anderen als Problemlöser und Anbieter von Produkten und Arbeitsplätzen,
- *Geldmacht:* »Wer Geld hat, sieht die Welt in erster Linie als Markt«; Rekurs auf das Prinzip der unsichtbaren, angeblich göttlichen Hand,
- *Monopolismus,* sprich: Tendenz, die Marktanteile immer weiter zu vergrößern,
- *Arroganz,* da die entscheidende Macht im Markt,
- *Expansionismus,* d.h. allgemeine Tendenz der Machtsteigerung,
- *Wettbewerbsorientierung:* man sieht Wettbewerber überall,
- *Informationsmonopol:* Geheimhaltung zum Schutz der Informationen vor Wettbewerbern und sonstigen »Unbefugten«,

- *geschlossene Gesellschaft,* d.h. Tendenz der Unternehmensführer zur Bildung eines *corpus mysticum;* mit Geringeren gibt man sich ungern ab, man ist sich selbst genug; die Unternehmenschefs gleichen Diktatoren,
- *Patriarchat:* in der Regel sind Spitzenpositionen von Männern besetzt; diese müssen aber nicht zwangsläufig fortgeschrittenen Alters sein oder der herrschenden Volksgruppe oder Nation angehören,
- *Kosmologieorientierung:* Mitglieder entstammen meist derselben gesellschaftlichen Schicht/Klasse.

Unternehmen sind also nach guter Feudalmanier organisiert und werden von starken Chefs geführt, die nach Belieben anheuern und feuern und im übrigen nur ihrer Bilanz verantwortlich sind. Unternehmensdemokratie und der informell-beratende Dialog mit Verbraucherorganisationen sind Konzepte, die zunächst sicherlich den Anschein erwecken, als sollten den Wirtschaftsführern die Hände gebunden werden. Auf den zweiten Blick aber eröffnen sie neue wirtschaftliche Chancen und Möglichkeiten (Kraft-Wärme-Kopplung; Abwärmenutzung). Es liegt auf der Hand, daß die Welt auf längere Sicht derartig massive autoritäre Strukturen nicht hinnehmen kann. Wo immer Menschen von Entscheidungen betroffen sind, haben sie ein Recht auf Mitbestimmung!

> Wo immer Menschen von Entscheidungen betroffen sind, haben sie ein Recht auf Mitbestimmung!

Stellt sich die Frage: Wie konnten die Gesellschaften überhaupt einen solchen Status erreichen? Nun, zu einem großen Teil durch Verabsolutierung und Idolisierung des Marktes als etwas jenseits des Menschen bzw. über den Individuen Stehendes – und das, obwohl dem Normalsterblichen nicht entgehen dürfte, daß Marktstruktur und -regeln stark von den Großen im Markt geprägt werden. Die eingefleischten Marktanhänger, in der Regel auf dem rechten Flügel des traditionellen politischen Spektrums angesiedelt, behaupten unentwegt, das Kapital überlasse man am allerbesten sich selbst. Verantwortlich sei man nur den Aktionären. Viele Linke sogar lassen lieber die Finger vom Kapital, und sei es auch nur, um sie sich nicht schmutzig zu machen. In der Konsequenz verschafft dies dem Kapital eine ganze Menge Handlungsspielraum.

Wie steht es nun mit der dritten Säule der modernen Gesellschaft, der berühmten »bürgerlichen Gesellschaft«? Ob man diese nun als Volk begreift oder als in diesem verankerte Organisationen (NGOs), im Prinzip haben wir hier die Träger des Demokratie-/

Sehen wir uns die Volkslogik etwas näher an.

Menschenrechtsprojekts im Sinne des Schutzes gegen die anderen beiden Säulen vor uns. Sehen wir uns die Volkslogik nun ebenfalls etwas näher an:

- der *Mensch sieht sich als fehlbar* und im Kampf um die Befriedigung von Bedürfnissen wie Überleben, Wohlergehen/Wohlbefinden, Identität, Freiheit,
- *Opferrolle:* Objekt/Spielball, der Macht anderer ausgeliefert,
- *Unterwürfigkeit:* Neigung zum Gehorsam gegenüber Staat und Kapital,
- *Status-quo-Denken:* nur ja wenigstens behalten, was man hat und weiß,
- *Feind-* und *Freundbild:* beide Kategorien werden als allgegenwärtig begriffen,
- *Informationsweitergabe* zwecks allgemeiner Steigerung der Fähigkeiten und Kompetenz der Menschen,
- *offene, sich erweiternde Kreise:* Networking zwecks Kompetenzaufbau und -ausbau,
- *Patriarchat,* in gewissem Maß als Nachahmung der Strukturen auf Staats- und Kapitalseite,
- *Kosmologieorientierung* als Mitglieder derselben Gesellschaft.

Die Volkslogik ist, da offener, vielversprechender und entwicklungsfähiger, weniger von einer einzigen großen Institution beherrscht. Doch wie steht es nun mit den lokalen Behörden, den Kommunen, Klein- und Großstädten? Werfen wir diesbezüglich einmal einen genaueren Blick auf die Motivationen, Fähigkeiten und möglichen Friedensrollen, um besser beurteilen zu können, wie diese Einrichtungen als potentielle »Weltbürger« abschneiden, wie sie also den damit verbundenen Anforderungen genügen:

- *Lokale Behörden verfügen normalerweise über keine Waffen;* Waffen gehören vielmehr zum Staatsmonopol. Folglich dürften lokale Behörden weniger von der Tendenz geprägt sein, Probleme als militärische Probleme aufzufassen, und es dürfte ihnen auch weniger darum gehen, »mit einer Stimme zu sprechen«. Nur ein Beispiel: Viele Kommunen erklärten sich zur atomwaffenfreien Zone.
- *Kommunen sind in der Regel weniger pathologisch als Staaten,* da sie sich nicht als Projektionsflächen nationaler Traumata und My-

then eignen – etwa im Sinne der Idee des Erwähltseins, der immanenten Überlegenheit anderen gegenüber.
- *Klein- und Großstädte leben stark vom Austausch mit den umgebenden ländlichen Gemeinden sowie anderen Städten.* Dieser Austausch sollte aufrechterhalten und verbessert werden. Hier, auf örtlicher Ebene, finden sich die Betroffenen von Krieg, Fehlentwicklungen und zusammengebrochenen Ökosystemen. Der wirkliche Kampf um Frieden, einschließlich des Friedens mit der Natur, sowie der Kampf gegen strukturelle Gewalt muß also ebenfalls konkret und lokal orientiert sein.
- *Der Austausch auf globaler Ebene findet meist zwischen Großstädten statt, und zwar grenzüberschreitend; der gesellschaftliche Verkehr hingegen findet landesintern zwischen den Kommunen statt.* Die bürgerliche Gesellschaft ist ohne den kommunalen Rahmen nicht denkbar; der Umgang der Menschen miteinander spielt sich auf Gemeindeebene und zwischen den Kommunen ab. Das Phänomen der Städtepartnerschaft ist ein hervorragendes und sichtbares Beispiel der internationalen Zivilgesellschaft.

> Die bürgerliche Gesellschaft ist ohne den kommunalen Rahmen nicht denkbar.

- *Selbst viele kleine Kommunen sind heute ein Spiegelbild (Mikrokosmos) der Gesellschaft im großen,* etwa bezogen auf die beiden Geschlechter, die Generationen, die sozialen Schichten, die verschiedenen Kulturen (Religionen, Sprachen) sowie viele, wenn auch nicht alle Berufsgruppen. Insofern sind sie den NGOs zweifellos überlegen, denn letztere sind im Hinblick auf viele oder gar alle der genannten Aspekte tendenziell viel monochromatischer.
- *Kommunen haben Verwaltungen, »lokale Behörden«, die im Umgang mit ziemlich komplexen Problemen erfahren sind.* Diese administrative Kompetenz ließe sich durch Einrichtung des Amts eines Friedensmagistrats, zuständig für alle kommunalen Friedensaktivitäten, noch verbessern.
- *Vor Gewaltausbruch:* Konflikte werden auf kommunaler Ebene über Konferenzen, Seminare und Dialog gelöst. Ziel ist die Homogenisierung sehr heterogener Volksgruppen/Nationalitäten, intern wie grenzüberschreitend, und mehr Verständigung. Kommunale Friedens- und Konfliktforschungsinstitute könnten sehr hilfreich sein.
- *Bei manifester Gewalt:* Man versucht, unter Einsatz von interdisziplinären Hilfsteams und grenzüberschreitender Zusammenarbeit, den friedlichen Zustand wiederherzustellen. Nicht selten

kommt es vor, daß Kommunen sich Problemgemeinden annehmen. Sie sind zuständig für Unterstützung für Vertriebene, politisch Verfolgte, Verweigerer aus Gewissensgründen.
- *Nach Einstellung der Gewalttätigkeiten:* Versöhnung, d.h. Zusammenführung der Konfliktparteien; Versuch, die Wunden zu heilen; Vermittlung neuer Hoffnung und Perspektiven.
- *Rolle als Fokus der weltpolitischen Bemühungen um eine sicherere Welt;* Hilfe für und Anerkennung von Kommunen, aber auch Nationen, die um Unabhängigkeit kämpfen; Planung lokaler, nichtmilitärischer Verteidigungsmaßnahmen.

> Falls ich mich für einen einzigen Kandidaten entscheiden müßten, dann sicherlich für die lokalen Behörden.

Fazit: Falls ich mich mit Blick auf den Weltbürgerstatus von den drei genannten Kandidaten für einen einzigen entscheiden müßten, dann sicherlich für die lokalen Behörden. Versuchen wir also, diese Weltbürgerkandidaten zu Theoriezwecken in einer Topologie zu erfassen und einander gegenüberzustellen:

Nehmen wir einfach mal an, daß die drei Begriffe »Globalisierung«, »Nichtterritorialität« und »Postmodernität« in einem semantischen Raum sehr nahe beieinander liegen. Eine einfache übergreifende Formel wäre die der »grenzenlosen Welt« (abgesehen freilich von der fehlenden Arbeitskräftemobilität). Wir sind – wie die Menschheit an der Schnittstelle zwischen etwas Altem und etwas Neuem eigentlich immer – eifrig mit unserem Modernitätsprojekt beschäftigt, während um uns herum eben diese Moderne einbricht und einer grenzenlosen Postmodernität mit ihren erheb-

Typologie der Weltbürger	Territorial	Nichtterritorial
Internationale Gemeinschaft	REGIONALSTAATLICHE ORGANISATIONEN, z.B. Europäische Union	UNO & WELTREGIERUNGS-ORGANISATIONEN
Säulen der Modernität	STAATEN geprägt von Staatslogik	TRANSNATIONALE GESELLSCHAFTEN (TNGs) geprägt von Kapitallogik
Säulen der Postmodernität	LOKALE BEHÖRDEN geprägt von Stadtlogik	WELTBÜRGERLICHE GESELLSCHAFT geprägt von Organisationslogik
Der Souverän	VOLK geprägt von Volkslogik	VOLK geprägt von Volkslogik

Tab. 2

lichen Problemen Platz macht. Doch unsere Aufgabe hier besteht genau darin, auf dieser globalen Ebene Chancen für die Demokratie zu orten.

Die meisten Menschen sind noch immer in einem bestimmten Territorium verankert, aber einige sind bereits »nichtterritorial« in dem Sinne, daß es für sie viel wichtiger ist, wie sie leben, als wo sie leben. Daniel Lerners Begriff der »psychologischen Mobilität«, entwickelt in seinem 1958 erschienenen Buch *The Passing of Traditional Society (Der Niedergang der traditionellen Gesellschaft)*, läßt sich gleichermaßen auch auf die heutigen Verhältnisse, das Verschwinden der modernen Gesellschaft, anwenden. Diese letztere Entwicklung setzte vermutlich viel rascher ein, als Lerner erwartet hätte, und zu verdanken haben wir dies dem Siegeszug von neuen Techniken wie Video/Fernsehen, Fax und E-Mail, die dem Kino, Telegramm und allen anderen (konventionellen) Kommunikationsmitteln den Rang abliefen. Der Mechanismus dahinter bleibt sich freilich gleich: sich selbst mit Leichtigkeit und Empathie irgendwo anders vorzustellen.

Der *Tab. 2* liegen vier Arten zugrunde, wie Menschen organisiert werden können als Bürger in einem Staat; als Kunden eines Unternehmens; als Bürger einer kommunalen Gemeinschaft; als Mitglieder einer Organisation. Die Staaten sind auf dem absteigenden Ast und werden relativ zu den übrigen fünf Kategorien an Bedeutung verlieren. Zu den regionalen staatlichen Organisationen läßt sich Ähnliches sagen: Sie können dazu dienen, den Souveränitätspanzer, hinter dem sich all die schlechten Wesensmerkmale der Mitgliedstaaten verbergen, aufzuknacken. Sie können diese Negativmerkmale freilich auch selber kultivieren: Zu Beginn handelt es sich vielleicht um eine Organisation, dann wird eine Gemeinschaft daraus, und zum Schluß ist es eine Union mit mehr föderalen (einheitsstaatlichen) als konföderalen (staatenbundartigen) Merkmalen. Auf diese Weise kann sehr leicht ein Superstaat entstehen, d.h. ein Staat »auf höherer Ebene«.[59] Zu den weltstaatlichen Organisationen läßt sich gleichfalls Positives und Negatives vermerken. Die UNO ist Hauptschauplatz der Kooperation der verschiedenen Staaten zum Zweck der Lösung *globaler* Probleme, und zwar im Doppelsinn dieses oft mißbrauchten Wortes: »global« nämlich insofern, als es sich um Probleme mit Kausalzyklen handelt, die auf Staatsgrenzen keine Rücksicht nehmen (Beispiel Umweltverschmutzung); »global« aber auch im Sinne von Problemen, die in allen Staaten

> Vier Arten, wie Menschen organisiert werden können.

mehr oder weniger identisch sind (Beispiel Situation der Behinderten und deren Verbesserung). Leider aber sind die UNO und andere staatliche Organisationen überhaupt nicht dafür geeignet, das globale Nationalitätenproblem in den verschiedenen Staaten zu lösen. Gewalt wird von der UNO zwar abgelehnt, doch gibt es leider keine gewaltfreien Alternativen für nach Unabhängigkeit oder zumindest einer gewissen Autonomie strebende Nationen.

Zu den Unternehmen läßt sich sagen, daß sie einerseits klassische Säulen der Modernität, andererseits jedoch auch postmodern im Sinne des Nichtterritorialen, Grenzüberschreitenden und Atomisierenden sind. Ihr Hauptinteresse liegt im Überleben als Organisation; es fehlt bei ihnen sogar das (obwohl manchmal etwas gequälte) Interesse des Staates an den Belangen seiner Bürger. Die einzige Sprache, die die Buchhalter der Unternehmen verstehen, ist die des Geldes. Hingegen es nicht ganz richtig, daß Gewalt die einzige Sprache ist, die Staaten und jene, die den Staat unter ihre Kontrolle bringen wollen, verstehen. Denn Menschenrechte und Demokratie sind keinem Staat ganz unbekannt; im Unternehmensdiskurs indes spielen sie praktisch keinerlei Rolle. Unternehmen bedienen sich nach Belieben der Korruption, um ihre Interessen dem Staat gegenüber zur Geltung zu bringen; sie hören ungern auf die Stimme des Volkes, solange ihnen kein Boykott droht; und auch ihre eigenen Beschäftigten sind ihnen ziemlich egal, wenn sie nicht gerade mit Streik drohen. Wir haben es hier also mit miserablen Weltbürgern zu tun, solange wir uns nur auf die derzeit vorherrschenden, strukturell existenten Tendenzen konzentrieren. Damit würden wir allerdings die vielen Wohltätigkeitsaktionen unterschlagen, die sozial eingestellte Wirtschaftsführer auf lokaler, nationaler und globaler Ebene initiieren, und zwar durchaus freiwillig, ohne Druck von außen.

Bei den lokalen Behörden liegt das Positive auf der Hand, doch das Negative ist freilich nicht weniger offenkundig: ungenutztes, brachliegendes Potential. Kaum je werden sie in der Literatur als auf globaler Ebene ernstzunehmende Akteure betrachtet. Warum? Vermutlich deshalb, weil man sie für rückständig hält. Was immer sie ursprünglich auch waren – Stadtstaat, Großstadt, Kleinstadt oder Dorf –, stets wurden sie im Verlaufe ihrer Geschichte größeren Einheiten einverleibt: Dörfer den Städten, Städte den Großstädten, Großstädte den Stadtstaaten, Stadtstaaten den Nationalstaaten. Ihre Rolle war also eine dienende, dem nationalen Zweck und

> **Menschenrechte und Demokratie spielen im Unternehmensdiskurs praktisch keinerlei Rolle.**

Staatswillen untergeordnet, ob als Hauptstadt und Regierungssitz, als Sitz von Unternehmen oder ganz einfach nur als Wohnsitz des ganz normalen Bürgers. Sie versuchen dies in der Regel dadurch zu kompensieren, daß sie sich an ihrem Hinterland, dem Umland, schadlos halten.

Doch sie verfügen über administrative Erfahrung im mehr oder weniger gewaltfreien Umgang mit allen Arten von Problemen, wobei sie allerhöchstens auf die Stadtpolizei zurückgreifen können, sieht man einmal von besonderen Notsituationen ab. In der Regel verfügen sie also weder über eine Armee, um Lösungen zu erzwingen, noch über genug Geld, um sich Lösungen erkaufen zu können. Sie arbeiten durch Menschen und für Menschen, qualifizierte und weniger qualifizierte. Ihre Lebensqualität kann sehr unterschiedlich sein; ist sie niedrig, dann vielleicht deshalb, weil »die da oben« sich allzu schamlos bedienten. Doch wo es sich um Kommunikationszentren handelt, nimmt ihre Weltoffenheit zunehmend globale Züge an und prädestiniert sie so für Weltrollen.[60]

Zu den Menschen allgemein und der bürgerlichen Gesellschaft im besonderen gilt es schließlich festzuhalten: Romantizismus ist nicht angebracht. In dieser Kategorie finden sich zweifellos hervorragende Organisationen, etwa auf den Gebieten Frieden und Entwicklung, Umwelt und Menschenrechte. Gleichzeitig aber gibt es auch Drogen- und Waffenhändler, Mafiosi und Berufskriminelle. Auch unterschiedliche Nationalitäten beherbergt die bürgerliche Gesellschaft, und manche von ihnen versuchen ihre Interessen mit gewaltsamen Mitteln durchzusetzen. Freilich ist dies nicht immer ihre eigene Schuld: Leider gibt es, wie oben schon ausgeführt, nur wenige oder gar keine friedlichen Alternativen. Man behandelt sie wie Straftäter, die man ohne Berufungsmöglichkeit aburteilt.

Mein Fazit ist: Wir gründen unsere Weltgesellschaft nach Lage der Dinge auf etwa 200 – qualitativ oft sehr fragwürdige – Staaten, leider nicht auf die rund 2.000.000 lokalen Behörden mit generell guten Tendenzen und beträchtlicher Erfahrung. Gleichzeitig lassen wir die äußerst egoistischen Unternehmen außen vor, berauben uns dadurch aber leider auch der Möglichkeit, Einfluß auf sie zu nehmen und ihre beträchtlichen Fähigkeiten und Ressourcen für die Zwecke einer weltweiten Demokratie einzuspannen. Wir pflegen vermutlich allzu romantische Vorstellungen von der bürgerlichen Gesellschaft, setzen aber auf NGOs als Instrumente der Politikformulierung auf globaler Ebene (etwa im Zusammenhang mit

Wir pflegen vermutlich allzu romantische Vorstellungen von der bürgerlichen Gesellschaft.

internationalen Konferenzen und Gipfeln, die von der UNO veranstaltet werden). Regionale Staatsorganisationen haben die Aufgabe, die Einzelstaaten zu zähmen, was nicht ganz so einfach ist, wenn die Region von einer einzigen Hegemonialmacht (USA, Rußland, Peking etc.) dominiert ist. Außerdem vergessen wir, daß die Gefahr der Herausbildung eines Superstaats umso größer ist, je erfolgreicher die Region ist. Vor allem aber vergessen wir das Volk als solches, den eigentlichen Souverän, in Sonntagsreden verherrlicht, in der Praxis mißachtet. Sicher, Menschen und Völker sind »durchwachsen«, und gleiches gilt für ihre Organisationen. Doch wir sind das beste (bzw. einzige) Volk, das wir haben, der *Demos* der Demokratie, und daran ändert sich auch nichts, wenn wir uns von der lokalen über die nationale auf die globale Ebene begeben. Wenn also Globalisierung so zu verstehen ist, daß Entscheidungsprozesse auf die globale Ebene abwandern, und wenn Demokratie das Recht bedeutet, an Entscheidungen, die einen selbst angehen, beteiligt zu sein, dann kann die Schlußfolgerung nur lauten: Gebt den Menschen ein institutionalisiertes Recht, ihre Interessen und Belange in einer Weise zu artikulieren, daß dies auf globaler Entscheidungsebene Berücksichtigung findet. Beispielsweise kann es sein, daß die Bürger in Land X Entscheidungen treffen, welche die Bürger in Land Y berühren. Da es bei der Globalisierung genau darum geht, dies also den Standardfall darstellt, müssen grenzüberschreitende, dialogische Entscheidungsprozesse möglich sein.

Doch welcher unserer sechs Akteure sollte der Weltbürger sein, der auf globaler Ebene den politischen Willen artikuliert? Die einzige Antwort, die ich für möglich halte, lautet: Alle sechs; sie alle sollten beteiligt sein. Globale Demokratie bedeutet auf Weltebene vernetzte Demokratie. Wie dies institutionell aussehen kann, ist eine andere Frage. Entsprechende Lösungsansätze versuche ich im folgenden Abschnitt aufzuzeigen. Hier geht es mir zunächst vor allem darum, deutlich zu machen, warum es grundfalsch wäre, nur auf einen einzigen der möglichen Akteure zu setzen.

Bislang hat ja tatsächlich ein Vabanquespiel stattgefunden, indem die Welt auf die Staaten – sprich: Regierungen – vertraut hat. Sie hat dabei leider auf das falsche Pferd gesetzt, denn es sind neue Akteure im Kommen. Dennoch besteht nach wie vor das Vetorecht des Sicherheitsrates fort, sogar unter Einbeziehung von Deutschland und Japan, die noch zu den »Feinden« zählten, als die UNO gegründet wurde. Ganz abgesehen davon, daß man der Europäischen

> Wir sind das beste Volk, das wir haben.

Union gleich drei (Veto-)Stimmen zugestand, bewegt sich dieser Diskurs weit jenseits der Realität. Worum es tatsächlich gehen sollte, ist die Unfähigkeit der Staaten und Staatsorganisationen, angesichts der 2.000 Nationalitäten, die ihre Ansprüche zunehmend artikulieren, die eigenen, staatsspezifischen Probleme zu lösen.

Doch die Staaten stehen noch vor einer anderen, viel größeren Herausforderung. Es gilt ja in der Regel als selbstverständlich, daß Demokratisierung unter Bedingungen der Globalisierung Demokratisierung einer Weltstaatsorganisation bedeutet, wobei man natürlich vor allem die UNO im Auge hat. Dem ist gewiß nicht zu widersprechen, im Gegenteil. Was aber, wenn die Menschen weltweit die *Religion* mehr im Vordergrund sehen und ihren Demokratisierungseifer z.B. mehr auf den Weltkirchenrat konzentrieren, um dort angemessen vertreten zu sein? Eine bedeutende NGO als Objekt der Demokratisierungsbemühungen? Weltgeschichte kann verzwickt sein. Es könnte bedeuten, daß die UNO, deren Mitglieder ja Staaten sind, an Bedeutung verliert oder gar in der Versenkung verschwindet.

Es gibt folglich keine eindeutigen Antworten, weder im Hinblick auf die Demokratisierungsobjekte noch im Hinblick auf die Sprachrohre des politischen Willens. Lassen wir diese Fragen – und vor allem die Entscheidung – also besser offen. Öffnen wir das Tor für alle globalen Akteure, alle Weltforen!

Institutionalisierung einer globalen Demokratie:
Die Vereinten Nationen

Die Vereinten Nationen sind zwar nicht die einzige Organisation im Dienst der weltweiten Demokratisierung, heutzutage aber zweifellos die wichtigste.

Da das Volk der eigentliche Souverän ist und sein muß, führt an direkten Wahlen zu einer UN-Volksversammlung (UNVV) kein Weg vorbei – und zwar zu einer Versammlung, der nicht nur beratende Funktion zukommt! Längerfristig gesehen wird es zweifellos zu globalen Referenden und Initiativen kommen. Eine Volksversammlung hätte die gleichen Aufgaben und Befugnisse wie andere Parlamente auch: Erlaß von Gesetzen, Beschluß des Haushalts, Besetzung von Ämtern. Die Generalversammlung wäre das Spitzenorgan der Exekutive.

An direkten Wahlen zu einer UN-Volksversammlung führt kein Weg vorbei.

Die UNGV durch eine UNVV, eine UNUV und eine UNLBV ergänzen.

Mein Fazit ist also: Im 20. Jahrhundert haben wir nun mit zwei Verkörperungen des noch jungen globalen Herrschaftssystems Erfahrungen gesammelt, den Vereinten Nationen und ihrem Vorgänger, dem Völkerbund. Nun sollten diese Einrichtungen unbedingt durch ein echtes Parlament komplettiert werden. Das bedeutet, der schon existierenden UNGV als Kammer der Regierungsvertreter eine zweite Kammer für das Volk – eine UNVV – zur Seite zu stellen; hinzu kämen als dritte Kammer eine Versammlung der Unternehmen (UNUV) sowie als vierte Kammer eine Versammlung der lokalen/kommunalen Behörden (UNLBV). Letztendliche Entscheidungsinstanz wäre jedoch allein die zweite Kammer, die anderen hätten nur beratende Befugnisse. Nur aus chronologischen Gründen, nicht vom Gewicht her, stände die erste Kammer, die Generalversammlung, an erster Stelle. Meine Empfehlung wäre ein allmählicher Übergang der eigentlichen Macht von der Generalversammlung auf die Volksversammlung, verbunden mit der Einrichtung einer »UN-Kommission« (der Behördenchefs) als funktionalsachorientiertes Gegengewicht zur territorial-staatsorientierten Führung der Generalversammlung. Es hat durchaus seinen Reiz, im Exekutivbereich den Spezialisten dem Generalisten gegenüberzustellen, darüber die Volksversammlung als Schlichter und maßgebliche Entscheidungsinstanz (während der Internationale Gerichtshof alles überwacht).

Dies alles wirft natürlich Fragen nach den Bedingungen der Mitgliedschaft in diesen Versammlungen und nach ihrem wechselseitigen Verhältnis im Entscheidungsprozeß auf. Was Bewerberstaaten angeht, so müssen diese von den jeweiligen Mitgliedstaaten anerkannt werden. Ein Problem ist, daß die Regierung eines Staates den Aufnahmeantrag stellt, nicht das Volk selbst, denn Regierungen pflegen ihr Volk in diesen Dingen nicht zu fragen – von der Schweiz einmal abgesehen, und deren Bürger lehnten die UN-Mitgliedschaft prompt ab.[61]

Eine Liste der möglichen Kriterien für die Aufnahme eines nichtterritorialen Weltbürgers in eine UN-Versammlung könnte etwa so aussehen[62]:

1. Ist die *Organisation international repräsentativ?* Sind ihre Mitglieder über hinreichend viele Länder und Kontinente verteilt, vorzugsweise auch über kulturelle und politische, nicht nur geographische Grenzen hinweg?

2. *Ist die Organisation demokratisch genug?* Ist die Führung den Mitgliedern der Organisation rechenschaftspflichtig? Kann sie durch ein Wahlverfahren ausgetauscht werden?
3. *Ist die Organisation menschlichen Grundbedürfnissen und –rechten verpflichtet?*[63] Oder verfolgt sie vielmehr recht enggefaßte Interessen, etwa von Sondergruppen?
4. *Spiegeln sich in der Organisation globale Perspektiven wider?* Oder vertritt sie nur eine regionale, gar nationale Perspektive, und spiegelt sich dies etwa in der innerorganisatorischen Machtverteilung wider (Präsidenten, geschäftsführende Ausschüsse, Räte, Stammsitz, Finanzierungsquellen)?
5. *Hat die Organisation eine gewisse Stabilität?* Oder hat sie eher temporären Charakter? Könnte sie schon bald wieder verschwunden sein kann?

Wenn wir diese Kriterien auf Staaten anwenden würden, käme Punkt 1 multikulturellen Staaten entgegen, vorausgesetzt, diese Diversität zeigt sich auch in der politischen Führung. Punkt 2 träfe insbesondere auf Demokratien zu. Punkt 3 würde besonders auf Staaten mit einem ausgebauten Sozialsystem passen und setzt eine allgemein menschliche Solidarität voraus, im Unterschied zu jener, die sich auf das eigene Geschlecht, die eigene Generation, »Rasse«, Klasse oder Nation beschränkt. Punkt 4 hat einen Schwerpunkt auf globalen Interessen zur Voraussetzung, nicht nur auf staatlichen/nationalen Interessen. Punkt 5 schließlich gälte für Staaten mit einer hinreichend langen Existenz.

Von diesen fünf Kriterien würden viele Staaten nur die letzte erfüllen, wobei »Stabilität« einfach als Beständigkeit in dem Sinne zu verstehen ist, daß weder Sezession noch Revolution droht. Ist letzteres der Fall, wäre dies ein Grund, die Anerkennung zu versagen. Insofern trifft dieses Kriterium wohl am allerwenigsten auf nichtterritoriale Akteure zu, die ja ständig Spaltungen und Verschmelzungen unterliegen, gegründet und aufgelöst werden, da sie in einem unbegrenzten funktionalen Raum agieren, unberührt von Gebietsbeschränkungen.

Die Wahl von Kriterien wie den fünf genannten würde bedeuten, daß wir nichtterritoriale Akteure faktisch benachteiligen, indem wir an sie strengere Maßstäbe anlegen als an Staaten. Aber warum sollten die Kriterien unbedingt gleich sein? Wollte man von einem Präsidenten oder Generalsekretär verlangen, daß er seine Mitglieder

Nichtterritoriale Akteure werden ständig gegründet und aufgelöst.

völlig »unter Kontrolle« hat, daß es also keine revoltierenden oder nach Abspaltung strebenden Minoritäten gibt, würde dies die großartige Flexibilität der NGOs mit Sicherheit untergraben.

Träfen diese Kriterien auch auf die transnationale Unternehmen zu? Nun, diese Firmen sind häufig international repräsentativ und relativ stabil, doch alles andere als demokratisch. Sollte man also Demokratie von ihnen verlangen? Und sollte es bei der Produktion nicht vielleicht mehr um menschliche Grundbedürfnisse und globale Perspektiven gehen, jenseits von Marktanteilen und möglichst hoher Dividende für Aktionäre, indem man z.B. möglichst viele, nicht möglichst wenige Menschen beschäftigt?

Die Delegierten für die Generalversammlung sollten weiterhin von den Regierungen bestimmt werden. In die Volksversammlung, die Unternehmenskammer und die lokale Behörden hingegen sollten sie – idealerweise – auf demokratischem Wege gewählt werden.[64] Gehen wir nun also hypothetischerweise einmal davon aus, alle drei Organe wären ordnungsgemäß institutionalisiert: Wie soll also ihr Verhältnis untereinander aussehen? Nehmen wir einfach einmal die moderne Gesellschaft als Vorbild. Dort haben wir in der Regel eine Aufteilung der staatlichen Macht in Exekutive, Legislative und Judikative. Analog dazu wäre die UNGV (entsprechend dem EU-Ministerrat) der eine Arm der Exekutive und die Chefs der Fachbehörden (entsprechend der Europäischen Kommission) wären der andere, jedenfalls in embryonischer Form. Die UNVV wiederum wäre die Legislative, wobei die UNGV und die Fachbehörden – als Exekutivorgane – idealerweise einer nach den Grundsätzen des allgemeinen Wahlrechts gewählten UNVV verantwortlich sein sollten. Der Weltgerichtshof (oder Internationale Gerichtshof) schließlich würde in diesem System die Aufgaben der globalen Zentralgerichtsbarkeit wahrnehmen. Dies wäre eine parlamentarische Demokratie, wie wir sie kennen, mit der Besonderheit zweier Exekutiven: einer territorialen und einer funktionalen. Stellt sich die Frage: Wäre ein solches Regierungssystem sinnvoll? – Ja, sofern wir die Demokratie, einschließlich ihrer geschwächten, indirekten, parlamentarischen Form, ernst nehmen. Daß der Widerstand gegen die Entziehung von Macht und Privilegien beträchtlich ist (so wie einmal im House of Lords), bedarf keiner Erläuterung. Klar ist auch, daß wir einen schwierigen Weg vor uns haben werden.

Systemmodell eines Weltstaats dürfte vermutlich die EU sein, mit all ihren Stärken und Schwächen. Ihre stärkste Leistung ist die

Systemmodell eines Weltstaats dürfte vermutlich die EU sein.

Wahrung des Friedens zwischen ihren Mitgliedern – bis dato jedenfalls. Ziemlich negativ hingegen ist ihr Konfliktpotential nach außen, insbesondere gegenüber ähnlichen Staatengemeinschaften.[65] Eine solche Friedensleistung wäre eine hohe Errungenschaft für die Welt, selbst wenn sie zunächst nur zwischenstaatlicher Natur ist. Die Schwäche wiederum wäre dann weniger ein Problem, wenn wir davon ausgehen, daß die ganze Welt letztlich »innerstaatlichen« Charakter annimmt. Denn außen ist irgendwann ja nur noch der galaktische Raum. Dies heißt: Volle Demokratisierung ist nicht unbedingt erforderlich, um mit einem geeigneten Regierungssystem wenigstens gewisse Friedenseffekte zu erzielen.

Die Europäische Union hat zwei Exekutivorgane und damit zwei Exekutiv-Spitzenämter: die turnusmäßig wechselnde Ratspräsidentschaft (Ministerrat) und den Kommissionsvorsitz, was einer territorialen und einer funktionalen Schiene entspricht. Hat das Vorbildcharakter für eine ähnliche Konstruktion auf globaler Ebene, etwa mit einem Generalsekretär für die Mitgliedstaaten und einem (Vize-)Generalsekretär für die Sonderorganisationen? Oder sollte man es besser bei der bisherigen Regelung, also einer einzigen Spitze, belassen, obwohl die Aufgabe von einer Person allein kaum zu bewältigen ist?

Das Gesamtszenario wäre gar nicht besonders komplex. Wahrscheinlich würde die Volksversammlung allmählich mächtiger werden und immer mehr Funktionen und Entscheidungen an sich ziehen. Die beratenden Organe würden versuchen, in diesem Spiel mitzumischen. Doch auch für sie hat die Medaille zwei Seiten: Wer beratenden Status erhält oder Aufgaben zugewiesen bekommt, muß auch Verantwortung übernehmen und wird rechenschaftspflichtig, muß also für Transparenz sorgen.

Etwas problematisch erscheint mir die Frage, wie sich die Volksversammlung zusammensetzen würde. Die territoriale Verwurzelung der Menschen ist unterschiedlich stark. Trotzdem spricht vieles dafür, einheitliche Wahlkreise bzw. Stimmbezirke zu verwenden: In der Praxis ist jeder Stimmbürger auch irgendwo Staatsbürger, und sehr viele Menschen sind sogar irgendwo als Wähler registriert. Die Wahl der UN-Repräsentanten ließe sich folglich genauso leicht mit einer nationalen Wahl verbinden, wie dies bei gekoppelten Landtags- und Kommunalwahlen ja häufig der Fall ist. Als allgemeine Formel könnte gelten: Jeder Staat hat ein Recht auf einen Abgeordneten in der UN-Volksversammlung pro eine Mil-

Problematisch erscheint mir die Frage, wie sich die Volksversammlung zusammensetzen würde.

lion Einwohner (wobei natürlich auch kleinere Staaten einen Abgeordneten bekommen sollten). Zur Zeit, also im Jahr 2000, ergäbe meine Formel eine Volksversammlung mit etwa 6.000 Abgeordneten. Das ist zwar eine sehr große Zahl, aber durchaus noch handhabbar. Die interessante Frage wäre, ob Staaten, die der UNO nicht angehören, trotzdem Vertreter in die Volksversammlung entsenden dürfen, denn nur bei kompletter Repräsentation wäre die UNVV eine echte Weltversammlung. Die Bedingung dafür, daß ein »Wahlkreis« eine Delegation entsenden darf, wäre natürlich, daß ihre Wahl nach wirklich demokratischen Grundsätzen, also frei und geheim, erfolgt. Idealerweise sollte dem eine Diskussion der wichtigen globalen Fragen vorausgehen, verbunden mit einer echten Alternative zwischen verschiedenen Kandidaten bzw. Weltparteien (zu deren Entwicklung es mit Sicherheit kommen wird).

Sitzungen könnten z.B. jeweils im Sommer stattfinden, noch bevor die Generalversammlung zusammentritt (was immer am 3. Dienstag im September geschieht). Auf Grundlage der Tagesordnung der Generalversammlung könnte dann über alle wichtigen Themen diskutiert werden.[66]

Es steht zu erwarten, daß Mehrheitsentscheidungen irgendwo ihre Grenzen haben werden, wie wir das ja auch von unseren heimischen Demokratien her kennen. Die Souveränitätsschilde sind erfahrungsgemäß dick. Sie werden schwer zu durchdringen und wohl auch nicht ganz wegzuräumen sein – die Menschenrechte, die die Individuen schützen, aber glücklicherweise auch nicht.

Es wird interessant zu beobachten sein, ob sich die Demokratie tatsächlich in Richtung einer solchen Weltregierung weiterentwickeln wird. In puncto Demokratisierung wurden die Staaten inzwischen vermutlich von nichtstaatlichen Organisationen wie den NGOs überholt. Einige von ihnen verdanken ihre Existenz – wie manche Staaten übrigens auch – der Innovation und Risikobereitschaft starker Einzelpersönlichkeiten. Deren Rolle sollte zwar gewürdigt werden, der Einfluß dieser Personen auf die jeweilige Organisation aber zeitlich begrenzt bleiben. Die Kommunalverwaltungen wiederum unterscheiden sich in ihrem demokratischen Charakter nicht allzu sehr von den nationalstaatlichen Regierungen.

In dem Maße, wie andere wichtige Akteure (NGOs, transnationale Gesellschaften, lokale Behörden) das Scharnier zwischen Globalisierung und Demokratie besetzen, die Staaten eben dies aber versäumen und die Staatensysteme ihre westfälische Souveränität

(350 Jahre sind genug!) überstrapazieren, geraten die Dinge in Bewegung. Damit eröffnen sie diesen anderen, neuen Systemen die Chance, dem Staatssystem als Träger des Volkswillens die Position streitig zu machen. Als Ausdruck und Symbol eines Ethos der Nichtterritorialität und »Fluidität« mag eines dieser Systeme irgendwann sogar der Generalversammlung den Rang ablaufen, weil es eben besser zur Volksversammlung paßt als die UNGV, ein Rest der alten Staatenregierung. Von daher gesehen ist eine frühe Demokratisierung der UNO nur umso wichtiger.

Die beratenden Organe

Das ACC (Administrative Committee on Coordination) erfüllt für die Familie der UN-Organisationen zumindest teilweise eine Beratungs- und Koordinationsfunktion. Es ist sicher eine gute Idee, ein gemeinsames Forum zu haben, bei dem alle zwischenstaatlichen Organisationen (IGOs) die UN-Entscheidungen diskutieren können. Demokratie bedeutet aber mehr und anderes. Sie erschöpft sich nicht darin, daß IGOs andere IGOs beeinflussen; auf dieser Ebene ist einfach Konsultation und Koordination gefragt. Demokratie hingegen muß sicherstellen, daß auch die Akteure auf den »unteren Ebenen« – jene, die nicht mit militärischer und ökonomischer Macht agieren – ihren Einfluß geltend machen können. Die »unterste« dieser Akteurskategorien ist das Individuum, überall auf dieser Welt, wie niedrig angesehen auch immer.

Wie steht es nun mit der Beraterrolle der transnationalen Gesellschaften? Angesichts der vielen Wechselbeziehungen zwischen militärischer und wirtschaftlicher Macht würde man damit »nachgießen, wo das Glas ohnehin schon voll ist«, wenn man einer Unternehmenskammer innerhalb der UNO auch noch Mitbestimmungsrechte übertrüge. Andererseits aber ist es durchaus sinnvoll, den Unternehmen die Chance zu geben, ihre Belange zu äußern und sie so in einen dauerhaften Dialog darüber einzubinden, wie so zentrale UN-Ziele wie Frieden, Entwicklung, saubere Umwelt und Menschenrechte zu realisieren sind. Eine solche beratende Rolle ist durch den sehr allgemein gehaltenen Art. 22 der UN-Charta abgedeckt; man könnte also z.B. eine UNUV als ständiges Beratungsorgan einrichten oder eine andere Lösung finden.[67] In einem solchen Dialog läßt sich die diffizile Balance zwischen wechselsei-

> Es ist durchaus sinnvoll, den Unternehmen die Chance zu geben, ihre Belange zu äußern.

tiger Beratung und wechselseitiger Verantwortung ausloten. Die UNO hat ein Recht, von den transnationalen Gesellschaften einen Plan zu verlangen, wie sie bei ihrer Tätigkeit die Deckung der menschlichen Grundbedürfnisse, hohe Beschäftigung und eine saubere Umwelt sicherstellen wollen. Die Unternehmen wiederum haben das Recht, für Verluste infolge wirtschaftlicher Sanktionen Entschädigung zu verlangen.

Einen glänzenden Dienst hat die UNO der Demokratie erwiesen, als sie NGOs nicht nur beratenden Status eingeräumt hat, sondern ihnen über Foren, parallel zu den UN-Konferenzen, eine wichtige Rolle einräumte. Denn dies ist Demokratie durch Artikulation statt Repräsentation – ein Beispiel, das sich sehr zur Nachahmung eignet, sowohl durch die UN-Generalversammlung als auch andere Parlamente in aller Welt. Freilich ist zu bedenken, daß es auch NGOs gibt, die mächtiger sind als jeder Staat, und außerdem ist im NGO-System der Westen überrepräsentiert. Insofern würden die ohnehin schon Mächtigen noch mächtiger, wenn man ihnen Mitentscheidungsbefugnisse einräumte. Daher empfiehlt es sich wohl, beim bereits bestehenden CONGO-System[68] zu bleiben und diesem einfach ein stärkeres Profil zu verleihen.

> Einen glänzenden Dienst hat die UNO der Demokratie erwiesen, als sie NGOs eine wichtige Rolle einräumte.

Ähnlich wie eine »Unternehmensversammlung« könnte man auch eine Versammlung der lokalen Behörden (UNLBV) einrichten. Eigentlich sollte das Prinzip der Subsidiarität, daß man den Akteuren auf der unteren Ebene also zwecks Kompensation der von oben nach unten gerichteten Entscheidungsstrukturen mehr Gewicht verleiht, den lokalen Behörden Tür und Tor öffnen. Sie rangieren offiziell ja weit unter den Staatsregierungen, obwohl die städtischen Ballungsgebiete und Metropolen dieser Welt in der Realität viel bedeutender sind als viele Staaten und, wie erwähnt, potentielle Friedensakteure sind. Im übrigen kann der Europäische Rat in puncto Zusammenarbeit zwischen zentralstaatlichen und kommunalen Stellen als Pionier und Vorbild gelten; hiervon können die Vereinten Nationen sehr profitieren.

Weg mit den Vetos

Wenn die Vereinten Nationen auch in Zukunft ein sinnvolles Sprachrohr der globalen Demokratie sein wollen, müssen sie erst einmal das Vetorecht der ständigen Mitglieder des Sicherheitsrates abschaffen. In der Vergangenheit wurde es fast immer eingesetzt, um das Unvermeidliche doch noch um ein paar Jahre hinauszuzögern. Beispiele: die Dekolonialisierung und Chinas Beitritt zu den Vereinten Nationen. Es gibt Ausnahmen, gewiß, doch im großen und ganzen fungierte das Vetorecht lediglich als Bremse des Geschichtsprozesses. Auf den Einwand, dies sei ja genau der Grund, weshalb die Großmächte in der UNO sind, läßt sich nur kühl und ruhig entgegnen: Wer auf Sonderrechte aus ist, hat in der zentralen Organisation einer auf globale Demokratie zusteuernden Welt schlicht nichts verloren. Sie können ja ihre eigenen Organisationen bilden und sich dort mit Vetos gegenseitig ausbremsen, so oft sie wollen. Selbstverständlich ist jeder Staat, der es sich anders überlegt und sich auf Demokratie besinnt, jederzeit gern wieder willkommen. Außerdem müßte es darum gehen, den Sicherheitsrat, ähnlich wie den Wirtschafts- und Sozialrat (ECOSOC), repräsentativer zu machen, also nicht nur große Staaten zu berücksichtigen. Ganz abgesehen vom bestehenden Widerspruch zum Demokratieprinzip (»ein Staat, eine Stimme«) rechtfertigt auch das bisherige Abstimmungsverhalten der Großen überhaupt keine Vorzugsbehandlung. Es wäre nur recht und billig, ihnen lediglich eine Gesamtmitgliedschaft einzuräumen, wenn sie normalerweise »mit einer Stimme« sprechen (etwa die frühere Sowjetunion oder die Europäische Union).[69] Eine gewisse Flexibilität ist hier allerdings angebracht.

> Im großen und ganzen fungierte das Vetorecht lediglich als Bremse des Geschichtsprozesses.

Ein erweiterter Sicherheitsrat hätte – wie der Wirtschafts- und Sozialrat – der Generalversammlung rechenschaftspflichtig zu sein, die ihrerseits in der Lage sein müßte, in Sicherheitsfragen Resolutionen zu verabschieden, Sondersitzungen anzuberaumen usw.

Ein anderer Punkt, der ganz oben auf der Agenda stehen sollte, ist es, die stillschweigenden »Wirtschaftsvetos« der reichen Mitgliedstaaten abzuschaffen.

Die Mitgliedschaftsgebühren können in einer so ungleichen Welt nicht gleich sein. Sie sollten andererseits aber auch nicht so ungleich sein, daß manche Länder schon durch Drohung mit ihrem Austritt Macht auszuüben vermögen, weil ein solcher Schritt die gesamte Einrichtung wirtschaftlich ruinieren würde. Immerhin ist das Recht auf Austritt ein demokratisches Grundrecht und als solches auch jedem Staat unbenommen, genauso wie das Recht, sich der Abstimmung zu enthalten. Gleiches gilt für das Beitrittsrecht, sofern die Beitrittsbedingungen erfüllt sind. Doch der Austritt eines oder mehrerer Mitglieder sollte unbedingt von der Existenzfrage abgekoppelt werden, etwa indem man den Beitrag eines Staates auf maximal zehn Prozent des Budgets der Organisation begrenzt. Umgekehrt muß natürlich die Mitgliedschaft eines jeden Staates, das seinen Zahlungsverpflichtungen nicht nachkommt, ruhen.[70]

In Zukunft muß es der UNO gelingen, Effizienz, Angemessenheit und allgemeine Partizipation auszutarieren. Eine demokratische Organisation verlangt nicht nur gemeinsame Entscheidungsfindung, sondern auch gemeinschaftliche Aufgabenerledigung; nur so läßt sich allgemeine Teilhabe und Teilnahme sicherstellen. Im Falle der UNO bedeutet das, das Regierungen, Delegierte und Fachleute aller Länder mitwirken sollten. Gerade bei den Experten steht leider außer Zweifel, daß Kompetenzdefizite bestehen. In manchen Ländern ist zu manchen Themen mehr Kompetenz vorhanden als in anderen. Dies geht aber am entscheidenden Punkt vorbei: Das *Ergebnis* sollte von möglichst vielen Mitgliedstaaten getragen werden, und das geht nur, wenn diese Länder auch in den Gesamtprozeß eingebunden waren. Nicht alle Mitglieder müssen zwangsläufig auf allen Ebenen aktiv teilnehmen; aber es sollte sichergestellt sein, daß sie sach- und themenübergreifend im Laufe der Zeit alle ihre Chance erhalten.

Globalisierung des Friedens

Globale Konfliktformationen im 21. Jahrhundert

Wenn alles globalisiert, dann tun dies auch die Konflikte. Konkreter gesprochen: Die Konfliktformationen werden immer globaler. »Konfliktformation« ist dabei ein Sammelbegriff für alle Parteien, für die der Konfliktausgang von Bedeutung ist, ihre Ziele, die involvierten Fragen und Probleme, die Unvereinbarkeiten, die Disharmonien. Eine zunehmende Zahl von Auseinandersetzungen wird eine globale Dimension erhalten, sowohl in dem Sinn, daß die eifrig ihre Ziele verfolgenden Konfliktparteien weltweit verteilt sind, als auch in dem Sinn, daß lokale oder nationale Konflikte ähnlichen Streit an anderen Orten hervorrufen. Dies umso mehr, als die

> Eine zunehmende Zahl von Auseinandersetzungen wird eine globale Dimension erhalten.

Welt zeitlich-räumlich immer stärker zusammenrückt, bis hin zur Echtzeit im Rahmen unserer elektronischen Medien. Ein typisches Phänomen der Globalisierung.

Ein jeder Konflikt beruht auf einem Problem, das nach Lösung – Überwindung – verlangt, ein jeder Gewaltakt ist sozusagen ein Gedenkstein über einem ignorierten Konflikt. Man sollte niemals davon ausgehen, daß die involvierten Probleme unlösbar sind. Und man sollte auch niemals so tun, als sei es normal, daß Konflikte gleichsam naturgesetzartig in Gewalt eskalieren.

Doch Konflikte haben auch ihr Gutes, denn durch sie werden Energien erzeugt, die grundlegende Veränderungen herbeiführen können. Sie stellen sozusagen Rohmaterial für neue Schöpfungsakte zur Verfügung. Was dann im Ergebnis daraus wird, ist offen. Die großen, mächtigen Akteure wittern die Beute und stoßen in das Konfliktfeld hinein wie die Geier. Politisch treten sie auf als »Drittparteien«, die den Konflikt steuern; militärisch als Großmächte, die ihren Frieden diktieren; ökonomisch als Großspekulanten. Wir haben hier also bereits eine der Formationen vor uns, bei der Großmächte den kleinen Ländern gegenüberstehen, meist in der Dritten Welt oder auf dem Balkan.

In den nächsten Abschnitten konzentriere ich mich auf vier Konfliktformationen mit Parteien in aller Welt (wobei es sich nicht nur um Staaten handelt). Meine These lautet, daß es sich hierbei, an der Schwelle zum 21. Jahrhundert, um ganz entscheidende Faktoren und Konstellationen handelt:

> Ich konzentriere mich auf vier Konfliktformationen mit Parteien in aller Welt.

- die Expansion von NATO und AMPO, dem amerikanisch-japanischen Sicherheitsvertrag (*geomilitärische Formation*),
- die weltweite Wirtschaftskrise (*geoökonomische Formation*),
- die Gegensätze zwischen Staaten und Nationen (*geopolitische Formation*),
- die Gegensätze zwischen Christen und Muslimen (*geokulturelle Formation*).

Alle vier Formen der Macht – bestrafend, belohnend, entscheidungsbezogen und normativ – spielen in diesen Formationstypen mit.

Im Jahr 1998 jährte sich der Westfälische Friede zum 350. Mal, und es gab Leute, die dieses Ereignis feierten – einen Frieden, der keiner war und sein konnte. Als Meilenstein anderer Art, nämlich für die Geburt des europäischen Staatensystems, kann das Jahr

1648 aber durchaus dienen (auch wenn die Jahreszahl nicht ganz so eng gesehen werden darf).[71] Die oben genannten Konflikte reichen jedoch alle über die Staaten als Organisationen, die eine wirtschaftlich-militärisch-politisch-kulturelle »Ordnung« durchsetzen, hinaus. Grundlegend für den Westfälischen Frieden waren die beiden Regeln zur Legitimierung militärischer Macht:

- Nur der Staat hat das Recht zur Gewaltausübung im Inneren.
- Nur der Staat hat das Recht zur Gewaltausübung nach außen (d.h. zur Kriegführung).

Dies impliziert weder, daß die Staaten tatsächlich Gewalt ausüben müssen, noch heißt es das Gegenteil. Es handelt sich einfach um eine Aussage über das Gewaltmonopol. Was dabei herauskam, war eine Politik nach dem Motto »Frieden im Inneren, doch zum Preis von Krieg nach außen«, symbolisiert durch die Kluft zwischen den – weitgehend implementierten – Menschenrechten von 1776/1789 und dem *ius ad bellum* und *ius in bello* der Haager Konvention von 1899 bzw. des Artikels 2 (4) der UN-Charta[72], beides weit entfernt von einer praktischen Umsetzung. Die Jahrhunderte nach dem Westfälischen Frieden – und insbesondere das 20. Jahrhundert – bieten uns leider keinerlei Grund zum Feiern.[73] Bis heute regiert die *ultima ratio regis,* das letzte Mittel des Königs: das Schwert.

> Bis heute regiert die *ultima ratio regis*, das letzte Mittel des Königs: das Schwert.

Die NATO/AMPO-Expansion: Diagnose, Prognose, Therapie

Diese doppelte Expansion Ende der 90er Jahre läßt sich als Folge der 1943 unter Roosevelt von den US-Stabschefs gemeinsam erlassenen Weisung 570/2, der sogenannten »base bible«[74], verstehen. Diese Entscheidung könnte sich noch als genauso arrogant und – mit Blick auf die politischen Konsequenzen – genauso inkompetent und verantwortungslos herausstellen wie der Versailler Vertrag, der 1919 dem geschlagenen Deutsch-Österreich aufoktroyiert wurde, getreu dem Motto: »Mit genug Druck bekommt man den Gegner schon klein.« Das kann aber schiefgehen – wenn der Gegner sich aufrafft und Gegengewalt mobilisiert.

Wenn die NATO nach Osten und parallel dazu die AMPO, in Form der logistischen und sonstigen Unterstützung Japans für die USA, nach Westen expandiert, so kann dies leicht als Zangenbewegung verstanden werden. Dazwischen befindet sich der eurasische

Kontinent, die Quelle allen geopolitischen Übels, wie die Amerikaner es aus ihrer strategischen Warte sehen, denn für sie ist Lateinamerika ein leicht kontrollierbarer Hinterhof und Afrika spielt keine Rolle. Der Mittlere Osten ist dabei ein zentrales Element Eurasiens, ebenso Westasien allgemein, Südasien nach den Atomversuchen Indiens und Pakistans, Zentralasien mit seinem Öl und Südostasien mit seiner bis vor kurzem noch boomenden Volkswirtschaft. Natürlich gehören auch Rußland (mit der Ukraine und Weißrußland) sowie China in diese Reihe, ganz zu schweigen von den hochproblematischen eurasischen Peripherien wie Korea und dem Balkan. Eine globale Supermacht hat also durchaus ihre Gründe. Doch wie wird die Reaktion aussehen?

Möglicherweise entsteht ein strategisches Dreieck: Rußland und China legen ihre Konflikte bei (so wie es am Ussuri-Fluß geschehen ist) und beginnen militärische Informationen auszutauschen. China könnte seine Zusammenarbeit mit Pakistan intensivieren und Rußland seine Abkommen mit Indien neu beleben. Rußland zieht auf seine Seite, was die Amerikaner als Parias am Wegrand liegen lassen – Serbien, Libyen, Syrien, Irak, Iran –, und unterstützt diese Staaten in der UNO. Dies könnte bedeuten, daß sich die ganze Region gegen die USA verbündet. Steht uns ein neuer Kalter Krieg bevor? Nicht zwangsläufig. Es könnte vertrauensbildende Maßnahmen geben, ein hohes Maß an Transparenz in alle Richtungen, eine systematische Beschränkung auf defensive Verteidigung usw. Doch das Problem und die Gefahr besteht darin, daß mit diesen Expansionen alte Konflikt- bzw. Bruchlinien zu Grenzen zwischen potentiell gegnerischen Militärkräften werden, ohne Pufferzonen aus neutralen/blockfreien Staaten dazwischen.

> Steht uns ein neuer Kalter Krieg bevor? Nicht zwangsläufig.

Die hauptsächlichen europäischen Bruchlinien stammen vom Schisma von 1054, der Trennung der westlich-katholischen von der östlich-orthodoxen Kirche, sowie vom Kreuzzugsaufruf des Jahres 1095, der Bruchlinie zwischen Christentum und Islam. Wenn die im wesentlichen protestantisch-katholische NATO nun expandiert, läßt das diese Grenze mit der katholisch-orthodoxen Bruchlinie zwischen Polen und Weißrußland/Ukraine einerseits und zwischen Ungarn und Ukraine/Serbien/Rumänien andererseits zusammenfallen. Potentiell geschieht das gleiche zwischen den protestantischen Ländern Finnland/Estland und dem orthodoxen Rußland, das außerdem an die katholischen Länder Lettland und Litauen angrenzt. Slowenien ist weniger problematisch. Die hauptsächliche ostasiatische Bruchlinie verläuft zwischen dem einzigen Shinto-Land, Japan, und dem restlichen Nord-, Zentral- und Südostasien. Glücklicherweise befindet sich dazwischen das Japanische Meer als Puffer und Schutzzone. Eine rein defensive japanische Haltung würde Nichtbedrohung signalisieren. Doch eine sehr intensive Zusammenarbeit mit der mobilsten Militärmacht der Welt, den USA, bewirkt genau das Gegenteil, wie sehr man auch immer betont, daß man sich nur selbst verteidigt. Entscheidend ist, welcher Art die Verbindung zum offensiven Potential ist, nicht allein die Haltung der nationalen militärischen Kräfte; gleiches gilt übrigens für Europa. Auch hier kann ein kleiner Anlaß genügen, um heftige politische Irritationen zu erzeugen. Das haben Bruchlinien eben so an sich.

Meine Prognose bewegt sich gleichfalls entlang diesen Linien. Ich halte es für ein völlig unnötiges Spielchen, zum Teil motiviert durch den Organisationen wie der NATO innewohnenden Drang nach (zumindest) Selbsterhaltung, vielleicht sogar Ausdehnung. An mögliche Folgen wird dabei meist wenig gedacht.

Diese Konsequenzen sollte man im Lichte der zugrundeliegenden geoökonomischen Formation betrachten. Die Starken und Mächtigen sowohl der Finanz- als auch der Produktionswirtschaft sitzen im OECD-Gebiet, militärisch gesehen im NATO/AMPO-Gebiet. Viele Länder, die am schwersten von militärischen und wirtschaftlichen Krisen gebeutelt werden, liegen genau dazwischen, gleichsam in der Zangenöffnung.

Stellen wir uns vor, diese Länder sehen eines Tages eine Verbindung zwischen den beiden Zangenelementen und interpretieren die zweifache Expansion als Versuch, Regionen unter Kontrolle zu bekommen, die unter der wirtschaftlichen Knute aufzumucken beginnen. USA/EU/Japan müssen möglicherweise unter diesen Umständen erkennen, daß sie sich übernommen haben, weil der »Zangeninhalt« plötzlich ein unerwartetes Eigenleben entwickelt und sich breiter Widerstand regt. Wer dies für unwahrscheinlich hält, möge sich einmal die OPEC-Aktion von 1973 genauer ansehen. Auch damals hat man die Kooperationsfähigkeit der anderen Seite – im arabischen Lager – weit unterschätzt.

Es ist ziemlich schwer, sich eine Therapie vorzustellen, die nicht auf ein »Halt! Kommando zurück!« hinausläuft, verbunden mit der Entwicklung von mehr überregionaler, globaler Sicherheit. Die Lösung kann ja nicht sein, Rußland zu einem vollen NATO-Mit-

> USA/EU/Japan müssen möglicherweise erkennen, daß sie sich übernommen haben.

glied zu machen, denn dies würde ohne Zweifel die Bildung einer ostasiatischen Sicherheitsgemeinschaft entlang der fatalen weißgelben Bruchlinie nach sich ziehen. Und genauso wenig sollte sich China der AMPO anschließen, und zwar aus denselben Gründen. Eine vernünftige regionale Lösung müßte eine die Bruchlinien überbrückende, sie nicht noch verstärkende Lösung sein.[75] Was wir folglich brauchen, ist eine weltweite Demokratie, die ein »Nein!« durchsetzen kann.

Eine lebensfähige Lösung muß entweder in Richtung Abrüstung oder im friedensichernden Potential der UNO, also in »weichen« militärischen Mitteln, gesucht werden: Sun Tzu statt Clausewitz, defensiv statt offensiv, Polizei statt Militär, gewaltlos statt gewaltsam. Zu wenig Energie fließt in die Entwicklung solcher Lösungen!

Die weltwirtschaftliche Krise: Diagnose, Prognose, Therapie

Wer die Weltsituation beschreibt, ohne die Wirtschaft einzubeziehen, ist in der Regel einseitig auf das politisch-militärische Staatensystem fixiert. Wer versucht, die gegenwärtige wirtschaftliche Krise lediglich als Krise innerhalb der Geld- und Finanzwirtschaft zu interpretieren, ist vermutlich in der üblichen ökonomistischen Weise auf die wirtschaftlichen Probleme der Mittel- und Oberschicht fixiert. Und wer die Krise nur an Ländernamen festzumachen versucht (Thailandkrise, Asienkrise), macht den gleichen Fehler wie jener, der glaubt, die Konfliktformation von Jugoslawien sei ein rein jugoslawisches Problem. Es werden also leider sehr häufig Symptome mit Ursachen verwechselt; man sieht wohl die Krisenarena, nicht aber die Krisenstrukturen (d.h. die zugrundeliegenden Konfliktformationen).

Meiner Ansicht nach wurzelt die globale Wirtschaftskrise in der Globalisierung und darin, daß das derzeitige System in seiner rigorosen Marktorientierung genauso borniert und ideologieblind ist wie ehedem das Sowjetsystem mit seinem Staats- und Regulierungswahn (das Politbüro mit seinen vielleicht 20 Mitgliedern sollte es richten). Mit »Ideologie« meine ich also eine bestimmte Sicht bzw. »Kartierung« der Welt, deskriptiv wie präskriptiv, bei der es typischerweise eine Vielzahl weißer Flecken gibt, die man mit aller Gewalt unsichtbar machen will: Dazu gehört die »Freiheit« auf der Sowjetkarte oder der Anspruch »Befriedigung der Grundbedürfnis-

> Das derzeitige System ist in seiner rigorosen Marktorientierung genauso borniert wie ehedem das Sowjetsystem.

se aller« auf der Karte der Marktliberalen; beide übrigens reklamier(t)en, daß das, was fehlt, später automatisch kommen werde – auch das also verbindet die beiden Lager.

Der Internationalen Währungsfonds (IWF) seinerseits arbeitet wie ein Arzt, der nur eine einzige Therapie kennt: Befreiung der Unternehmen von allen Fesseln; sie sollen sich in ihren Entscheidungen ausschließlich an den Marktgesetzen von Angebot und Nachfrage orientieren dürfen, unbehindert von Grenzen, Staat, Arbeitnehmern oder Gewerkschaften. IWF-Rezepte sind unter anderem die Aushebelung der Gewerkschaften, Abschaffung von Luxussteuern und völlige, weltweite Freizügigkeit des Kapitals; dies alles weist in diese Richtung. Der IWF ist also ein wesentliches Element des Problems, leider nicht der Lösung.

> Der IWF arbeitet wie ein Arzt, der nur eine einzige Therapie kennt: Befreiung der Unternehmen von allen Fesseln.

Die Prognose lautet: zunehmendes Elend und sich beschleunigende Finanzkrisen in einer zunehmend von der Arbeitsproduktivität geprägten, privatisierten und globalisierten Wirtschaft. Arbeitslosigkeit und allgemeiner Ausschluß aus dem Wirtschaftsleben dürften mit zunehmender wirtschaftlicher Globalisierung breiter um sich greifen. Doch die Globalisierung schlägt auch weiter oben zu. Klassische imperialistische Strukturen – geprägt von der Harmonie, ja, Allianz zwischen den Zentren der Zentrumsländer und den Zentren der Peripherieländer – dürften ins Wanken geraten und einer Formel des »Eine Welt, eine Wirtschaft« Platz machen.

Denn warum sollten die Zentren des Zentrums, die Wirtschaftseliten in den OECD-Ländern, insbesondere der USA, der EU und Japans, mit den Eliten in der Peripherie noch teilen, wenn sie die paar wenigen Arbeitskräfte und die vielen Kunden, die sie brauchen, direkt erreichen können? Es werden nun keine lokalen Stellvertreter mehr benötigt; der Einkauf erfolgt per Internet direkt über das Zentrum, und Lieferung erfolgt über vom Zentrum kontrollierte Absatzkanäle. Dies stellt für die Eliten in der Peripherie eine große Bedrohung dar und könnte dazu führen, daß das Elend auch diesen Rest noch erfaßt. Ganz offenkundig aber sind die Wirtschaftseliten und jene der Staatsbürokratie nicht so einfach bereit, sich das Wasser abgraben zu lassen, wenn sie entdecken, daß die Gewinne an ihnen vorbei direkt in die Zentren des Zentrums strömen und dort keine Notwendigkeit mehr gesehen wird, mit den Zentren der Peripherie zu teilen. Sie werden sich wehren. Wahrscheinlich wird die Korruption zunehmen, weil sich jeder bemüht,

Macht und Privilegien zu bewahren. Das ist möglicherweise verbunden mit Revolutionen, die durchaus Ähnlichkeit mit unserer eigenen faschistischen oder kommunistischen Vergangenheit[76] haben können, aber nicht müssen, denn möglicherweise wird dieser Prozeß auch von religiösen oder populistischen Bewegungen geprägt sein, die sich staatliche oder nationale Unabhängigkeit auf die Fahnen schreiben.

Es stellt sich also die Frage: Wie könnte/müßte eine echte globale Therapie aussehen? Kurzfristig gesehen könnte man folgendes unternehmen:

- Beschränkung des grenzüberschreitenden freien Kapitalverkehrs im Bereich der Währungen, Anleihen, Aktien usw. durch entsprechende Besteuerung[77],
- Einbau von Verzögerungen (retardierenden Elementen),
- Mengenbeschränkungen bei den Transaktionen,
- Veröffentlichung größerer Transaktionen (damit jedermann seine Schlüsse zu ziehen vermag, auch und gerade wenn Anonymität in Anspruch genommen wird),
- Wiedereinführung der traditionellen staatsgebietsbezogenen Wirtschaft.

Mittelfristig sollten tieferreichende Maßnahmen auf eine radikale Umverteilung zielen und die Kaufkraft der unteren gesellschaftlichen Schichten stärken.[78] Hinzukommen müßte der Aufbau moderner Subsistenzwirtschaften in allen örtlichen Gemeinschaften, unter Nutzung von Kleinkrediten, alternativen Technologien, örtlichen (eigenen) Finanzmitteln usw. Langfristig, also fundamentaler (manche würden sagen: »fundamentalistischer«) gesehen, gilt es, die Grundwerte zu stärken und an die Stelle eines rigide-egoistischen Kosten-Nutzen-Ökonomismus altruistische Solidarität zu setzen sowie geistigere, weniger materialistische Lebensprojekte als kulturelle Pfeiler zu entwickeln. Der Grund ist leicht zu erkennen: Das derzeitige Weltsystem gibt den Menschen keine Chance, spricht ihnen faktisch das Existenzrecht ab. Was also tun? Nun, grundsätzlich sollten wir allen Menschen ihre Grundbedürfnisse garantieren. Stellt sich die Frage: Wer kann das, von wem wäre so etwas zu erwarten? Von den Unternehmen kaum, denn die Befriedigung der Grundbedürfnisse der Ärmsten und Bedürftigsten verspricht keine satten Gewinne. Von den Staaten auch nicht, denn ihre Steuerkasse leidet an Schwindsucht, und die Unternehmen

Das derzeitige Weltsystem gibt den Menschen keine Chance, spricht ihnen faktisch das Existenzrecht ab.

brechen ihre Zelte ab und gehen dorthin, wo die Steuern niedrig oder gar Belohnungen zu bekommen sind. Bürger ohne Arbeit oder mit schlechtbezahlten Jobs machen die Lage auch nicht besser, denn sie zahlen weniger Steuern oder kosten auch noch Geld. Auch nicht von den Arbeitern/Beschäftigten im klassischen Sinn, denn selbst wenn sich die Gewerkschaften berappeln sollten, wird ihre Verhandlungsmacht von früher nicht wiederkehren.

Doch da sind ja noch die Verbraucher! Sie verfügen über beträchtliche Macht, und das wird auch in Zukunft so sein, denn sie werden als Kunden gebraucht, was ihren Einfluß sichert. Selbst wenn nur zwei bis drei Prozent der Konsumenten einen Boykott unterstützen, hat dies eine erhebliche Wirkung.

Der Gegensatz zwischen Staat und Nation:
Diagnose, Prognose, Therapie

> Etwa 180 Staaten haben multinationalen Charakter, und in ihnen leben mindestens 90 Prozent der Menschheit.

Nur etwa 20 der 200 existierenden Staaten bestehen aus einer einzigen Nation, stellen also einen echten Nationalstaat dar. Alle anderen haben multinationalen Charakter, und in ihnen leben mindestens 90 Prozent der Menschheit. Diese Staaten lassen sich in zwei Gruppen unterteilen:

- *symmetrische Struktur:* die Nationen sind in puncto Macht und Privilegien in etwa gleichberechtigt,
- *asymmetrische Struktur:* eine Nation dominiert, beherrscht also die übrigen Nationen.

In der symmetrischen Kategorie gibt es eigentlich nur einen einzigen klaren Fall: die Schweiz. Alle anderen könnten entweder Symmetrie herstellen, oder die unterdrückten Nationen müssen Autonomie erhalten (ob dies Souveränität bedeuten muß, ist eine andere Frage).

Tiefreichende Konflikte bedrohen tiefverwurzelte Bedürfnisse. Bezogen auf die geoökonomische Formation heißt dieses Bedürfnis *Wohlergehen/Wohlbefinden,* Existenzmöglichkeit im einfachsten materiellen Sinn, und zwar für mindestens eine Milliarde Menschen. Mit Blick auf die geomilitärische Formation heißt das Grundbedürfnis *Überleben* – eklatant mißachtet und bedroht von einem militärischen Greuelszenario, von dem die halbe Menschheit betroffen sein könnte, falls das Pulverfaß explodiert. Bei der geopolitischen Formation schließlich heißt das bedrohte Grundbedürfnis *Freiheit:* d.h. Herr seines eigenen Hauses zu sein, nicht unter der Oberhoheit einer anderen Nation zu stehen. Nicht weit entfernt hiervon ist das Bedürfnis nach *Identität,* wozu nicht nur die Sprache gehört, sondern auch der raumzeitliche Bezug zu den mythischen Orten des beanspruchten Territoriums. Das Problem wird in dem Moment akut, wenn sich die Ansprüche zweier oder mehrerer Nationen auf dasselbe Gebiet richten, eben nicht nur im Sinne des materiellen Besitzes, sondern als heiliger Boden. Hier einige Beispiele für asymmetrische multinationale Länder:

- *USA:* Inuits (Eskimos), Hawaiianer, indianische Ureinwohner, Mexikaner, Weiße,
- *Japan:* Ainu, Okinawaner, Japaner (Mischvolk),
- *China:* Taiwan, Hongkong, Tibet, Sinkiang (Ost-Turkestan), innere Mongolei, Han,
- *Großbritannien:* Schotten, Waliser, Ulsterianer (demnächst),
- *Spanien:* Katalanen, Basken, Galizier, Valencianer, Kanaresen, Spanier,
- *Frankreich:* Bretonen, Korsen, Basken, Elsässer, Okzitanier (Provençalen), Franzosen.

Und wie steht es mit den Sklavenarbeitern, die ins Land geholt wurden, etwa Afrikaner in den USA und Koreaner in Japan? Nun, sie dürften wohl weniger eine Nation im Sinne mythischer territorialer Bindungen darstellen, auch wenn man die durch Traumatisierung entstandenen Verbindungen nicht unterschätzen sollte.

Die Prognose lautet nicht, daß alle Nationen einen auf völlige Unabhängigkeit gerichteten Sezessionskrieg beginnen werden. Selbst wenn sie sich durch ein Referendum Selbstbestimmungsrecht erkämpft haben, kann das Ergebnis durchaus auch eine graduelle Autonomie innerhalb des jeweiligen Staates sein. Es wäre immerhin eine »funktionale Unabhängigkeit« im Sinne der Kontrolle über bestimmte Funktionen (etwa die örtliche Polizei, aber nicht das örtliche Militär). Meine Prognose lautet also eher andersherum: Wird keine Autonomie gewährt, dürfte es früher oder später zur Sezession kommen, was auch das Überlebens- und Wohlergehensbedürfnis bedrohen würde.

Die Kategorie »Nation« im hier verwendeten Sinn sollte nicht mit dem viel breiteren Begriff »Kultur« verwechselt werden (Kulturen mag es weltweit mehr als 10.000 geben). Kulturen haben ihre

Wird keine Autonomie gewährt, dürfte es früher oder später zur Sezession kommen.

> **Kulturen fehlt der *Gebietsanspruch*, denn dieser würde sie zur Nation machen.**

je eigenen Ausdrucksweisen und -stile, wie Sprache, Religion, Mythen. Was ihnen aber fehlt, ist der *Gebietsanspruch*, denn genau dieser würde sie zur Nation machen, u.U. verbunden mit dem Anspruch auf einen eigenen Nationalstaat. Die Bedürfnisse von Kulturen lassen sich befriedigen, indem man ihnen das Recht auf ihre eigene Sprache, ihre religiösen Bräuche usw. zugesteht; besondere territoriale Abmachungen sind hier nicht erforderlich. So sind die USA gleichsam auch die »Vereinigten Diasporen der Welt«, indem sie Menschen aus aller Welt eine Heimat und die Chance auf einen Neuanfang bieten. Dies macht diese ganz unterschiedlichen Gruppen aber keineswegs zu Nationen, sondern nur zu eigenständigen Kulturen in einem stark multikulturellen Land.

Grob gesprochen gibt es hinsichtlich der Konfliktformation Staat versus Nation zwei Ansätze, die auf unterschiedlichen Ebenen angesiedelt sind und sich daher keineswegs ausschließen: a) Auflockerung des Staates; b) Zusammenschluß mit Nachbarstaaten. Auf jeder dieser beiden Ebenen gibt es sechs Ausprägungsmöglichkeiten: unitarischer (zentralistischer) Staat; Föderation (Staatenbund); Konföderation; Assoziation (Kooperationssystem); keinerlei Beziehung; dissoziatives/abgrenzendes/gewaltnahes System. Es ergeben sich insgesamt also 36 Kombinationsmöglichkeiten. Sechs von diesen können wir allerdings direkt aussondern, da ein zentralistischer multinationaler Staat ja gerade das Problem ist. Weitere elf Optionen fallen ebenfalls weg, denn es wäre ja widersinnig, auf einer der beiden Ebenen ein dissoziatives Modell der Abgrenzung als Therapie und Lösung vorzuschlagen, und schon gar nicht auf beiden Ebenen. Leider kann dies aber herauskommen, wenn man mit der Konfliktformation nicht richtig umgeht.

Wenn wir Jugoslawien als Beispiel nehmen und vom Prinzip des *uti possidetis* (das auf der alten Grenze beharrt) ausgehen, dann dürfte das folgende Szenario nicht die schlechteste Lösung sein: Slowenien als zentralistischer Staat; Kroatien als Föderation mit Autonomie für die Krajina und Slawonien; Bosnien-Herzegowina als Föderation aus drei Einheiten; eine jugoslawische Föderation mit dem Kosovo als einer weiteren Republik, möglicherweise noch Vojvodina und Sandjak; schließlich Mazedonien als Föderation mit einem albanischen Teil – und all dies wiederum über eine jugoslawische Konföderation miteinander verbunden. Falls sich auch noch Nachbarstaaten anschließen, so daß sich eine Balkan-Konföderation ergibt, wäre dies mit Sicherheit begrüßenswert.

Oder nehmen wir Sri Lanka: Hier haben wir eine Konföderation, die sich eines Tages zu einer Föderation zwischen einem singhalesischen Teil, einem muslimischen und einem tamilischen Teil entwickeln könnte, dies innerhalb der Südostasiatischen Regionalkooperation (SAARC) als einem Assoziationssystem.

Was die Kurden angeht: Menschenrechte und relativ starke Autonomie in den fünf Ländern, dazu eine Konföderation, die die autonomen Gebiete miteinander verbindet. Dieselbe Formel könnte sich für die Maya in Mexiko (Chiapas), Guatemala (Mehrheit) und Honduras anbieten.[79] Und wie wäre es mit China als einer (Kon-)Föderation der sechs Chinas?

Der Gegensatz zwischen Christen und Muslimen: Diagnose, Prognose, Therapie

Bei diesem Konflikt steht die kulturelle Identität in der Bedürfnishierarchie ganz oben, doch nicht unbedingt in einem theologischen Sinn. Was die Christen irritiert, ist weniger der Islam als »Christentum ohne Christus«, sondern ihre Vorstellung vom *Djihad* als bedingungslosem Krieg gegen die Ungläubigen – eine Vorstellung, die fundamentalistischer ist als der Fundamentalismus, den sie dem Islam zuschreiben (»Djihad« bedeutet übrigens »Anstrengung« im Arabischen). Hinzu kommt eine Besorgnis über einen Staat, der im Unterschied zu säkularisierten Staaten (Trennung von Staat und Kirche) »*integriste*« ist, in dem das Gesetz des Islam also alle Lebensbereiche erfaßt.

Die Muslime ihrerseits scheint weniger die christliche Theologie als der augustinische »Heilige Krieg« zu beunruhigen. Christliche Kriege scheinen stets dann am heiligsten zu sein, wenn es gegen Muslime geht. Hinzu kommt dann häufig die Vorstellung von den Westlern (ob Christen oder nicht) als ökonomistische Fundamentalisten, die in wirtschaftlichen Transaktionen letztlich nichts anderes sehen als »Güter/Dienstleistungen gegen bare Münze«, ganz im Gegensatz zur Doktrin des Koran, die solche Geschäfte als ganzheitlich, auf beiden Seiten die ganze Person einbeziehend, ansieht. Der Islam steht weder den Märkten noch dem Kapitalismus ablehnend gegenüber, vom Zinsaspekt einmal abgesehen. Wohl aber lehnt er einen Ökonomismus ab (der ja auch nicht ganz das gleiche ist wie Ökonomie).

> Der Islam steht dem Kapitalismus nicht ablehnend gegenüber, wohl aber dem Ökonomismus.

Kulturelle Invasion findet ständig statt: in Form von wirtschaftlichen Investitionen, Militäreinsätzen, politischen Entscheidungen und kultureller Beeinflussung von seiten der christlichen Länder; in Form der Migration von Muslimen und der Konversion zum Islam in den christlichen Ländern. Beide Muster bestätigen natürlich die oben angedeuteten negativen Vorstellungen. Doch während die Muslime im Westen (Deutschland ausgenommen) eine kleine Minderheit darstellen, ist die Invasion muslimischer Länder massiv. Folge: mitunter heftige Reaktionen (Bombenanschläge auf Kasernen im Libanon, auf das World Trade Center, auf Botschaften), die Gegenreaktionen freilich auch (Bombardierung Libyens, Cruise Missiles über dem Sudan und Afghanistan).

Diese Konfliktformation umfaßt gut ein Drittel der Menschheit, wenn wir die Zahl der Anhänger beider Religionen zugrunde legen. Sowohl Christentum als auch Islam sind universalistisch in ihrem Anspruch und einander ähnlich genug, um in Afrika z.B. als Konkurrenten aufzutreten. Der Islam schreibt den Krieg vor (erlaubt ihn also nicht nur), wenn es um die *Verteidigung* (nicht die Verbreitung!) des Glaubens geht; klare Beispiele sind die Kreuzzüge in den Jahren 1095 – 1291, der Zionismus in Palästina und der Kommunismus in Afghanistan. Es stellt sich die Frage: Gehört der westliche Ökonomismus in dieselbe Kategorie? Die Antwort müssen die Muslime geben, nicht die Christen. Sie wird nicht einstimmig ausfallen und wird vom Westen, der nicht daran gewöhnt ist, sich im Spiegel zu betrachten, sehr wahrscheinlich nicht verstanden werden. Der Westen hätte daher gut daran getan, sich über die Botschaft des Anschlags auf das World Trade Center intensiv Gedanken zu machen – die gleiche antiökonomistische Botschaft nämlich, die die Muslime schon seit Jahrhunderten zum Ausdruck bringen, bisher ohne Bomben.

Natürlich rechtfertigt dies keineswegs die Bedrohung von Menschenleben. Dennoch gilt es zu begreifen, daß die Gewalt der Muslime eine Reaktion auf die »Übergriffe« von christlicher Seite her darstellt. Leider geht dieses Besetzen und Eindringen unvermindert weiter, wobei der Westen überhaupt keine Sensibilität für den zugrundeliegenden kulturellen Konflikt zu entwickeln scheint. Meine Prognose kann daher nur lauten, daß die Gewalt noch massiv zunehmen wird, einschließlich von Gewaltaktionen seitens »fundamentalistischer« islamischer Gruppen gegen »gemäßigte« islamische Staaten und Regierungen.

Eine Lösung hieße: Abbau der obengenannten Aktivitäten (Investitionen, Militäreinsatz, politische Entscheidungen, Einflußnahme), verbunden mit einem verstärkten Dialog über die Kluft zwischen den Religionen hinweg. Wer das Haus eines anderen betritt, sollte die jeweiligen Bräuche beachten: Ist Rauchen erlaubt? Behält man die Schuhe an? Dies gilt umgekehrt natürlich auch für die Muslime in christlichen Ländern: Halte dich in der Öffentlichkeit an die Sitten des Landes; privat zu Hause ist das eine andere Sache. Ein kultureller Globalismus muß mit den gleichen Reaktionen rechnen wie der ökonomische Globalismus. Und letzterer ist heute in tiefen Schwierigkeiten.

Das Verhältnis zwischen Europa und Deutschland: Diagnose, Prognose, Therapie

Zwei Verwerfungslinien durchziehen Europa und zerschneiden es in drei Teile: einen protestantisch-katholischen (diese Bruchlinie ist allerdings seit 1648 inaktiv, außer in Irland), einen slawisch-orthodoxen und einen türkisch-muslimischen. Da sich die beiden Konfliktlinien in Sarajewo schneiden – umgeben von Bosnien und Herzegowina, Jugoslawien, den Balkanstaaten –, ist dies zwangsläufig ein zentrales Konfliktgebiet, mit im großen und ganzen vorhersagbaren Allianzen. Auf der einen Seite gibt es die Achse Washington-Berlin-Wien-Rom-Zagreb, dann die Achse Moskau-Belgrad-Skopje-Athen, ferner die »grüne Transversale« Sarajewo-Tirana-Pristina-Skopje-Ankara bis Südostasien. Eine weitere dreigeteilte Region finden wir im Kaukasus. Hier stehen sich zum einen slawisch-orthodoxe und türkisch-muslimische Kräfte in gewalttätigen Auseinandersetzungen gegenüber; als dritte Partei kommen georgische/armenische Christen hinzu.

> Zwei Verwerfungslinien durchziehen Europa und zerschneiden es in drei Teile.

So sieht es in Europa schon seit rund tausend Jahren aus, auch wenn dies nicht die gewaltigen kriegerischen Energien im protestantisch-katholischen Teil erklärt – sowohl untereinander als auch als imperiale Mächte in Übersee. Auch die beiden Weltkriege wurden im Grunde durch solche Bruchlinien mitverursacht. Der Kalte Krieg wiederum entspricht mehr dem Schisma-Muster: katholisch/protestantisch gegen slawisch-orthodox, mit der wichtigen Einschränkung allerdings, daß das orthodoxe Griechenland, das protestantische Ostdeutschland, das katholische Polen, das katholische Ungarn, das muslimische Albanien und die protestantisch-katholische Tschechische Republik/Slowakei praktisch im falschen Lager standen. Dies waren gleichzeitig auch jene sechs Länder, in denen größere Revolten stattfanden, und zwar zeitlich in der genannten Reihenfolge. In den übrigen 15 der 24 NATO- und Warschauer-Pakt-Staaten gab es hingegen kaum Proteste gegen die Einbindung in den jeweiligen Block. Frankreich z.B. trat nie richtig aus, nicht einmal militärisch. Nach dem Kalten Krieg schließlich begann die Dreierkonstellation zu dominieren, wobei Griechenland und die Türkei unter Kreuzdruck stehen und folglich instabil sind.

Heute befinden sich die meisten protestantischen/katholischen Länder in der Europäischen Union, die größten slawisch-orthodoxen Länder in der Gemeinschaft unabhängiger Staaten (GUS), und auch die türkisch-muslimischen Länder haben sich zu einer Organisation (ECO, die neben der Türkei und den sechs ehemals sowjetischen Republiken noch Iran, Pakistan und Afghanistan umfaßt) zusammengetan. Falls sich die Konflikte weiter verhärten, wäre die ökonomische, militärische und politische Kristallisation relativ einfach.

Konflikte, in denen sich alle drei beschriebenen Achsen in der einen oder anderen Form aneinander reiben, sind absolut möglich. Kriege aber werden zwischen zwei Parteien geführt – die Länder müssen also entweder Allianzen bilden oder eine jeweils dritte Partei muß sich zurückhalten. Bei der Sowjetunion handelte es sich im wesentlichen um eine institutionalisierte Allianz zwischen den slawisch-orthodoxen und türkisch-muslimischen Ländern; Ausnahmen bildeten die drei kleinen baltischen Staaten sowie Armenien/Georgien. Genau diese waren denn auch die ersten, die das Lager verließen, als sich die Chance bot, da sie sich anderweitig zugehörig fühlten. In Jugoslawien wurde den katholischen Kroaten und den muslimischen Bosniern eine Allianz aufgezwungen, unter anderem deshalb, um dem Westen in der Jugoslawienfrage eine Zerreißprobe zu ersparen, weil Deutschland/Österreich (Preußen/Habsburg) auf seiten der Kroaten und die USA auf seiten der Muslime standen. Dies alles ist äußerst instabil.

Fügen wir dieser Konstellation nun noch das europäische »Königreich der Mitte«, Deutschland, hinzu – heute ein führendes Mitglied der Europäischen Union, Österreich politisch stets nicht weit weg. Deutschland ist die große europäische Kreuzung; so viele andere Länder sind entweder Inseln (England), Halbinseln (Iberien,

Deutschland ist die große europäische Kreuzung.

nordische Länder, Italien, Balkanstaaten) oder weitgehend von Wasser umgeben (Frankreich). Für die anderen war die Wahrung ihrer Identität stets vergleichsweise leicht, für Deutschland hingegen ein Problem. Es war schon immer ein Zu- und Durchreiseland, mit Verkehr in alle Richtungen. Insofern verwundert es nicht, daß sich Deutschland durch Sprache und Territorium definiert, und auch nicht, daß dieses Territorium angesichts der zentralen Lage ausgesprochen starken Veränderungen unterworfen war.

Genauso wenig wundert es mich, daß eine solche Macht, mit Gegenmächten auf allen Seiten, eine Geschichte von Expansions-Kontraktions-Zyklen aufweist:

- Reich I gegründet um 960, Untergang 1806,
- Reich II gegründet 1871, Untergang 1918,
- Reich III gegründet 1933/1938, Untergang 1945,
- Reich IV gegründet 1990.

Und was wird folgen?

Angesichts der immensen Kosten des Wegs der »großen Opfer und großen Leiden« einerseits und der ebenso immensen Kreativität der relativ friedlichen Zwischenperioden andererseits dürfte wohl zu erwarten sein, daß das Ziel der deutschen Politik, bewußt oder unbewußt, in erster Linie darin liegt, verlorene Gebiete (Österreich, Sudetenland, Schlesien-Pommern, Ostpreußen) und verlorene Einflußsphären wiederzugewinnen: nach Osten über das katholische Polen in das slawisch-orthodoxe Kerngebiet hinein (Achse Berlin-Moskau), nach Südosten in den Balkan hinein (mit der möglichen Ausnahme von Serbien) sowie über die Türkei in Richtung Bagdad (Achse Berlin-Bagdad).

Nach einer 70jährigen Pause von 1919 bis 1989 (geprägt durch zwei Perioden erzwungener politischer Zurückhaltung und einer Periode extremer Sichtbarkeit) ist nun die alte Politik offenbar wieder da, steht Expansion in alle vier Himmelsrichtungen auf dem Programm. Doch neben der Verfolgung alter Visionen gilt es auch, alte Traumata zu heilen. Es gibt ein Land, das die zweifache Niederlage symbolisiert (sowohl für Deutschland als auch für Österreich): Serbien. Die Jugoslawienkrise bot insofern die Chance zur Abrechnung, und man ergriff sie, indem man mit den alten Verbündeten Slowenien, Kroatien und Bosnien gegen den alten Feind Serbien koalierte.

Deutschland hat angesichts seiner Einbindung in den EGKS-

> Nach einer 70jährigen Pause steht offenbar wieder Expansion in alle vier Himmelsrichtungen auf dem Programm.

EWG-EG-EU-Integrationsprozeß (seit 1950) einerseits und die NATO (seit 1955) andererseits keine Möglichkeit, seine Visionen allein umzusetzen, schon gar nicht mit militärischen Mitteln. Gerade die NATO sollte ja dazu dienen, »die Sowjetunion draußen, die USA drinnen und Deutschland klein zu halten«. Es ist also darauf angewiesen, diese beiden Institutionen und Prozesse für die eigenen Zwecke einzuspannen. Wie dies funktioniert, haben wir im Fall von Jugoslawien schon gesehen: Druck auf die EU, die NATO-Operationen rasch anzuerkennen und zu unterstützen, erst in Bosnien und Kroatien, nun wieder im Kosovo – und dies sogar unter Beteiligung der Grünen.

> Deutschland ist darauf angewiesen, die EU und die NATO für die eigenen Zwecke einzuspannen.

Die klare Geschäftsgrundlage der EU – Deutschland *inter pares*, so daß der Status Deutschlands immer auch für die übrigen EU-Mitglieder gilt – scheint angesichts der herausgehobenen Stellung der Deutschen im Balkankonflikt eher wenig wert zu sein. Deutsch ist die *lingua franca*, die D-Mark ist die Reserve-, wenn nicht gar faktische Währung. In Anbetracht der sehr engen Beziehungen zur Türkei mag es für Deutschland sogar von Vorteil sein, wenn die Türkei nicht EU-Mitglied ist. Warum auch soll man sich die Märkte streitig machen?

Doch wie steht es mit der Ostausdehnung? Auch da sehen wir denselben Faktor am Werk: Deutschland versucht in den beiden anderen Lagern Grundpositionen zu sichern: kulturell durch die Goethe-Institute; wirtschaftlich über Investitionen und Gastarbeiter und ihre Überweisungen/Investitionen; politisch über die OSZE (zusammen mit Österreich); militärisch über die NATO (Türkei) und durch Partnerschaft (Rußland). Die EU-Mitgliedschaft für Polen, die Tschechische Republik und Ungarn wiederum ist der logische Weg, sich den grenzfreien Zugang zum Sudetenland, zu Pommern/Schlesien und mindestens dem halben Ostpreußen zu erschließen. Für Österreich gilt Gleiches im Hinblick auf Ungarn. Faktisch kommt dies alles einer Wiedervereinigung des Kernreiches der Habsburger innerhalb der Europäischen Union gleich. Für Rußland hingegen ist die Nichtmitgliedschaft sinnvoll: Der Kooperationsfrüchte gibt es genug, Mitmachen ist unnötig.

Werfen wir einen Blick in die Zukunft. Wie werden die nächsten Schritte aussehen? Eine Meyer-/Müllerisierung der Kowalskis in Schlesien/Pommern, unter Hinweis auf eine deutschstämmige Großmutter? Wohlgezielte Investitionen in den alten Gebieten? Ein Referendum? Grenzveränderungen innerhalb der EU, wo man dies als rein verwaltungstechnische Änderungen/Verbesserungen deklarieren könnte? Und was käme danach? Die polnische Geschichte ist eine Funktion der Stärke respektive Schwäche Deutschlands auf der einen Seite und Rußlands auf der anderen Seite. Sind beide schwach, expandiert Polen; ist Deutschland schwach und Rußland stark, drängt Polen nach Westen; sind beide stark, verschwindet Polen von der Landkarte; ist Deutschland stark und Rußland schwach, drängt Polen nach Osten.

Dies bedeutet Vorstoß in den katholisch-uniierten Teil der Ukraine, wie ehedem Marschall Pilsudski, Ziel möglicherweise Odessa. Dies bringt uns zum Pulverfaß der zweiten der obigen Formationen, was möglicherweise enorme Kräfte aktivieren könnte. Deutschland hat dies schon einmal geschafft, und durch seine zentrale Lage vermag es Dominoketten in alle Richtungen aufzubauen. Der Umzug der Regierung nach Berlin fordert geradezu ein Profil, das sich an Größe und Tradition orientiert. Wenn wir uns Deutschland für einen Moment dreigeteilt vorstellen – eine weinkatholische Region im Westen, eine bierkatholische Region im Süden und eine bierprotestantische Region im Norden – und dann den historischen Nationalsozialismus als eine Ökumene der beiden Bierregionen betrachten, wird der Umzug nach Berlin noch mehr zum Zeichen an der Wand. Jedenfalls war Bonn ein Ort mit anderer, überzeugenderer Friedenssemantik.

> Der Umzug der Regierung nach Berlin fordert geradezu ein Profil, das sich an Größe und Tradition orientiert.

Politische Handlungen, die dem kollektiven Unterbewußtsein entspringen, sind leider viel gefährlicher als alles, was offen ausgetragen und dargelegt wird, und zwar aus zwei Gründen: weil die Ursachen im dunkeln bleiben und weil alles äußerst konsensuell abläuft, und zwar unter Einschluß der Opposition. Eine vorbeugende Debatte im Sinne einer Warnung vor solchen Entwicklungen ist außerordentlich schwierig, lautet die erste Reaktion doch: »Aber das ist ja an den Haaren herbeigezogen; an so etwas denkt doch kein Mensch!« Wenn es dann geschieht, läuft wieder einmal alles ganz selbstverständlich ab, nach Gesetzen des kollektiven Unterbewußtseins, wie bei der deutschen Wiedervereinigung (alle sehr vernünftigen Konförderationsvorschläge waren auf einmal wie weggewischt) und der Hauptstadtfrage.

Eine konkrete Schutzmaßnahme wäre z.B. eine 500 Kilometer breite demilitarisierte Zone zwischen Litauen/Weißrußland/Ukraine und Polen, da in dieser Region das Hauptproblem liegt. Noch viel besser aber wäre eine offene Debatte über derlei Fragen, ohne daß man gleich als antideutsch hoch drei eingestuft wird. Die Kräfte, die sich einer solchen Diskussion in den Weg stellen, sind allerdings gewaltig. Schon immer war die Konspiration des (Ver-)Schweigens Wegbereiter der Expansion.

Therapie: Vom Staatlichen zum Nicht-Staatlichen

Es gibt noch viele andere Konfliktformationen in der Welt, doch die fünf, die ich in diesem Kapitel vorgestellt habe, sind sowohl sehr tief- als auch weitreichend. Die geoökonomischen und geokulturellen Formationen dürften ein Viertel, ja bis zu einem Drittel der Weltbevölkerung erfassen, die geomilitärische Formation mehr als die Hälfte und die geopolitische Formation den überwiegenden Teil der Weltbevölkerung. Nehmen wir noch das Patriarchat hinzu, und die ganze Welt ist involviert – denn die Männer haben bekanntlich das Sagen, und die Frauen sind entweder Opfer oder stille Teilhaber.

Da viele Nationen und Staaten von mehreren Formationen geprägt sind, kann es leicht zu negativen Spill-over-Effekten kommen: Wenn Unruhen auf dem Balkan (zwischen Nationen, die nicht in einem gemeinsamen Staat zusammenleben wollen) mit Unruhen in Korea (wo die Nation – umgekehrt – nicht geteilt sein möchte) zeitlich zusammenfallen, kann dies u.U. die NATO/AMPO-Formation aktivieren, mit unabsehbaren Konsequenzen.

> In der Regel sind große Staaten daran interessiert, den Status quo zu erhalten.

In der Regel sind große Staaten daran interessiert, den Status quo zu erhalten. Was können die kleinen Länder eigentlich tun, um die Verhältnisse zu ändern? Nun, sie könnten z.B., wie derzeit Malaysia, auf die Globalisierungsbremse treten. Sie könnten sich nur bedingt militärischen Allianzen anschließen. Sie könnten sich im Hinblick auf nationale Minderheiten für einen proaktiven Ansatz stark machen. Sie könnten Dialoge initiieren, um z.B. die Differenzen zwischen Christen und Muslimen zu überwinden. Und sie könnten eines Tages sogar einen ganz mutigen Schritt wagen: So gut, wie den Großmächten ihre »Gewerkschaft« in Form des Sicherheitsrates zusteht, so gut stünde auch den kleinen Ländern eine eigene Interessenvertretung zu, eine erweiterte Version der »Union gleichgesinnter Länder« in Nordeuropa/Kanada. Doch viel wahrscheinlicher – und auch viel nützlicher und erfolgversprechender, heute wie schon bisher – ist jene »Union gleichgesinnter Menschen«, die gegen diese uns alle bedrohenden Formationen Front machen. Ich meine die NGOs, die Volksbewegungen.

Den Frieden zu globalisieren wäre viel einfacher mit der vollen Partizipation von Weltbürgern, die mit globalen Menschenrechten ausgestattet sind und in einer globalen Demokratie agieren. Aber das wird seine Zeit brauchen. In der Zwischenzeit sollten wir uns mit dem folgenden historischen Trend bewegen:

- *Phase 1:* Das moderne Staatensystem bildet sich um das Jahr 1648. Das Recht, Krieg zu führen, ist eine Charakteristik des Staatsinteresses.
- *Phase 2:* Das Staatensystem koordiniert sich an der Spitze mit großen zwischenstaatlichen Organisationen, beginnend mit dem Wiener Kongreß 1815 gegen Napoléon, gefolgt vom Völkerbund 1920 gegen Deutschland-Österreich und 1945 den Vereinten Nationen (gegen Nazideutschland und das militaristische Japan).
- *Phase 3:* Soziale Proteste gegen exzessive Staatsmacht beginnen. Sie drücken sich als Revolutionen gegen absolutistische Macht oder als Antikriegsbewegungen aus.
- *Phase 4:* Manche dieser Bewegungen schließen sich zu der Haager Konvention (1899) zusammen. Nach dem Ersten Weltkrieg treten sie als internationale Friedensorganisationen (wie z.B. *War Resisters´ International,* das *International Peace Bureau* oder die *Women´s International League for Peace and Freedom*) in Erscheinung, nach dem Zweiten Weltkrieg in Form von zahlreichen internationalen NGOs.
- *Phase 5:* Die internationalen NGOs beginnen, direkten Druck auf die zwischenstaatlichen Organisationen auszuüben. Das nimmt 1972 seinen Anfang mit der UN-Konferenz zu Umwelt und Entwicklung. NGOs entwickeln sich zu einem ernstzunehmenden Faktor in der Weltpolitik.
- *Phase 6:* NGOs, Städte und transnationale Gesellschaften beginnen, die Regierungen in der Weltpolitik zu ersetzen. Sie agieren gewöhnlich nicht unter Geheimhaltung, haben mehr Kontakt mit den Menschen und unterhalten keine Armeen, haben dafür aber normative Kraft.

> NGOs entwickeln sich zu einem ernstzunehmenden Faktor in der Weltpolitik.

Der Schlüssel zum Übergang vom kriegerischen 20. Jahrhundert zu einem friedlichen 21. Jahrhundert liegt im Wechsel vom Staatlichen zum Nicht-Staatlichen als Gravitationszentrum der Weltpolitik. Bei kommunalen und innenpolitischen Angelegenheiten ist das schon seit längerer Zeit so geregelt. Meiner Meinung nach ist es der Trend der Zukunft. Natürlich wird es Rückschläge geben, vielleicht sogar Verzweiflungstaten von Seiten des Staatensystems und der Kriegsapparate. Aber solche verzweifelten Versuche, das Unaufhaltsame aufzuhalten, gab es schon bei der Abschaffung der Sklaverei und dem Niedergang des Kolonialismus.

Das Nicht-Staatliche ist der Trend der Zukunft.

Abkürzungsverzeichnis

ACC	Administrative Committee on Coordination
AMPO	Amerikanisch-Japanischer Sicherheitsvertrag
ASEAN	Vereinigung südostasiatischer Staaten (Association of South-East Asian Nations)
CONGO	Konferenz der nichtstaatlichen Organisationen (NGOs)
ECOSOC	Wirtschafts- und Sozialrat
EFTA	Europäische Freihandelsassoziation (European Free Trade Association)
EU	Europäische Union
EWR	Europäischer Wirtschaftsraum
FAO	Food and Agriculture Organization
FBI	Federal Bureau of Investigation
GUS	Gemeinschaft Unabhängiger Staaten
HDI	Human Development Index (des UNDP)
HRC	Menschenrechtskomitee (Human Rights Committee)
IGO	zwischenstaatliche Organisation
ILO	Internationale Arbeitsorganisation (International Labour Organization)
IWF	Internationaler Währungsfonds
MAI	Multilaterales Abkommen über Investitionen
NATO	North Atlantic Treaty Organization
NGO	Nichtregierungsorganisation (Non-governmental Organization)
OECD	Organization for Economic Cooperation and Development (Organisation für wirtschaftliche Zusammenarbeit und Entwicklung)
OPEC	Organisation Erdöl exportierender Länder
OSZE	Organisation für Sicherheit und Zusammenarbeit in Europa
SAARC	Südostasiatische Regionalkooperation
TNG	transnationale Gesellschaft
UN/UNO	Vereinte Nationen (United Nations Organization)
UNDP	UN-Entwicklungsprogramm (United Nations Development Programme)

UNESCO	United Nations Educational, Scientific and Cultural Organization
UNICEF	United Nations Children's Emergency Fund
UNGV	UN-Generalversammlung
UNLBV	UN-Versammlung lokaler Behörden (Modellvorstellung)
UNMP	UN-Parlamentarier
UNRISD	UN-Forschungsinstitut für Entwicklung (United Nations Research Institute for Development)
UNUV	UN-Unternehmensversammlung (Modellvorstellung)
UNVV	UN-Volksversammlung (Modellvorstellung im Unterschied zur existierenden UNGV)
WHO	Weltgesundheitsorganisation (World Health Organization)
WMO	Weltorganisation für Meterologie (World Meteorological Organization)
WTO	Welthandelsorganisation (World Trade Organization)

Anmerkungen

1 Vgl. Galtung 1994.
2 Ende der 70er Jahre leitete ich an der United Nations University in Tokio eine solche Studie, und zwar im Rahmen des *Goals, Processes and Indicators of Development Program*. Dabei wurden in einer Reihe von Ländern Dialoge mit folgenden Schwerpunkten geführt:
 • Ziele: Welche Entwicklungsziele halten Sie für absolut zentral?
 • Prozesse/Verfahren: Wie können wir diese Ziele am besten erreichen?
 • Indikatoren Wie läßt sich überprüfen, daß wir auf dem richtigen Weg sind?
 Aus Zeit- und Geldmangel war es uns leider nicht möglich, die Studie entsprechend den Standards der empirischen Sozialforschung durchzuführen. Insofern sind die Ergebnisse nur Anhaltspunkte. Folgende Grundbedürfnisse sind weltweit festzustellen: Überleben, Wohlbefinden/Wohlergehen (hierzu zählen z.B. Nahrung, Kleidung, Unterkunft, Gesundheitsfürsorge, Bildung), Identität (dem Leben einen Sinn geben), Freiheit (Wahlmöglichkeiten, vor allem was die Bedürfnisbefriedigung in den drei anderen Bedürfniskategorien angeht). Aber all das sollte noch eingehender untersucht werden, um festzustellen, wo die wirklichen Bedürfnisse der Menschen liegen. Dialoge dürften sich hierfür besser eignen als statistische Erhebungen. Vgl. Galtung, »The Basic Needs Approach«, in: Lederer u.a. 1980.
3 Eine Einführung in Bays Untersuchung der Verbindungen zwischen Grundbedürfnissen und Grundrechten bietet Frank Cunningham, »Christian Bay 1921 – 1990«, in: *Proceedings of the Royal Society of Canada*, Reihe VI, Bd. VII, 1996, S. 121-128.
4 Dies erörtere ich weiter unten im Zusammenhang mit Ich-Kulturen und Wir-Kulturen noch eingehender.

5 Tommy Koh, »10 Values that Help East Asia's Progress/Prosperity«, *Straits Times*, 14. Dezember 1995.
6 Während ich dies schreibe, finde ich in der aktuellen Ausgabe von *The Japan Times* (5. November 1999) folgende Meldung: »Die UN-Menschenrechtskommission wird China auffordern, die Menschenrechtsbedingungen in Hongkong zu verbessern.«
7 George Kent, führender Experte auf dem Gebiet der strukturellen Gewalt gegen Kinder, wies (in einem im Frühjahr 1990 abgehaltenen Seminar am Fachbereich Politische Wissenschaften der Universität von Hawaii) darauf hin, daß diese Zahl fast doppelt so hoch liegt wie die entsprechende Zahl der im Zweiten Weltkrieg – also durch ein Großereignis direkter Gewalt – Getöteten. (Wenn man über 40 Millionen Tote in fünf Kriegsjahren zugrunde legt und selbst wenn man diese Zahl noch nach oben korrigiert, sind wir von 80 Millionen noch weit entfernt.) Vgl. Kent 1995.
8 Wir denken in diesem Zusammenhang immer an die Dritte Welt. Doch werfen wir einen Blick auf die Verhältnisse in den USA: »Von den jährlich zwei Millionen Todesfällen in den USA ist die Hälfte vermeidbar. An der Spitze der Todesursachen stehen Herzkrankheiten (ein Drittel), Krebs (ein Viertel), Schlaganfall (7 Prozent), Kopfverletzungen (14 Prozent); die eigentliche Problematik liegt aber in den Grundursachen: Rauchen (19 Prozent aller Todesfälle), ungesunde Ernährung und fehlende Bewegung (14 Prozent), Alkohol (5 Prozent), Waffen (rund 2 Prozent) und Unfälle (1 Prozent). Diese Zahlen entsprechen einer Million Menschenleben, die gerettet werden könnten, würden nur ein paar Prozent der Gesamtausgaben im Gesundheitswesen in die öffentliche Gesundheitsfürsorge und Vorsorge fließen.« Hinter all dem stehen natürlich Strukturen, nicht zuletzt wirtschaftliche. Vgl. Barry R. Bloom, »The Wrong Rights: We need rights to prevention, not just payments«, *Newsweek*, 11. Oktober 1999, S. 92.
9 Galtung 1998, S. 341-366
10 »Drei-Viertel-Gesellschaft« oder »Zwei-Drittel-Gesellschaft« sind irreführende Bezeichnungen, weil sie nur auf die (sich rasch wandelnde) ökonomische Realität Bezug nehmen; übersehen wird dabei die eigentliche Grundlage der abstimmungsorientierten Demokratie in Gesellschaften, die wenig egoistisch, jedoch stark altruistisch geprägt sind: die »51/49-Gesellschaft«.
11 Die Konsequenzen der Vorgänge und Aktivitäten in Kambodscha werden hauptsächlich vom UN-Forschungsinstitut für Entwicklung (UNRISD) in Genf untersucht, insbesondere von Peter Utting. Vgl. auch »Kambodscha: Wie Moskitos zerquetscht«, *Der Spiegel*, 8/1996, S. 138-140.
12 Die Periode dieser Gewalt dauert praktisch schon seit 1948 unvermindert an, sie manifestiert sich in unterschiedlichen Gewaltakten. Auf das Konto der institutionalisierten Gewalt geht mit Sicherheit auch die Säuberung eines ganzen Dorfes von Wählern der Konkurrenzpartei. Anlaß dürfte der (angeblich durch die CIA geplante) Mord an dem Gewerkschaftsführer Gaitán am 9. April 1948 gewesen sein.

13 Zur These, daß Demokratien friedlicher sind und sich nicht gegenseitig bekriegen, vgl. Galtung 1998, insbesondere Kapitel I, 4.
14 Vgl. dazu Mark Hibbs, »Tomorrow, a Eurobomb?«, *The Bulletin of the Atomic Scientists*, Januar/Februar 1996, S. 16-23.
15 Was an sich schon zeigt, wie abgehoben und realitätsfern die französische Elite ist.
16 Die Gesamtverschuldung der USA scheint sich auf diese drei Bereiche in etwa gleichmäßig aufzuteilen. Bei einer Kongreßdebatte ging es unter anderem um die Frage, ob die Obergrenze der Staatsverschuldung von 4,9 Billionen auf 5,2 Billionen angehoben werden könne.
17 Vgl. Galtung 1994
18 Vgl. ebd., S. 103-146
19 Genau dies ist es, was die Kroaten in und für Kroatien wollten (und bekamen) und was die Serben in und für die Krajina und Slawonien innerhalb Kroatiens wollten (und nicht erreichten), was die Alabaner für das und im Kosovo wollten (und zu bekommen scheinen) und worauf die Serben im Koscvo den gleichen Anspruch erheben (aber nicht zu bekommen scheinen)
20 In Analogie dazu müßte man statt von »internationalen Beziehungen« besser von »zwischenstaatlichen Beziehungen« sprechen.
21 Zum Thema Globalisierung als einem historischen Phänomen vgl. Frank 1998.
22 Im Falle der Europäischen Union meint dies faktisch EU + EFTA = EWR (Europäischer Wirtschaftsraum).
23 Die problemlose Fernsteuerung durch Echtzeitkommunikation macht das »Zentrum in der Peripherie« entbehrlich, d.h. die örtlichen Plantagenleiter, die kolonialen Herrscher, die örtliche Bourgeoisie, den Leiter der Tochtergesellschaft. Das »Zentrum im Zentrum« könnte seine Herrschaft auf einem sehr hohen Fragmentierungsniveau ausüben, mit sehr vielen kleinen Produzenten und direkter Informationssteuerung und -kontrolle.
24 Um ein Bibelzitat umzumünzen: Der Staat gibt, der Staat nimmt, der Name des Staates sei gepriesen. Doch es muß ein Gleichgewicht herrschen zwischen Input und Output.
25 Eine Untersuchung zur Situation der Aushilfsbeschäftigten (die u.U. voll arbeiten, aber in mehreren Firmen) sowie der Teilzeitbeschäftigten (weniger als 35 Stunden pro Woche, aber u.U. festangestellt) kommt für den Zeitraum 1983 – 1995 zu dem Ergebnis, daß die Aushilfskräfte den Vollzeitbeschäftigten in puncto Entlohnung und Sozialleistungen praktisch gleichgestellt sind, ihnen allerdings die Arbeitsplatzsicherheit fehlt. Teilzeitbeschäftigte hingegen sind tendenziell schlechter bezahlt und erhalten niedrigere Sozialleistungen. Das Problem liegt darin, daß der Begriff »Arbeitsplatz« alle Kategorien von Arbeitsplätzen einschließt, was zu einem falschen Bild der wahren Verhältnisse führt.
26 Susan George gibt in »Pour la reforme du systeme financier international: A la racine du mal«, *Le Monde Diplomatique,* Januar 1999, unter Berufung auf das Institute for Business Research and Tax Watch eine Steuer-

mindereinnahme von 12 – 50 Milliarden Dollar an, verursacht dadurch, daß sich TNGs in anderen/günstigeren Ländern steuerlich veranlagen lassen. In *Die Woche,* 2. Oktober 1998, S. 17, lesen wir folgendes: »So ist im Laufe der vergangenen Jahre das Steueraufkommen der deutschen Großindustrie auf den niedrigsten Stand der Nachkriegszeit gesunken.«

27 In der Medizin als »Nebenwirkungen« bekannt, wobei anzumerken ist, daß es Jahrhunderte dauerte, bis sie offiziell als Bestandteil des Diskurses anerkannt wurden. In den Wirtschaftswissenschaften allerdings werden gleiche Effekte – von wenigen Ausnahmen abgesehen – noch immer unterdrückt oder ignoriert.

28 In den Bretton-Woods-Einrichtungen (oder im Zusammenhang mit ihnen) läuft ohne den Segen des US-Kongresses überhaupt nichts. Insofern ist der Wunsch sehr verständlich, diese Einrichtungen einen Großteil der Aufgaben der UN-Sonderorganisationen abdecken zu lassen.

29 Osmanen, Habsburger, Nazis, Titoisten – und nun NATO/UNO.

30 Siehe Galtung, »Global Migration: A Thousand Years' Perspective«, in: Polunin 1998, S. 173-184.

31 Die NGO-Gipfelkonferenz im koreanischen Seoul, 10.–15. Oktober 1999, war eine beeindruckende Versammlung mit 10.000 Delegierten. Dabei wurden alle möglichen Probleme behandelt, denen sich die Menschheit an der Schwelle zum 21. Jahrhundert gegenübersieht, und zwar in einer viel phantasievolleren Weise, als man es vom Staatensystem oder auch der UNO her kennt.

32 Eine Untersuchung dieses Themas findet sich in meinem Aufsatz »World Organization«, in: Galtung 1980; dort insbes. Abschnitt 8.1, »A world central authority«, S. 341-352.

33 Vgl. Galtung 1998 (Einleitung)

34 Ich meine hier mehr das heute vorherrschende Ethos, weniger die Realität mit dem aufgepfropften Weißen, Christlichen und gewiß nicht den »Kulturozid« *plus* Genozid, der im 19. Jahrhundert (und danach) an der hawaiianischen Nation verübt wurde.

35 Jüngstes Beispiel ist die sogenannte Museeumsinsel in Berlin, die im Dezember 1999 von der UNESCO zum Weltkulturerbe erklärt wurde.

36 Näheres zum Konzept Normsender/Normempfänger/Normobjekt findet sich in Galtung 1994, insbes. Kapitel 1.4.

37 Vor allem die bemerkenswerte Formulierung des Artikel 28 ist hier zu zitieren: »Jeder Mensch hat Anspruch auf eine soziale und internationale Ordnung, in welcher die in der vorliegenden Erklärung ausgeführten Rechte und Freiheiten voll verwirklicht werden können.«

38 Siehe J. Galtung, »On the Social Costs of Modernization: Social Disintegration, Anomie/Atomie and Social Development«, in: *Development and Change,* Vol. 27, No. 2, April 1996, S. 379-413.

39 In den westlichen Demokratien ist hier als Beispiel der Kampf gegen Sekten zu nennen, in den kommunistischen Ländern mit (häufig aufoktroyierter) Wir-Kultur der Kampf gegen individualistische Dissidenten.

40 Dies ist zwar nicht die ganze Geschichte, charakterisiert aber doch sehr gut die Beziehungen zwischen einem Dominanz ausübenden Westen

einerseits und der muslimischen, hinduistischen und buddhistisch-konfuzianischen Welt andererseits. Das katholische und orthodoxe Christentum hat dabei so etwas wie eine Zwischenstellung.

41 Rushdie 1997
42 Diese Liste bezieht sich auf Angaben der Sekte Soka Gakkai-Deutschland (SGI-D) auf die erste Frage der Enquetekommission »Sogenannte Sekten und Psychogruppen« des Deutschen Bundestages: »Wie würden Sie den Begriff ›Sekte‹ definieren?« SGI-D nannte diese Charakteristika, distanzierte sich aber davon, was ihre eigene Organisation angeht. Die ursprüngliche Themenliste stammt von einer Kommission des französischen Parlaments.
43 Eine typisch westliche Darstellung Singapurs bietet Ian Buruma, »The Singapore Way«, in: *The New York Review of Books*, 19. Oktober 1995; eine interessante, ebenfalls kritische, Gegenposition bezieht Janadas Devan, »The Singapore Way«, in: NYR, 6. Juni 1996. Devans These lautet, daß der Autoritarismus Singapurs in wesentlichen Zügen einem technokratisch-sozialistischen Modell westlichen Typs entstammt. Eine sehr ausgewogene Position in dieser Debatte bezieht Maria Serena I. Diokno mit ihrem Aufsatz »A Filipino Perspective of the Asian Values Debate on Human Rights«, vorgelegt im Rahmen des Workshops über Menschenrechte und asiatische Werte (Workshop *Human Rights and Asian Values*), Nordic Institute of Asian Studies, Kopenhagen, Mai 1997. Es wäre jedoch falsch, im Zusammenhang mit diesen Werten von spezifisch »asiatischen« Rechten zu sprechen, handelt es sich bei diesem Kontinent doch um eine Mischung aus Ich- und Wir-Kulturen, wobei das konfuzianisch-buddhistische Mix, auf das sich Mahathir und Lee beziehen, ostasiatischer und teilweise südostasiatischer Provenienz ist.
44 Eine Ich-Kultur sieht darin eine Grausamkeit; das ist aber nur eine andere Bezeichnung für den Sachverhalt.
45 Die »Aufklärung« begann natürlich nicht erst im 17. oder 18. Jahrhundert. Das Projekt der Säkularisierung könnte man folgendermaßen kurz zusammenfassen: Holt die transzendentale Welt in die empirische Welt hinein – so wird das biblische Paradies zur ideologischen Utopie (wobei christliche Utopien den Übergang bilden), die Hölle zu Krieg und Folter (wobei in diesem Fall die Inquisition die Übergangsform darstellt), aus dem ewigen Leben werden dank Medizin und Gesundheitsfürsorge längere (wenn auch nicht ewige) Lebenserwartungen, und an die Stelle der Erleuchtung schließlich tritt die allgemeine Bildung.
46 Vgl. Redfield 1955
47 Ein wirkliches Desiderat; dieses Themas sollte sich die Forschung unbedingt annehmen.
48 Organisiert von der Schweizer Akademie für Entwicklung (SAD) am 27. November 1995 anläßlich des 900. Jahrestages der Kreuzzugserklärung. Die Bieler Erklärung ist zu beziehen über SAD, Lindenhof, Bözingen Str. 71, CH-2500 Biel/Bienne.
49 Natürlich konstruierte die katholische Kirche eine Christenheit ohne Ansehung der vom Menschen, sprich vom Adel gezogenen Grenzen. Es

läßt sich dem Islam schwerlich das Recht auf eine eigene Weltordnung absprechen, wie es die Staaten schließlich auch für sich in Anspruch nehmen. Jedenfalls ist die Argumentation, der Islam habe die westlichen Weltanschauungen zu akzeptieren, nichts anderes als kultureller Neokolonialismus.

50 Eine ausgewogene Analyse hierzu bietet Al-Munajjed 1997. Sie vertritt die These, daß die Diskriminierung der Frau durch den Koran nicht legitimiert ist.

51 »Land« bezeichnet hier ein in der Regel durch bestimmte Grenzen definiertes Territorium; »Staat« bezeichnet eine bestimmte Form der Organisation eines Landes; »Nation« wiederum bezeichnet eine bestimmte Gruppe von Menschen (Volksgruppe) mit gemeinsamen mythischen Vorstellungen im Sinne einer »heiligen« Zeit und »heiliger« Orte. Eine gemeinsame Sprache und eine gemeinsame Religion können hinzukommen, sind aber sekundär. Ebenso merkwürdiger- wie irreführrenderweise nennt sich ein akademisches Fachgebiet, das sich mit den *zwischenstaatlichen* Beziehungen befaßt, »Internationale Beziehungen«, wiewohl die Beziehungen *zwischen Nationen* dabei so gut wie keine Rolle spielen. Analog dazu: Auch die UNO mit ihren Mitgliedstaaten nennt sich »Vereinte Nationen«, während »USA« der passendere Terminus wäre.

52 Insofern könnte zu Anfang dieses Abschnitts der Eindruck entstehen, die Globalisierung sei noch zu schwach ausgeprägt, um besondere Maßnahmen zu rechtfertigen. Tatsächlich aber sind die Vernetzungen gewaltig, und dies betrifft wohl mehr noch die Kommunikation als den wirtschaftlichen Austausch. Insoweit Demokratie das Recht auf Mitbestimmung bei Fragen, die einen selbst angehen, bedeutet, wurden die Gründe und Zusammenhänge bereits dargelegt.

53 Dies ist die Idee, die dem sogenannten »Index of Democratization« zugrunde liegt; siehe Index Nr. 43 in *The New Book of World Rankings*, 1984, entwickelt von Tatu Vanhanen. Der Index beruht auf folgender Formel: Prozentsatz der *nicht* für die größte Partei (bzw. den siegreichen Kandidaten) stimmenden Wähler (was den Wettbewerbsgrad angibt) multipliziert mit der Wahlbeteiligungsquote (Anteil der sich tatsächlich an der Wahl beteiligenden Wähler). Unter den »Top 10« befanden sich im Zeitraum 1970–79 die skandinavischen Länder, einige weitere westeuropäische Länder sowie Australien; Großbritannien belegte Platz 11, die USA Platz 22, Sri Lanka Platz 23, Indien Platz 24; dahinter folgen nur noch Dritte-Welt-Länder sowie »sozialistische« Länder, wobei es ab Platz 50 (bis 119) keinen oder nur sehr wenig politischen Wettbewerb gibt. Offenkundig wird die Demokratie zunehmend fragwürdig, wenn die Wahlbeteiligung unter 50 Prozent fällt, da die Mehrheit diesem demokratischen Verfahren dann offenkundig mangelnde Bedeutung beimißt. Man geht brav zum TÜV, aber nicht zur Wahl; man scheut keine Mühen, um den Führerschein zu bekommen, hält aber den Gang zur Wahlurne für nicht der Mühe wert. Beim Wettbewerb ist die Sache nicht ganz so einfach. Unter »Wahlmöglichkeiten/Alternativen« könnte man eine Reihe von Faktoren berücksichtigen wollen, die aber allesamt problematisch sind:

- Anzahl an Parteien/Kandidaten,
- von ihnen abgedecktes politisches Spektrum,
- Stimmverteilung.

Der zentrale Punkt ist jedoch die Vorstellung vom Demokratiegrad, wobei ein Ritualismus quantitativ und qualitativ wenig Wahlmöglichkeiten und geringe Partizipation bedeutet.

54 Laut Freedom House, New York, 1996, zählen 118 der 190 Länder der Welt (d.h. 62 Prozent) zu den Demokratien (die geographischen Anteile schwanken von 100 Prozent in Westeuropa bis zu 34 Prozent in Afrika). Die Großmächte beherrschen jedoch noch immer den Waffenhandel fast vollständig, stecken ihre Interessensphären ab, intervenieren und legen ihr Veto ein.
55 Menschenrechtskonventionen vom 16. Dezember 1966
56 Boutros Boutros-Ghalis hervorragende Demokratisierungsagenda *An Agenda for Democratization,* New York 1996, weist der UNO eine Pionierrolle zu, und zwar auf sehr pragmatische, unprätentiöse und doch sehr klare Art und Weise.
57 Zur Zivilisationstheorie siehe Teil IV in Galtung 1998
58 Es gibt eine Organisation, die genau dies tut: *Gemeinde gemeinsam* (Causes communes)
59 Ich denke hierbei natürlich an die 50jährige Entwicklung, die zur Europäischen Union führte.
60 Ein Beispiel: Kyoto wurde von den Regierungen als Tagungsort für die Ende 1997 stattgefundene große zwischenstaatliche Konferenz über Umweltverschmutzung und globale Klimaerwärmung (Klimaschutzkonferenz) gewählt. Im nahegelegenen Nagoya fand zum gleichen Thema eine Parallelveranstaltung der Großstädte dieser Welt statt.
61 Die Schweiz tat dies im März 1986 im Zusammenhang mit der UN-Mitgliedschaft; Ergebnis war ein Nein. Bis Herbst 1994 gab es nur in drei der zwölf angeblich sehr demokratischen Mitgliedstaaten der Europäischen Union (Dänemark, Frankreich und Irland) ein Referendum über eine so fundamentale Frage wie den Maastrichter Vertrag.
62 Aus Johan Galtung, *United Nations, United Peoples* (erscheint 2000).
63 Dies würde gewiß auch die dritte Generation von Menschenrechten einschließen, unter Ergänzung des Rechts auf Selbstbestimmung durch Kollektivrechte auf Frieden, Entwicklung und eine saubere Umwelt. Vgl. auch das Schlußkapitel in Galtung 1994.
64 In der Praxis ist eine Übergangsperiode von 10 bis 20 Jahren denkbar, wobei sich die Regierungen verpflichten, in dieser Zeit ein demokratisches Wahlsystem einzurichten.
65 Wie etwa eine orthodox-slawische Union (bestehend aus Rußland, Weißrußland, Ostukraine und Nordkasachstan) und eine muslimisch-türkische Union, bestehend aus der Türkei und den fünf ehemals sowjetischen muslimischen Republiken türkischer Sprache (alle außer Tadschikistan). Hierbei ist anzumerken, daß die Europäische Union hauptsächlich aus katholisch-protestantischen, römisch-germanischen Ländern besteht.

66 Der Vorschlag von Boutros-Ghali, mit dem er die Interparlamentarische Union aufforderte, »alle drei Jahre an einem UN-Standort zusammenzutreten, um den internationalen Dialog und die internationale Diskussion über die Vereinten Nationen sowie die der UNO und ihren Mitgliedstaaten vorliegenden Fragen und Themen zu festigen«, wäre ein hervorragender Einstieg. Man sollte in diesem Zusammenhang nicht vergessen, daß ja auch das Europäische Parlament zunächst eine Versammlung aus Parlamentariern der Einzelstaaten war, bevor 1979 die erste Direktwahl zum Europäischen Parlament stattfand.

67 Eine weitere Möglichkeit, auf die Boutros-Ghali hinweist, besteht in einem Rückgriff auf die Drei-Parteien-Struktur der ILO (der Internationalen Arbeitsorganisation, in der die Regierungen sowie Arbeitgeberverbände und Arbeitnehmerorganisationen vertreten sind). Jedenfalls kommt es darauf an, Mittel und Wege zu finden, um den dynamischsten Sektor unserer globalen Wirklichkeit in eine möglichst repräsentative Entscheidungs- bzw. Beschlußfassungsorganisation einzubinden.

68 Konferenz der nichtstaatlichen Organisationen mit beratendem Status beim Wirtschafts- und Sozialrat gemäß Artikel 71 (Kapitel VIII) der UN-Charta. Hierzu zählen etwa 1.600 NGOs in Ergänzung zu jenen vielen, die anderen UN-Organen, etwa den Sonderorganisationen, angeschlossen sind.

69 Für die Indische Union wurde dies von Anfang an realisiert, obwohl sie heute weit mehr Bürger hat als die Europäische Union. Indien allerdings war ehedem eine Kolonie, während es sich bei der EU um einen Zusammenschluß von Kolonialisten handelt (abgesehen von Irland und Finnland).

70 Es dürfte klar sein, daß die USA nicht in einem Atemzug versuchen können, das UN-Budget zu kürzen und ihren eigenen Anteil bei 25 Prozent zu belassen, um dann obendrein noch nicht einmal zu zahlen. Es braucht schon sehr viel informelle Macht, um mit einem solchen Hintergrund als Mitglied zu überleben.

71 Das exakte Datum war der 24. Oktober, das 1945, genau 300 Jahre später, zum Geburtsdatum der UNO wurde (Inkrafttreten der UN-Charta). Dabei wurden Deutschland und Japan, als die hauptsächlichen »Feindstaaten«, aus der Organisation ausgeschlossen. Im Jahr 1648, beim Westfälischen Frieden, waren die Katholiken, Protestanten und Calvinisten als Parteien vertreten; ausgeschlossen waren die Orthodoxen und die Muslime, ebenso die Juden. Von den abrahamitischen Religionen war nur eine vertreten, nämlich das Christentum; von den Hauptentwicklungslinien war damit eine Gruppe, die Orthodoxen, ausgeschlossen. Anders ausgedrückt: Die Hauptbruchlinien spiegeln sich hier exakt wider.

72 *Ius ab bellum:* die Regeln der Kriegsvorbereitung; *ius in bello*: die Regeln der Kriegführung. Artikel 4 (2) schließt den Krieg zwischen Mitgliedstaaten aus. Aber es gibt dabei einige Ausnahmen: eigene Selbstverteidigung, kollektive Selbstverteidigung; und wenn ein Krieg durch den Sicherheitsrat angeordnet wird.

73 Die Feiern des Jahres 1998 sind in der Tat nichts als Selbstbeweihräucherung. Der Übergang von der einen universellen Konstruktion, der *pax ecclesia*, zu Einzelstaaten und von der Herrschaft des Adels zur Herrschaft gewählter Regierungen (wobei die Außenpolitik noch immer eine Bastion des Adels ist), während der Klerus Matthäus 25 folgt (»Gib dem Staat, was des Staates ist«), illustriert nur allzu gut die französische Idee des *»un trein peut en cacher un autre«* (hinter dem einen Zug kann sich ein anderer verstecken – und macht ihn dadurch nur gefährlicher, möchte man ergänzen). Am besten bringt dies der klassische Satz des schwedischen Premierministers Axel Oxenstierna zum Ausdruck, den er seinem Sohn, der Abgeordneter war und sich darüber beklagte, wie unerfreulich es sei, sich das ganze Gerede anhören zu müssen, ins Stammbuch schrieb: *»An nescit filius meus quantila prudentia reget mundus«*, was meist so wiedergegeben wird: »Mein Sohn, wenn du nur wüßtest, wie viel Dummheit die Welt regiert.«

74 Die Planung der Nachkriegsstützpunkte begann schon 1942, also während des Zweiten Weltkriegs, kaum ein Jahr nach Ausbruch des Pazifischen Krieges, »als Franklin D. Roosevelt die Mitglieder des Generalstabes darum bat, eine weltweite Studie über die Stützpunkte einer ›Internationalen Polizeistreitmacht‹ zu erstellen. ... Die damit beauftragte Arbeitsgruppe teilte die Welt in drei Zonen auf: ›gemeinsame oder wechselseitige militärische Verpflichtungen‹ (Atlantik), ›exklusive militärische Verpflichtungen‹ (Alaska, Philippinen, Mikronesien, Zentralamerika, Karibik) und ›gemeinsame Verpflichtungen‹ als eine den Frieden erzwingende ›Große Macht‹ (Indochina, Ostchina, Korea und Japan).« Hayes u.a. 1986, S. 19

75 Selbst die OSZE hat nur regionalen Charakter und grenzt an Ostasien. Sie mag allenfalls innereuropäische Probleme lösen können. Hier kommt nur eine überspannende Organisation, also die UNO, in Frage. Da jedoch die US-Politik das Kernproblem darstellt, dürfte sich die UNO kaum in der Lage sehen, Probleme dieser Größenordnung anzugehen und zu lösen.

76 Beide Ideologien sind europäischen Ursprungs und fanden in den durch den raschen Aufstieg des europäischen Nordwestens marginalisierten Regionen Europas fruchtbaren Boden vor, nachdem das Mittelalter geographisch-regional mehr von Gleichheit geprägt war. Der Faschismus spielte im europäischen Süden eine besondere Rolle, der Kommunismus im Osten Europas. Der arme Balkan lernte beides kennen.

77 Vorschlag des Nobelpreisträgers James Tobin, wobei dies den Ländern im Süden zugute kommen sollte.

78 Ein gutes Beispiel ist der japanische Vorschlag, jedem Japaner einen Gutschein über 30.000 Yen auszuhändigen, um die allgemeine Kaufkraft zu stärken. Es bleibt allerdings abzuwarten, ob man den Leuten tatsächlich 30.000 Yen in bar in die Hand drücken wird, auf die Gefahr hin, daß das Geld angesichts des Mißtrauens in die japanischen Banken in den Kopfkissen und Matratzen verschwindet.

79 Es sollte erwähnt werden, daß solche nationalspezifischen Föderationen

innerhalb eines Staates auch nichtterritorialer Art sein können: wohl also eigene Versammlungen, doch ohne Grenzen (d.h. ohne gebietsmäßige Abgrenzung). Ein Beispiel sind die Lappen (Samen) in den nordischen Ländern.

Danksagung: Zu guter Letzt möchte mich besonders bei Joe Washington für seine hilfreichen Kommentare bedanken.

Literatur

Afshar, Farhad u.a. (Hg.): *Menschenbilder – Menschenrechte. Islam und Okzident: Kulturen im Konflikt*, Zürich 1994
Allgemeine Erklärung der Menschenrechte. Verkündet von der Generalversammlung der Vereinten Nationen am 10. Dezember 1948, Frankfurt 1999
Al-Munajjed, Mona: *Women in Saudi Arabia Today*, London 1997
Amnesty International (Hg.): *Menschenrechte im Umbruch. 50 Jahre Allgemeine Erklärung der Menschenrechte*, München 1998
Arnim, Gabriele von u.a. (Hg.): *Jahrbuch Menschenrechte 2000*, Frankfurt 1999
Bobbio, Noberto: *Das Zeitalter der Menschenrechte*, Berlin 1998
Brunkhorst, Hauke/Wolfgang Kühler/Matthias Lutz-Bachmann: *Recht auf Menschenrechte. Menschenrechte, Demokratie und internationale Politik*, Frankfurt 1999
Buruma, Ian: »The Singapore Way«, in: *The New York Review of Books*, 19. Oktober 1995
Chomsky, Noam: *Politische Ökonomie der Menschenrechte*, Berlin 1999
Devan, Janadas: »The Singapore Way«, in: *NYR*, 6. Juni 1996
Diokno, Maria Serena I.: »A Filipino Perspective of the Asian Values Debate on Human Rights«, Arbeitspapier für den Workshop *Human Rights and Asian Values* des Nordic Institute of Asian Studies, Kopenhagen, Mai 1997
Engelmann, Reiner/Urs M. Fiechtner: *Frei und gleich geboren. Lesebuch Menschenrechte*, Zürich 1998
Frank, Andre Gunder: ReORIENT: *Global Economy in the Asian Age*, Berkeley 1998
Galtung, Johan: *Frieden mit friedlichen Mitteln*, Opladen 1998
ders.: *Menschenrechte anders gesehen*, Frankfurt a.M. 1994
ders.: *The True Worlds*, New York 1980
Hamm, Brigitte: *Menschenrechte. Das internationale Normensystem des 21. Jahrhunderts*, Bonn 1999
Hayes, Peter/Lyuba Zarsky/Walden Bello: *American Lake. Nuclear Peril in the Pacific*, New York 1986
Heidelmeier, Wolfgang (Hg.): *Die Menschenrechte*, Heidelberg 1996
Hufton, Olwen (Hg.): *Menschenrechte in der Geschichte*, Frankfurt 1998

Hutter, Franz J./Carsten Tessmer (Hg.): *Die Menschenrechte in Deutschland. Geschichte und Gegenwart*, München 1997

Kent, George: *Children in the International Political Economy*, London/New York 1995

Köhne, Gunnar (Hg.): *Die Zukunft der Menschenrechte. 50 Jahre UN-Erklärung: Bilanz eines Aufbruchs*, Reinbek 1998

Kühnhardt, Ludger: *Die Universalität der Menschenrechte. Studie zur ideengeschichtlichen Bestimmung eines politischen Schlüsselbegiffs*, München 1987

Lederer, Katrin/Johan Galtung/David Antal (Hg.) : *Human Needs. A contribution to the current debate*, Königstein 1980

Lerner, Daniel: *The Passing of Traditional Society*, Glencoe, Ill.,1958

Müller-Heidelberg, Till/Ulrich Finckh/Wolf-Dieter Narr u.a.(Hg.): *Grundrechte-Report 1998. Zur Lage der Bürger- und Menschenrechte in Deutschland*, Reinbek 1998

Polunin, Nicholas (Hg.): *Population and Global Security*, Cambridge 1998

Redfield, Robert: *The little Community*, Chicago 1955

Rushdie, Salman: *Die satanischen Verse*, München 1997

Schmidt, Helmut (Hg.): *Allgemeine Erklärung der Menschenpflichten. Ein Versuch*, München 1997

Seroo, O./van Praag, M. (Hg.): *The Implementation of the Right to Self-Determination as a Contribution to Conflict Prevention*, Barcelona 1999

Shute, Stephen/Susan Hurley (Hg.): *Die Idee der Menschenrechte*, Frankfurt 1996

Symonides, Tanusz (Hg.): *Human Rights: New Dimensions and Challenges*, Dartmouth NH 1998

Westan, B./Marks, S.: *The Future of International Human Rights*, Ardsley NY 1999

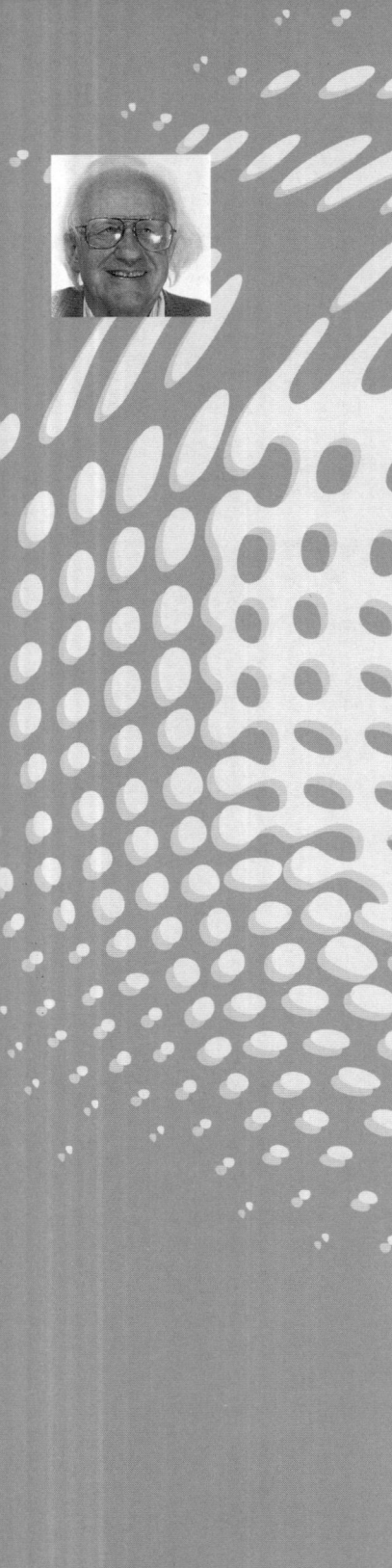

Vision: Menschenrechte für das nächste Jahrhundert
Zwölf Thesen

Johan Galtung

1. Menschenrechte sind etwas Ursprüngliches: Sie sollten unmittelbar den konkreten, von den Menschen selbst geäußerten Grundbedürfnissen entspringen und nicht aus der Logik eines religiösen oder philosophischen Systems abgeleitet werden.

2. Die Grundbedürfnisse des Menschen lassen sich in den Begriffen Überleben, Wohlbefinden, Freiheit und Identität zusammenfassen. All diese Bedürfnisse sind unveräußerlich und gleichwertig – sie sollten daher ohne Abstriche von Menschenrechten geschützt und in allen Friedensvereinbarungen be- und geachtet werden.

3. In der derzeitigen Praxis wird allerdings den persönlichen Freiheitsrechten ein höherer Stellenwert eingeräumt. Der Schutz des materiellen Wohlergehens, der Identität und des Überlebens der Menschen wird in einer Welt der Ausbeutung, Globalisierung und ständig zunehmenden Gewalt vernachlässigt.

4. Entscheidend ist daher nicht die bloße Umsetzung des bestehenden Menschenrechtskatalogs: die Menschenrechte müssen auch ergänzt und erweitert werden, um alle Grundbedürfnisse zu schützen und eine internationale Ordnung zu garantieren, in der Frieden, Entwicklung und eine saubere Umwelt verwirklicht werden können.

5. Die Menschenrechtsdebatte ist bisher stark vom westlichen Denken und der Betonung individueller Freiheitsrechte geprägt. Zukünftig müssen auch die Rechte von Gruppen und Gemeinschaften stärker berücksichtigt werden, die in anderen Kulturen größere Bedeutung haben.

6. Dabei sollte man westliche und nichtwestliche (zum Beispiel asiatische) Werte nicht gegeneinander abgrenzen. Es muß um die Suche

nach einem gegenseitig bereichernden Sowohl-Als-auch gehen, nicht um ein Entweder-Oder.

7. Demokratie bedeutet nicht nur die Anwendung des Mehrheitsprinzips, sondern verlangt auch Minderheitenrechte zum Schutz gegen eine »Diktatur der 51 Prozent«. Entscheidungen aus der Konfrontation heraus sollte man vermeiden und den Geist des kreativen Dialogs entwickeln und pflegen.

8. Demokratie sollte sich nicht in einem Ritual von Wahlen und Regierungswechseln erschöpfen, sondern auch das Recht auf eine menschenwürdige Existenz, auf eine eigene Kultur und Schutz vor innerer und äußerer Gewalt garantieren.

9. Die Globalisierung der Welt ist bislang vor allem eine Amerikanisierung von Kultur, Wirtschaft, politischen Entscheidungen und militärischen Aktivitäten. Eine echte Globalisierung hingegen verlangt gleiche und solidarische Teilnahme aller, orientiert an der Befriedigung der Grundbedürfnisse aller.

10. Die Weltbürgerschaft sollte auf einer ausgewogenen Mischung aus Rechten und Pflichten beruhen: dem Recht wie auch der Pflicht, an der Wahl eines Weltparlaments teilzunehmen; dem Recht auf eine menschenwürdige materielle Existenz sowie der Pflicht zur Entrichtung von Weltsteuern; dem Recht auf geistige Identität sowie der Pflicht, andere zu achten und in einen Dialog einzutreten; dem Recht auf Schutz vor Gewalt sowie der Pflicht zum Friedensdienst.

11. Die Gewährleistung dieser Rechte und Pflichten durch globale Menschenrechte sollte von der Ebene einer zentralen Regierungsgewalt (»Weltregierung«) ausgehen und nicht nur Staaten, sondern auch internationale Organisationen staatlicher, nichtstaatlicher und wirtschaftlicher Art einbeziehen.

12. Grundlage einer weltweiten Demokratie könnte eine UN-Volksversammlung sein, in die – mit den bestehenden Staaten als Wahlkreisen – pro eine Million Einwohner ein Abgeordneter in freier, gleicher und geheimer Wahl entsandt wird.

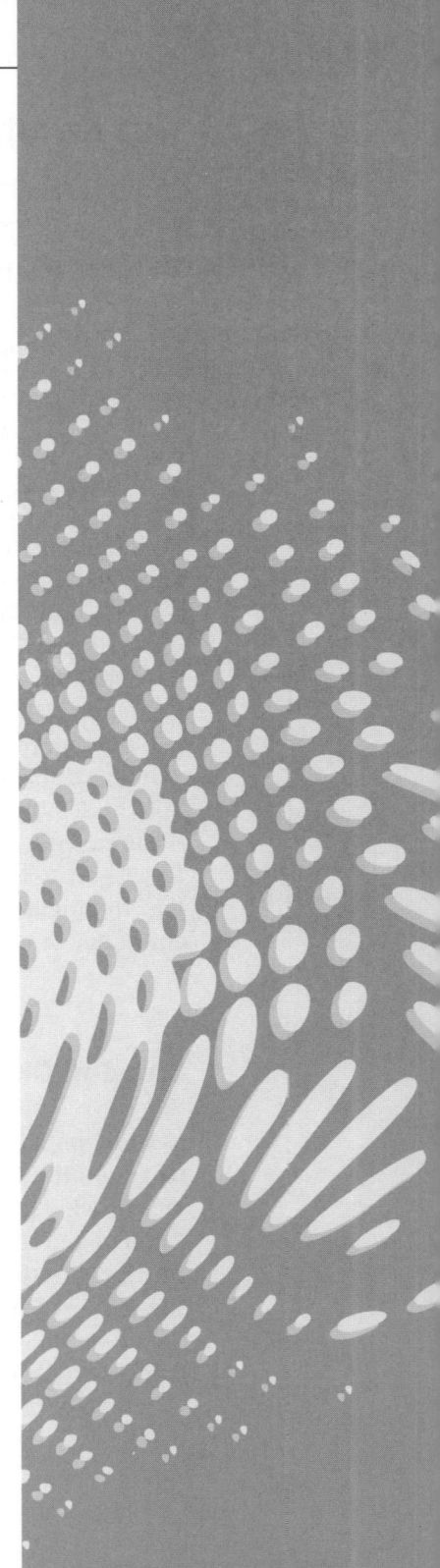

Der Kampf um ein Leben in Würde
Indianerrechte in Lateinamerika

Gerhard Dilger

Als Hindernis für den Fortschritt – so sind die Urbevölkerungen der Welt seit der Zeit ihrer Kolonialisierung durch die Europäer vorwiegend wahrgenommen worden. Unzählige von ihnen bezahlten das mit dem Untergang. Erst seitdem die zerstörerischen Auswirkungen des weltweit dominierenden Wachstumsmodells auf Mensch und Natur auf breiter Ebene diskutiert werden und das ökologische Gedankengut auf dem Vormarsch ist, hat sich auch das Schicksal der indigenen Völker in das allgemeine Bewußtsein geschoben. Die Jahre von 1995 bis 2004 sind von der UN-Generalversammlung sogar zum »Jahrzehnt der indigenen Völker« erklärt worden. Hunderte von entwicklungspolitischen Vorhaben, deren Träger oder Zielgruppen indianische Organisationen oder Gemeinschaften sind, versuchen der Ausbeutung der Ureinwohner einen Riegel vorzuschieben und die Armut in ihren Gebieten zu bekämpfen. In einem Streifzug durch Lateinamerika möchte ich Ihnen einige davon vorstellen.

Hunderte von entwicklungspolitischen Vorhaben versuchen der Ausbeutung der Ureinwohner einen Riegel vorzuschieben.

Ecuador: Ökotourismus in indianischer Regie

Es ist schon dunkel, als sich das Gemeinschaftshaus von Capirona langsam füllt: Jugendliche, Alte und Frauen mit ihren Säuglingen setzen sich auf die langen Bänke am Rande der rechteckigen, mit Palmenblättern überdachten Halle. Vorne werden Verstärker und Lautsprecher installiert, die Instrumente angeschlossen und gestimmt. Der Dorfälteste verteilt Zigaretten unter den Anwesenden – alles ist bereit zur Verabschiedung unserer internationalen Reisegruppe aus dem ecuadorianischen Regenwald.

Santiago, der uns drei Tage lang in die Geheimnisse der Quichua-Kultur und ihrer Waldgebiete am westlichen Rand des Amazonasbeckens eingeführt hat, stellt uns noch einmal vor. Dann spielt eine fünfköpfige Gruppe zum Tanz auf: César, Dorfvorsteher, Leiter des touristischen Programms in Capirona und Bootsmann, zeigt sich heute als Sänger und Gitarrist. Der 50jährige Domingo fiedelt auf einer selbstgebauten Geige, und im Hintergrund betätigen drei Jugendliche Schlaginstrumente. Männer und Frauen jeden Alters kommen auf uns zu und fordern uns ganz ungeniert zum Tanzen auf. Die hypnotischen Weisen der Band erinnern entfernt an die Musik des Andenhochlandes. Dann sind die Touristen an der Reihe: Wir spielen Lieder aus unseren Ländern vor, und als einer von uns ein paar Zaubertricks zum besten gibt, kennt die Begeisterung der Quichuas keine Grenzen mehr.

Von Capirona aus ist es nicht weit bis in die Provinzhauptstadt Tena, die man in einer sechsstündigen Busreise von Quito aus erreicht. Diese Nähe zur Hauptstadt hat die gesamte Region des Alto Napo zu einer Hochburg des Amazonastourismus gemacht, der nur in seltenen Fällen so »sanft« ist wie die Touren unter indianischer Regie. In Tena und im benachbarten Puerto Misahuallí bieten Dutzende von Reisebüros Urwaldexkursionen für Rucksacktouristen an, aber auch für zahlungskräftigere Reisende, die in komfortablen »Jungle Lodges« untergebracht werden. Für die Umwelt und die dort wohnenden Gemeinschaften ist diese Art von kaum kontrolliertem Tourismus keineswegs ein Segen: Die Gewinne

Die Region des Alto Napo ist eine Hochburg des Amazonastourismus.

Der lange Einbaum ist eines der traditionellen Fortbewegungsmittel der indianischen Gemeinschaften.
Photo: Gerhard Dilger

fließen in die Taschen von externen Reiseveranstaltern, und immer noch werden die Indianer von den vorbeireisenden Ausländern so schamlos bestaunt, als seien sie exotische Tiere.

Doch das sind längst nicht die schlimmsten Bedrohungen, mit denen sich die indianischen Bewohner konfrontiert sehen: Vorrückende mestizische Siedler, Holzfirmen und multinationale Ölgesellschaften, die bereits andere Teile des ecuadorianischen Amazonasgebietes verwüstet haben, machen den Quichuas das Leben schwer. Zukunftsperspektiven gibt es vor Ort kaum, und viele Bewohner suchen ihr Glück in den Wirtschaftszentren im Andenhochland oder an der Pazifikküste. All dies bewegte vor zehn Jahren die Einwohner Capironas, sich auf das Experiment »Ökotourismus« einzulassen und Gäste in ihr Dorf zu holen.

»Dies hier sind die *yawar panga*, Blutblätter«, sagt Santiago und zeigt uns einen Baum mit länglichen, handtellergroßen Blättern, die sich zur Spitze hin rötlich verfärbt haben. »Unsere Frauen verwenden sie zur Milderung von Menstruationsbeschwerden und bei Geburten. Diese andere Pflanze hier verarbeiten wir zu einem Anti-Schuppen-Shampoo. Wir nennen sie *puzco panga*, das Blatt, das Schaum macht.« Wir haben die Viehweiden am Rande der Schotterpiste hinter uns gelassen und befinden uns am Beginn der ersten längeren Wanderung durch den Primärwald. Die Schatten der Urwaldriesen machen die Mittagshitze erträglich, und immer wieder halten wir inne, um Santiagos Erklärungen über Flora und Fauna zu folgen. Riesige metallisch glänzende Schmetterlinge in leuchtendem Blau kreuzen unseren Weg.

Die Schatten der Urwaldriesen machen die Mittagshitze erträglich.

Auf dem Weg zu unserer ersten Unterkunft in Salazar Aitaca begleiten uns drei Quichuas, darunter der 24jährige Santiago, der seine Kindheit in Capirona verbrachte, dann aber in Tena aufwuchs. Er ist das beste Beispiel dafür, daß viele Tieflandindianer ein Arrangement mit der »weißen« Zivilisation suchen möchten, ohne dabei ihre eigenen Wurzeln zu verleugnen. Nach seinem Militärdienst und seinen Studien in Quito beschloß Santiago, im Ökotourismusprojekt seiner Heimatgemeinde mitzuarbeiten. Nebenbei gibt er Taek-won-do-Unterricht. »Es war schwierig, nach den vielen Jahren, die ich außerhalb Capironas verbracht habe, das Vertrauen der Leute zurückzugewinnen«, erzählt Santiago. »Vor allem den Alten mußte ich beweisen, daß ich mich für die Gemeinschaft einsetze, und nicht in erster Linie zu meinem eigenen Vorteil. Von ihnen habe ich viel über unsere Traditionen gelernt.«

Wie seine Altersgenossen aus den Dörfern ist Santiago zweisprachig und zieht am liebsten T-Shirts und Jeans an. Doch so locker er sonst wirkt – als wir an die heiligen Stätten der Quichuas kommen, sprechen Ehrfurcht und Überzeugung aus seinen Worten. »Wir müssen die Natur um Erlaubnis bitten, bevor wir uns der ›Kaskade des Blitzes‹ nähern.« Vor dem eindrucksvollen Wasserfall, dessen Fluten 30 Meter in die Tiefe stürzen, verneigt er sich und zerbröselt einige Ingwerknöllchen im Wind. Einige Stunden später erläutert er uns in einer abgelegenen Schlucht fachkundig die eingeritzten Figuren und Symbole an den Felsbrocken, die früher regelmäßig von den Schamanen aufgesucht wurden.

Die *cabañas* von Salazar Aitaca sind einfache, geräumige Unterkünfte mit einer Dusche und einer Toilette im westlichen Stil. Die Dorfbewohner haben sie vor wenigen Jahren nach dem Vorbild Capironas in Gemeinschaftsarbeit gebaut. Mittlerweile haben sich zehn Dörfer im Verein RICANCIE (Indianisches Netzwerk des Alto Napo für das interkulturelle Zusammenleben)[1] zusammengeschlossen, der von einem Büro in Tena aus die ökotouristischen Programme organisiert. Derzeit kommen über den Verein pro Jahr etwa 1.000 Gäste aus dem In- und Ausland in die Gemeinschaften. »Diese Zahl möchten wir verdreifachen«, so der Projektgründer Tarquino Tapuy, der ebenfalls aus Capirona stammt. »Als Hilfe von außen haben wir nur einige Kleinkredite zum Bau der Unterkünfte und Zuschüsse für Ausbildungsmaßnahmen akzeptiert, denn wir möchten unabhängig bleiben. Aus diesem Grund müssen sich interessierte Reisegruppen auch direkt an uns wenden.«

RICANCIE bietet sechs Basisrouten für vier- bis sechstägige Ausflüge mit Transport und Rundumverpflegung an, die auf Wunsch der Reisenden auch kombiniert werden können. Hauptbestandteil sind ausgedehnte Wanderungen durch den Urwald und das Kennenlernen der jeweiligen indianischen Gemeinschaften. Darüber hinaus hat jede Tour ihre eigenen Höhepunkte: Besuche eines ethnographischen Museums oder einer Tierforschungsstation, Kanufahrten und Vorführungen von Heilpraktiken. Der Durchschnittspreis beträgt pro Tag und Kopf 45 US-Dollar.

Auf der zweistündigen Wanderung nach Capirona erzählt uns Santiago, daß sich die Gemeinschaft vor sieben Jahren erfolgreich

> Es werden Wanderungen durch den Urwald und zu den indianischen Gemeinschaften angeboten.

---

1 RICANCIE, P.O. Box 243, Tena (Napo), Ecuador, Fax: +593 6 887 072, E-Mail: ricancie@interactive.net.ec

gegen den Versuch einer nordamerikanischen Firma gewehrt hat, eine Ölleitung durch das Dorfgebiet zu verlegen. Im Gegensatz zu andern indianischen Gruppen ließen sich die Einwohner Capironas nicht kaufen. Viel unmittelbarer ist die Bedrohung durch unkontrollierten Holzeinschlag: Zu Beginn des Pfades, noch bevor wir auf das Dorfgebiet kommen, sind die Schneisen unübersehbar, die die Holzfäller hinterlassen haben. Allmählich wird der Baumbestand dichter und höher. Nach zwei längeren Steigungen gelangen wir an den Puní, einen Nebenfluß des Napo, der wiederum in den Amazonas mündet. Am gegenüberliegenden Ufer legt César mit seinem langen Einbaum ab, um uns nach Capirona zu bringen – Santiago hatte ihn unterwegs per Funk verständigt.

Gleich hinter dem Ufer liegen die in einem Rechteck angeordneten *cabañas*, in der Mitte ist ein Volleyballnetz aufgespannt. Wer hier ein kompaktes Dorf erwartet hat, wird enttäuscht: Capirona ist eine Streusiedlung; die Häuser der rund 30 Familien liegen allesamt in der Nähe des Flußes. Nach einem vorzüglichen Mittagessen und der obligatorischen Siesta führt uns Santiago an den Gemeinschaftsgärten vorbei hin zu einem stattlichen Capironabaum, dessen rötliche Rinde besonders auffällig ist. »Der Capirona ist ungewöhnlich hart und widerstandsfähig«, erklärt er. »Deswegen haben wir unser Dorf nach ihm benannt.«

Santiago demonstriert uns den Gebrauch eines über zwei Meter langen Blasrohrs, dem vormals beliebtesten Jagdinstrument der Tiefland-Quichuas. Auch uns gelingt es nach einigen Versuchen, die feinen Pfeile in die zehn Meter entfernte »Zielscheibe«, eine Bananenblüte, zu versenken. Anschließend zeigt uns ein anderer Dorfbewohner, wie aus einer schilfähnlichen Pflanze Tragetaschen geflochten werden. Ein Volleyballspiel beschließt den Nachmittag.

Damit sich an der Betreuung der Reisenden möglichst viele Dorfbewohner beteiligen können, wurde ein Rotationssystem eingerichtet. Die Einkünfte gehen teilweise an die als Köchinnen, Führer oder Bootsleute tätigen Quichuas, ein weiterer Teil wandert in die Gemeinschaftskasse, und schließlich wird das RICANCIE-Büro in Tena davon finanziert. Für Capirona hat sich der Einstieg in den Tourismus gelohnt: Mit dem Geld wurde die Versorgung mit Trinkwasser und Gesundheitsdiensten verbessert.

Am letzten Morgen werden wir mit Césars Einbaum flußabwärts bis nach Campo Cocha gebracht, wo uns ein Lieferwagen aus Tena erwartet. An den Ufern sehen wir weitere Häuser der Quichuas liegen, hin und wieder paddeln Kinder in kleinen Booten an uns vorbei. Viel zu schnell ist unsere Urwaldtour zu Ende gegangen.

Ein Einzelfall ist die Initiative der Quichuas nicht mehr. Auch in anderen Ländern versucht man mit Erfolg, Naturschutz mit nachhaltigen wirtschaftlichen Aktivitäten für Indianer zu verbinden. An der Leitung des bolivianischen Biosphärenreservats Beni etwa sind die dort lebenden Tsimane aktiv beteiligt. Sie arbeiten seit einigen Jahren als Führer für die Touristengruppen, stellen Kunsthandwerk her und beleben traditionelle Anbautechniken sowie den Gebrauch medizinischer Pflanzen neu. In der artenreichen mexikanischen Chimalapas-Region setzt sich ein breites Bündnis von Nichtregierungsorganisationen (NGOs) für die Schaffung eines »indianischen Ökoreservats« ein, das ausschließlich von den dort lebenden 20.000 Indianern verwaltet werden soll. Vom ökologischen Landbau über Wiederaufforstung und Vermarktung von Urwaldprodukten bis hin zu präventiven Gesundheitsprogrammen reicht die Bandbreite der Aktivitäten in Chimalapas. So können die Indianer gleichzeitig den Holzgesellschaften, Drogenhändlern und Viehzüchtern, die sich in dieser Region tummeln, etwas entgegensetzen.

Indianerrechte – eine jahrhundertelange Debatte

Vor gut 500 Jahren, so wird geschätzt, lebten im heutigen Lateinamerika rund 80 Millionen Indianerinnen und Indianer, die heute im Spanischen *indígenas* und in Brasilien *indios* genannt werden. Mit der Ankunft von Christoph Kolumbus in der »Neuen Welt« 1492 begann der Völkermord. Während der Kontinent geplündert und seine Ureinwohner durch Mord, Totschlag und neue Krankheiten dezimiert wurden, gab es auf der Ebene des ideologischen Überbaus von Anfang an eine Auseinandersetzung über die Rechte der Einheimischen. Diese theologische und juristische Debatte fand jahrhundertelang ausschließlich innerhalb der kolonialen Eliten statt: Es wurde *über* die Indianer diskutiert, nicht aber *mit* ihnen. Das ist z.T. heute nicht anders, wenn etwa in Brasilien die staatliche Behörde FUNAI (Nationale Indianerstiftung) quasi als Vormund die Interessen der Indianer gegenüber der »weißen« Gesellschaft zu vertreten vorgibt. Deren Religion und Rechtssyste-

> Mit der Ankunft von Christoph Kolumbus begann der Völkermord.

me waren und sind den indianischen Kulturen fremd, umgekehrt interessierte es kaum jemanden, nach welchen Regeln die Indianer ihr Zusammenleben gestalteten. Der Anthropologe Pierre Clastres hat drei Hauptmerkmale traditioneller indianischer Gesellschaften hervorgehoben: Das Land war in Gemeinschaftsbesitz, ähnlich verhielt es sich mit dem Wissen, und die Macht wurde nicht delegiert – die Häuptlinge standen für Kultur, Erfahrung und Tradition, doch sie erteilten keine Befehle. Dies bedeutete für die einzelnen Mitglieder ein Ausmaß an persönlicher Freiheit, das für unsereinen schlicht unvorstellbar ist.

Als Lateinamerika im 19. Jahrhundert politisch von Spanien und Portugal unabhängig wurde, setzten die bürgerlichen Eliten des Kontinents alles daran, Nationalstaaten nach europäischem oder nordamerikanischem Vorbild aufzubauen. Indianer waren dabei ein Hindernis, das es zu assimilieren oder auszuschalten galt. Dabei war man nicht zimperlich, denn die christlich-abendländische »Zivilisation« war nach Meinung ihrer Ideologen berechtigt, der »Barbarei« der Ureinwohner auch mit militärischen Mitteln den Garaus zu machen. Der landwirtschaftlichen Expansion stand besonders das Kommunalland im Weg, das die Kolonialmächte den Indianern vielfach zugestanden hatten. Also schaffte man es kurzerhand ab. In den neuen Verfassungen wurde den Indianern kein Sonderstatus mehr eingeräumt. Was einst indianisches Gemeinschaftsland gewesen war, wurde fast vollständig privatisiert, der Großgrundbesitz weitete sich aus. Nach und nach wurden die indigenen Völker von den besten Ländereien verdrängt oder gar völlig ausgerottet, etwa in den argentinischen Pampas oder in Nordmexiko.

Zunächst war es gar nicht so einfach, den kulturellen Widerstand der Indianer zu brechen. Es klappte erst, als viele Länder Anfang des 20. Jahrhunderts die Erziehung indianischer Kinder der katholischen Kirche übertrugen und Missionsinternate einrichteten. Ähnlich wie in den USA wurden indianische Kinder aus ihrem Umfeld herausgerissen und jahrelang in Internate gesperrt, wo ihnen verboten wurde, ihre eigene Sprache zu sprechen. Die fatale Folge: Kulturelle, soziale und technische Fähigkeiten konnten nicht mehr zwischen den Generationen weitergegeben werden, die ökologisch angepaßte Lebensweise vieler Gemeinschaften wurde zerstört.

In den 60er Jahren führten Regierungen auf dem ganzen Sub-

Nach und nach wurden die indigenen Völker von den besten Ländereien verdrängt.

kontinent vorsichtige Agrarreformen durch. Sie waren der Kernpunkt der in Washington entworfenen »Allianz für den Fortschritt«, mit der revolutionäre Bestrebungen im Gefolge der kubanischen Revolution das Wasser abgegraben werden sollte. Doch auch bei diesen Reformen, die sich auf den westlichen Eigentumsbegriff stützten und die Produktion für den Markt zum Dreh- und Angelpunkt machten, wurden die Indianer als eigenständige Subjekte ignoriert. Ihre Probleme wurden sogar noch verschlimmert, denn die traditionelle indianische Landwirtschaft sieht die periodische Verlagerung der Anbauflächen vor, damit diese sich regenerieren können. Diese Flächen kamen ebensowenig zur Übertragung von Landtiteln in Frage wie das Land, das zum Jagen und Sammeln diente oder auf dem sich die Kultstätten befanden.

Lautstark und medienwirksam tragen heute in ganz Lateinamerika indigene Bewegungen ihre Forderungen vor. Diese Organisationen, die in den letzten 30 Jahren entstanden sind, sind sehr heterogen und funktionieren auf lokaler, regionaler oder nationaler Ebene. Manchmal haben sie sich sogar grenzüberschreitend miteinander vernetzt. Zusammen mit Bündnispartnern aus der Welt der Weißen – vor allem mit NGOs, aber auch mit fortschrittlichen Politikern – ist es ihnen gelungen, ihren Widerstand effektiver zu organisieren und Regierungen oder Firmen einige Zugeständnisse abzutrotzen.

Nach Jahrhunderten traumatischen Kulturkontaktes besteht die einzige Überlebenschance für die Indianer heute darin, Bündnispartner zu suchen – mit deren Unterstützung können sie versuchen, ihre Rechte auf nationaler und internationaler Ebene zu verankern. Noch wichtiger, aber auch weitaus schwieriger ist es jedoch, diese Rechte in der Alltagsrealität Lateinamerikas durchzusetzen.

Der Wiener Rechtswissenschaftler René Kuppe unterscheidet drei Kategorien von Rechten, die die Indianer Lateinamerikas heute anstreben: Ressourcenrechte, kulturelle Rechte und politische Rechte. Als Überlebensgrundlage müssen erst einmal die indianischen Territorien und die auf und unter ihnen liegenden Reichtümer gesichert werden. Doch bis heute behalten sich die Staaten die Nutzungsrechte dieser Ressourcen – Wasser, Flora und Fauna, Bodenschätze – vor. Bestenfalls auf dem Papier stehen umfassende Mitspracherechte für indigene Völker, wie sie etwa im Übereinkommen Nr. 169 der Internationalen Arbeitsorganisation (ILO)

Als Überlebensgrundlage müssen erst einmal die indianischen Territorien gesichert werden.

festgehalten sind, das 1991 in Kraft getreten ist und bereits von vielen lateinamerikanischen Staaten ratifiziert wurde. Es stellt das Recht der indigenen Bevölkerung in den Vordergrund, ihre eigenen Prioritäten für den Entwicklungsprozeß festzulegen und diese Entwicklung soweit wie möglich selbst zu kontrollieren.

Nicht minder überlebenswichtig sind das Gesundheits- und Erziehungswesen oder auch moderne Kommmunikationsmittel. So geht es darum, traditionelle Heilpraktiken zu erhalten und zu fördern. Zweisprachige ethnopädagogische Programme können verhindern, daß die Schulen durch eine bloße Assimilationspolitik die Kultur der indianischen Kinder zerstören. Funkstationen oder Videoproduktionen können zur Verteidigung von Land und Kultur eingesetzt werden.

Die indianischen Völker fordern nicht nur Selbstbestimmung, sondern wünschen sich letztlich eigene politische und juristische Strukturen. Doch den herrschenden weißen Eliten ist der Gedanke an solche »Staaten im Staat« ein Graus, obwohl dieses Konzept der multiethnischen Realität Lateinamerikas am ehesten entsprechen würde. Immerhin haben seit den 80er Jahren, wenn auch zaghaft und weitgehend abstrakt, einzelne dieser Indianerrechte Eingang in verschiedene Verfassungen gefunden: Der Staat soll die zweisprachige Alphabetisierung fördern (Panama 1983), die indianischen Gemeinschaften dürfen nach ihren Traditionen leben (Nicaragua 1987), sie haben unveräußerliche Rechte auf ihr Land (Brasilien 1988), schließlich wird die ethnische und kulturelle Diversität der Nationen festgeschrieben (Kolumbien 1991, Mexiko 1992, Peru 1993 und Bolivien 1994). Doch zur Konkretisierung und vor allem zur Umsetzung dieser Rechte ist es noch ein weiter Weg.

Heute leben etwa 34 Millionen Indianerinnen und Indianer in Lateinamerika – die meisten als arme Bauern in den Hochländern Mexikos, Guatemalas, Ecuadors, Perus und Boliviens. Traditionelle Stammesgemeinschaften umfassen insgesamt nur noch wenige hunderttausend Menschen – man findet sie vor allem in den tropischen Regenwäldern Panamas, Kolumbiens, Venezuelas, Brasiliens und Paraguays. Doch darf man das indianische Erbe nicht unterschätzen, denn es prägt die Mestizen, die in zahlreichen Ländern eine Mehrheit stellen. So unterschiedlich die Lebensumstände dieser Menschen heute sein mögen – die meisten von ihnen gehören zu den Verlierern des »Fortschritts« und damit zu den ärmsten Bevölkerungsschichten.

> Heute leben etwa 34 Millionen Indianerinnen und Indianer in Lateinamerika.

Skrupellose Geschäftemacherei der europäisch geprägten Führungsschichten ihrer Staaten waren seit jeher die größte Gefahr für die amerikanischen Ureinwohner. Es gibt unendlich viele Beispiele für die Ausbeutung und den – meistens vergeblichen – Widerstand der Indianer: die Jagd nach immer mehr Gold und Silber, das die Konquistadoren über Leichen gehen ließ, der Kautschukboom im Amazonasbecken vor 100 Jahren, die Großprojekte der Gegenwart. Trotz aller Lippenbekenntnisse zur »nachhaltigen Entwicklung« hat sich daran auch in jüngster Zeit wenig geändert, denn noch immer sind hohe Gewinne im Spiel. Auch in Zukunft sind Land, Leben und Kultur der Ureinwohner vielen Gefahren ausgesetzt: Es werden Erdöl oder Mineralien gefördert und Staudämme gebaut, Tropenholz wird geschlagen, Viehwirtschaft und Agroindustrie rücken vor, neue Verkehrswege zu Wasser und zu Lande zerstören die Landschaft. Die folgenden Beispiele aus Kolumbien sind repräsentativ für ganz Lateinamerika.

Kolumbien: Großprojekte contra Indianer

Im April 1999 beantragte ein ganzes Volk Asyl in der spanischen Botschaft in Bogotá: Die 2.500 Emberá-Katío aus Nordkolumbien können nicht mehr auf ihrem Land wohnen, große Teile ihrer Felder und Waldgebiete stehen wahrscheinlich für immer unter Wasser. Schuld daran ist vor allem der Staudamm Urrá I, der ein Jahr zuvor fertiggestellt wurde. Ohne daß die Indianer in die Planungen einbezogen oder überhaupt informiert worden wären – wie es sogar gesetzlich vorgeschrieben ist! –, ließ die kolumbianische Regierung das schwedische Konsortium Skanska den Bau durchführen. Die Turbinen wurden aus Rußland geliefert. Zwar ist das Kraftwerk mit einer Kapazität von 340 Megawatt relativ klein, ebenso die geplante Fläche des Stausees von 7.400 Hektar. Doch für die Ureinwohner des Gebiets ist der Staudamm eine Katastrophe: Neben den Emberá-Katío sind auch Zehntausende von Kleinbauern und -fischern im Sinútal bedroht, darunter auch die Zenú-Indianer, die in der Nähe des Flußdeltas leben.

Seit 1992 wird das seit Jahrzehnten geplante Wasserkraftwerk gegen den zähen Widerstand der Bevölkerung durchgesetzt. Einwände von Umweltschützern und die Grundrechte der indiani-

1999 beantragte ein ganzes Volk Asyl in der spanischen Botschaft in Bogotá.

schen Gemeinschaften wurden von den Regierungen einfach ignoriert. Diejenigen, die von dem Projekt profitieren, sind die Oligarchien vor Ort, deren Vertreter im Kongreß die erforderlichen Mehrheiten organisieren.

Das soziale und ökologische Gleichgewicht in der Region ist durch den Staudamm völlig aus den Fugen geraten. Schon Anfang 1996 wurde der Sinú umgeleitet, mit der Folge, daß nun die Fische ihre Laichplätze nicht mehr erreichen konnten. Seitdem ist der wichtigste Speisefisch, der Bocachico, so gut wie verschwunden. Hunderte von Fischern flußabwärts verloren ihre Lebensgrundlage und wanderten in die Großstädte ab. Der wichtigste Handelsweg der Emberá-Katío ist abgeschnitten. Dutzende von Familien wurden umgesiedelt – vor allem mestizische Siedler, aber auch einige Indianer. Gleichzeitig kamen durch die Baumaßnahmen viele Menschen aus anderen Landesteilen in das Gebiet – eine existentielle Bedrohung für die Kultur der Emberá-Katío. Verzweifelt organisierten sich die Gemeinschaften am Sinúdelta, das 300 Kilometer nördlich des Staudamms liegt, im Verein Asprocig und fordern staatliche Hilfsmaßnahmen.

Im Delta drohen fruchtbare Sumpfgebiete auszutrocknen und Mangroven zu versalzen. Unmittelbar südlich der Baustelle liegt der Paramilloregenwald, dessen Artenreichtum ebenfalls in Gefahr ist – besonders, wenn das Projekt eines Tages ausgeweitet werden sollte. Die Großgrundbesitzer stört das nicht im geringsten. Sie kaufen weiteres Land auf, das sie zur agroindustriellen Produktion und zur Viehzucht nutzen wollen. Ganz klar, daß sie sich bei jeder Gelegenheit lautstark für den Staudamm einsetzen.

Die Großgrundbesitzer stört das nicht im geringsten.

Wie bei den meisten sozialen Konflikten in Kolumbien mischen auch in diesem Fall bewaffnete Gruppen mit. Vor einigen Jahren protestierte die Guerrilla auf ihre Weise gegen das Projekt, indem sie zwei schwedische Ingenieure monatelang verschleppte. Heute ist die Region eine Hochburg rechter Paramilitärs. Immer wieder ermorden sie Wortführer der Emberá-Katío und bedrohen andere Staudammkritiker. Auf Geheiß ihrer mächtigen Finanziers verdrängen sie die Bauern- und Fischerfamilien am mittleren und unteren Sinú.

»Selbst volkswirtschaftlich ist Urrá völlig unsinnig«, meint die Kasseler Soziologin Clarita Müller-Plantenberg, die mehrere Studien zum Thema veröffentlicht hat und einen alternativen Bewirtschaftungsplan für das Sinútal befürwortet. Das Verfassungsgericht in Bogotá hat zwar umfangreiche Programme zur Schadensbegrenzung vorgeschrieben, doch die staatliche Betreiberfirma Urrá S.A. kam den Betroffenen nicht nennenswert entgegen.

Ähnlich trickreich ging der kolumbianische Staat mit den 5.000 U´wa-Indianern in Nordostkolumbien um. Eines Nachts zerrten bewaffnete Vermummte Berito Cobaría, den ehemaligen Gouverneur der U´was, aus dem Bett, drückten ihn zu Boden und verlangten seine Unterschrift unter eine Erklärung. »Sie sagten, wenn ich nicht unterschriebe, würden sie mich auf der Stelle umbringen. Ich erwiderte, dann sollten sie es tun, denn ich kann nichts ohne die Rückendeckung meines Volkes zusagen«, schildert Cobaría die unfreiwillige Begegnung aus dem Jahre 1997. Die Unbekannten hätten ihn geschlagen und danach in einen Fluß geworfen, wo er beinahe ertrunken wäre.

Seit 1992 möchte der US-Konzern Occidental Petroleum (Oxy) mit Probebohrungen am östlichen Abhang der Anden beginnen. Ein Drittel des über 2.000 Quadratkilometer großen Samoré-Gebietes wird jedoch seit Jahrhunderten von den U'was bewohnt. »Wir sind nicht zu verkaufen, zu vermieten oder zu verschenken«, bekräftigt Cobaría. »Dann können wir uns gleich vergiften. Das Öl ist das Blut der Erde, und ohne Blut kann man nicht leben.« Die U'was sind davon überzeugt, daß sich das Herz der Welt auf ihrem Territorium befindet. Ihre ressourcenschonende Art der Landwirtschaft bringt es mit sich, daß sie nach jeder Ernteperiode das Anbaugebiet wechseln – so können sich jeweils zwei Drittel ihres Landes regenerieren. Würde das Gebiet erschlossen, wäre das der Untergang ihrer Kultur: Im Gefolge der Ölfirma würden sie von Siedlern und bewaffneten Gruppen verdrängt.

Wieder einmal zeigte sich, daß die besten Gesetze in der Praxis oft wenig wert sind: 1995 setzte sich ausgerechnet das kolumbianische Umweltministerium über die Verfassung hinweg und erteilte Oxy die Genehmigung für Probebohrungen. Nach langem juristischen Hin und Her gaben 1997 die höchsten Gerichte den Weg frei. Doch die U´was gaben den Kampf nicht auf, sie wandten sich mit ihrem Anliegen an die Organisation Amerikanischer Staaten (OAS). Ihr Widerstand gegen den Ölmulti erregte internationales Aufsehen und wurde mehrfach ausgezeichnet. Um die U'was zu besänftigen, vergrößerte die Regierung im August 1999 ihr Reservat auf die dreifache Größe. Wenig später allerdings gab das Umweltministerium erneut grünes Licht für Probebohrungen unmittelbar

> Wieder einmal zeigte sich, daß die besten Gesetze in der Praxis oft wenig wert sind.

außerhalb des U'wa-Reservats. Wieder hatten sich die wirtschaftlichen Interessen der »weißen« Gesellschaft durchgesetzt.

Zu den herkömmlichen Formen der Ausbeutung indianischer Ländereien ist in den letzten Jahren ein neues Objekt der Begierde für Forscher und Firmen gekommen: die Artenvielfalt der indianischen Territorien. Mikroorganismen aus dem tropischen Urwald sind für die Pharma- und Ernährungsindustrie eine Fundgrube, aus der sich neue Produkte entwickeln lassen. »Biopiraterie« nennt man die Plünderung der genetischen Ressourcen aus Indianerland und des traditionellen Wissens, das die Indianer über Jahrhunderte im Umgang mit der Natur angesammelt haben. Wenn auf dieser Grundlage Produkte entwickelt und patentiert werden, können sich die herstellenden Firmen Milliardengewinne sichern. Zwar wird versucht, internationale Kontrollen gegen diese moderne Art der Freibeuterei einzuführen, doch die USA blocken solche Vorstöße ab. Die »Konvention über biologische Vielfalt«, ein erster Schritt in diese Richtung, haben sie nicht unterzeichnet.

Die nationalen Regierungen Lateinamerikas haben meist nicht die geringste Absicht, den mächtigen transnationalen Konzernen den Zugang zu den biologischen Reichtümern zu verwehren. Im Gegenteil, meist unterstützen die Politiker die Biopiraterie in den indianischen Territorien tatkräftig. Da ist es kein Wunder, daß die Indianer in der Regel den kürzeren ziehen. Sozusagen als »Trostpflaster«, z.T. auch als Entschädigung für die Nachteile, die sie durch Großprojekte erlitten haben, bekommen die Ureinwohner Unterstützung für unzählige Kleinvorhaben im Produktions-, Gesundheits- oder Kulturbereich. In- und ausländische NGOs, Privatinitiativen und selbst Regierungsinstanzen und multilaterale Geldgeber wie die Weltbank fördern solche Projekte. Ohne deren Wert im einzelnen schmälern zu wollen: Den indianischen Gemeinschaften – wie auch der lateinamerikanischen Bevölkerung insgesamt – wäre mehr gedient, würde der Raubbau an der Natur und damit an ihrem angestammten Lebensumfeld gestoppt.

Brasilien: Der Kampf ums Land

Für die Indianerinnen und Indianer ist das Land »Lebensraum« im eigentlichen Wortsinn. Es liefert nicht nur Nahrung, Baumaterial und Heilpflanzen, sondern ihre kulturelle Identität hängt daran. Dort befinden sich ihre Götter und ihre Toten. Sie betrachten es als lebendiges Wesen, und wenn es aufgeteilt oder entweiht wird, bedroht das ihre Existenz als Völker.

In Brasilien machen die rund 300.000 Indianer nur noch knapp 0,2 Prozent der Gesamtbevölkerung aus. Schien ihre vollständige Ausrottung noch in den 70er Jahren nur eine Frage der Zeit zu sein, so hat sich mittlerweile der demographische Trend gewendet. Eine fortschrittliche Verfassung aus dem Jahre 1988 garantiert ihnen die »originären Rechte auf die Territorien, die sie traditionell bewohnen«, wobei der Staat die Aufgabe hat, »sie zu demarkieren, zu schützen und darauf zu achten, daß all ihre Güter respektiert werden«. Diese Bestimmmung wird jedoch extrem schleppend umgesetzt. Im Jahr 1999 waren 70 Prozent des Indianerlandes immer noch nicht endgültig demarkiert, und in 85 Prozent der insgesamt 560 Gebiete hielten sich Siedler oder andere Eindringlinge auf. Zudem hat die Regierung eine Regelung nachgeschoben, nach der alle potentiellen Interessenten – etwa lokale Politiker, Großgrundbesitzer oder die Holzindustrie – Einspruch gegen die Demarkierungen einlegen können. Langwierige juristische und teilweise gewalttätige Auseinandersetzungen waren vorprogrammiert.

Die Lage der brasilianischen Indianer ist besonders dramatisch. Laut der staatlichen Indianerbehörde FUNAI, die größtenteils durch bürokratische Blockaden und Mittelkürzungen lahmgelegt wird, sind 60 Prozent von ihnen krank. Seit 1992 starb jeder zehnte Yanomami an Krankheiten wie Malaria; die Säuglingssterblichkeit bei Indianern liegt mit 20 Prozent fünfmal so hoch wie im Landesdurchschnitt. Bei den Guaraní-Kaiowá im Bundesstaat Mato Grosso do Sul, die auf einem Bruchteil ihres ursprünglichen Landes zusammengedrängt leben, kommt es regelmäßig zu Selbstmorden. Wie auch andere Völker leiden die Guaraní-Kaiowá darunter, daß man ihnen einen Großteil ihres Landes entzogen hat: Von dem 1995 demarkierten Gebiet Panambizinho beispielsweise, das offiziell 1.240 Hektar umfaßt, werden den dort lebenden 240 Indianern gerade 60 Hektar zugestanden. Die Regierung weigert sich beharrlich, die Bauern umzusiedeln, die das restliche Territorium besetzt

> Die Lage der brasilianischen Indianer ist besonders dramatisch.

halten. Im Parlament sind die proindianischen Kräfte deutlich in der Minderheit. Der katholische Indianermissionsrat (Cimi) spricht angesichts dieses katastrophalen Panoramas von einer »Politik mit dem deutlichen Ziel, die indigenen Völker Brasiliens auszurotten«.

Bei solchen Rahmenbedingungen verwundert es nicht, daß selbst spektakuläre Vorhaben wie das größtenteils von den sieben großen Industrieländern finanzierte »Pilotprogramm zum Schutz der Tropenwälder Brasiliens« (PPG-7) nur langsam vorankommen. Mißtrauisch beäugten mächtige brasilianische Politiker von Anfang an das Teilprojekt »Schutz indigener Völker und ihres Landes in der Amazonasregion«, dessen Finanzierung zu 80 Prozent aus bundesdeutschen Haushaltsmitteln bestritten wird. 127 Territorien sollen demarkiert werden, um den dort lebenden indianischen Völkern das »ökonomische und kulturelle Überleben zu ermöglichen«, wie es in einer Selbstdarstellung heißt. Die langwierige Arbeit wird meist in Zusammenarbeit mit NGOs wie dem Sozioökologischen Institut (ISA) aus São Paulo durchgeführt. Im Indianerpark Xingú und Gebieten an den Flüssen Apapóris, Negro und Téa in Nordwestamazonien stellen seine Experten ständig aktualisierte Karten über die Lage in den Randgebieten zur Verfügung, begleiten die Indianer bei Überwachungsexpeditionen und helfen ihnen, Schneisen anzulegen, in denen Grenzschilder installiert werden.

Auf ganz andere Art versucht das Projekt »Radio Amazonia«, das von der NGO Friends of the Earth gefördert wird, die Grenzgebiete der indianischen Territorien zu sichern. Es setzt auf Kommunikation: Mit Hilfe von Radiosendern können sich Indianer untereinander verständigen, um ihre Verteidigung gegen Landspekulanten, Holzfäller, Viehzüchter und Drogenhändler zu organisieren. »Wir sind sehr froh über die Sendeanlagen, denn die Regierung hat uns im Stich gelassen, und lokale Politiker haben uns sogar bedroht«, sagt ein Indianervertreter aus dem Javarí-Tal an der Grenze zu Peru. Einmal war »Radio Amazonia« sogar Verbündeter beim Kampf gegen tödliche Krankheiten. Westlich von Manaus, wo die Tikuna wohnen, konnte dank schneller Informationen über dort installierte Sender eine Choleraepidemie gestoppt werden. Dutzenden von Menschen wurde das Leben gerettet.

> Mit Hilfe von Radiosendern können sich Indianer untereinander verständigen.

Zurück zur Tradition

Wenn man von Tarauacá, einem Dorf im brasilianischen Amazonasgebiet, sieben Tage mit dem Boot zum Jordão-Fluß fährt, gelangt man zu einem knapp 900 Quadratkilometer großen Gebiet, in dem rund 1.200 Kaxinawá-Indianer leben. Sie beteiligen sich seit einigen Jahren am Projekt »Lebendige Apotheken«, das die NGO Comissão Pro-Indio do Acre (Kommission für die Indianer in Acre) im gleichnamigen Bundesstaat durchführt: Nicht durch den Neubau von Krankenhäusern oder durch den Import westlicher Medizin soll sich die Gesundheitsversorgung der Indianer verbessern, sondern indem wieder medizinisch wertvolle Pflanzen angebaut werden und man traditionelles heilkundliches Wissen reaktiviert.

Mitte 1997 reiste ein interdisziplinäres Team erstmals ins Jordão-Territorium, um wichtige Informationen zu sammeln und für das Projekt zu werben. In zahlreichen Interviews berichteten die Kaxinawá über die bei ihnen grassierenden Krankheiten, die hohe Säuglingssterblichkeit und traditionelle Heilmethoden. Unter der Anweisung zweier einheimischer Herbalisten wurden vier Typen von Heilpflanzen gesammelt. Die Zeit drängt, denn unter den Kaxinawá gibt es nur noch wenige solcher Kräuterexperten, alle vorgerückten Alters. Ihr Wissen muß rechtzeitig bewahrt werden, deshalb ist die Inventarisierung der medizinischen Nutzpflanzen eine der dringlichsten Aufgaben des Projekts.

Auf Dorfversammlungen wurden den Kaxinawá das Grundkonzept der »Lebendigen Apotheken« vorgestellt: Herbalisten, Gesundheitsarbeiter und einige Mütter, die noch über das tradierte Erfahrungswissen verfügen, leiten die Arbeit mit einheimischen Waldkräutern und in speziellen Gärten angebauten Heilpflanzen für die Behandlung von Atemwegs- und Verdauungskrankheiten. Zwölf Kilometer von der Landeshauptstadt Rio Branco entfernt, in einem Bildungszentrum der Indianer, ist ein Garten entstanden, der vor allem der Schulung von Multiplikatoren und der Erstellung von Lehrmaterial dient. 26 Pflanzenarten werden hier angebaut; auch einen 800 Meter langen Lehrpfad mit 93 verschiedenen Pflanzen sowie ein »didaktisches Herbarium« gibt es. In vier Kaxinawá-Territorien, unter anderem in Jordão, werden weitere »Lebendige Apotheken« angelegt.

Ohne die Hilfe der Kaxinawá hätte das Projekt keine Chance:

> Den Kaxinawá wurde das Grundkonzept der »Lebendigen Apotheken« vorgestellt.

Geduldig geben die Alten Auskunft über die traditionelle Medizin. Indianer arbeiten an den Lehrmaterialien mit, legen die Pflanzengärten an und achten auf die richtige Anwendung der Kräuter. Dieser Ansatz, bei dem die Betroffenen einen aktiven Part übernehmen, könnte auch anderen Bereichen des brasilianischen Gesundheitswesens neue Impulse verleihen – so die Hoffnung der Initiatoren.

Otavalo in Nordecuador ist für seine Samstagsmärkte bekannt, auf denen neben Obst, Gemüse und Fleisch eine breite Palette an kunsthandwerklichen Gegenständen feilgeboten wird. Nur zehn Minuten von den Ständen der Händlerinnen und Händler entfernt liegt das indianische Gesundheitszentrum Jambi-Huasi. Dort werden jährlich über 8.000 Patienten betreut – mit einer Kombination unterschiedlicher Diagnose- und Heilmethoden. Während ein studierter Kinderarzt in seiner Praxis ein junges Paar vom Lande mit seinem Kleinkind empfängt, wird ein Stockwerk tiefer eine Diagnose ganz eigener Art durchgeführt: Minutenlang wedelt der Heiler ein weißes Meerschweinchen um einen achtjährigen Jungen herum. Anschließend wird das Tier getötet, aufgeschnitten und untersucht. Nun können die Bauchschmerzen des Jungen mit ausgewählten Heilkräutern behandelt werden.

> **Minutenlang wedelt der Heiler ein weißes Meerschweinchen um einen Jungen herum.**

Die beiden Szenen sind typisch für den Alltag im Jambi-Huasi: Zwar hat man sich hier auf die traditionelle Medizin rückbesonnen, aber sie soll westliche Medizin nur ergänzen, nicht ersetzen. Vorbeugung gehört zu den wichtigsten Aufgaben des Gesundheitszentrums, das von der Indianer- und Bauernvereinigung der Provinz Imbabura getragen wird. Zehn Gemeinschaften in der näheren Umgebung bekommen regelmäßig Besuch von Gesundheitsarbeitern, die Kinder impfen, Sexualaufklärung betreiben, einfache Untersuchungen durchführen und Basismedikamente verkaufen. Im Jambi-Huasi finden darüber hinaus regelmäßig Workshops für Geburtshelferinnen, traditionelle Heiler und Gesundheitsarbeiter statt.

Nicht nur in der Medizin, auch im Bereich Bildung finden in ganz Lateinamerika Versuche statt, indianische Kulturen zu fördern. Im peruanischen Amazonasgebiet etwa wurden unter Regie der NGO Aidesep Aus- und Fortbildungsprogramme in Spanisch und der jeweiligen indianischen Muttersprache für Hunderte von Lehrern gestartet, darunter Indianerinnen aus zwölf Siedlungen. Was früher unerhört gewesen wäre, ist heute Wirklichkeit: Der an

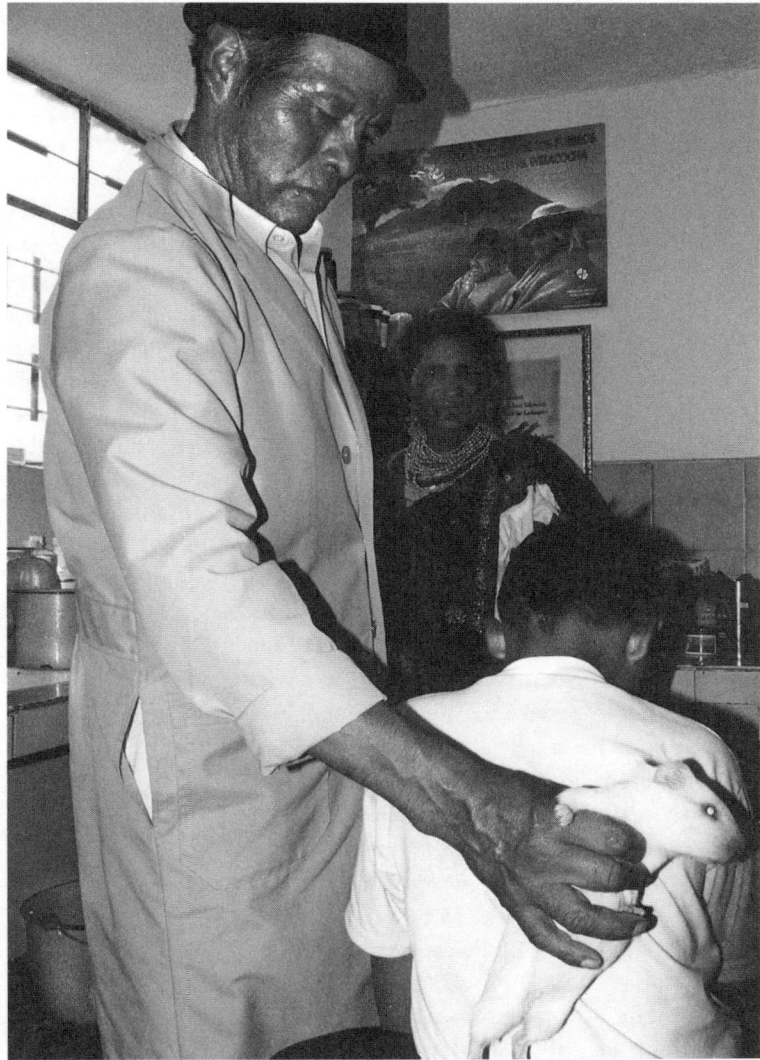

Die für westliche Begriffe etwas eigenartigen Behandlungsmethoden gehören im indianischen Gesundheitszentrum »Jambi-Huasi« zum Alltag.
Photo: Gerhard Dilger

den örtlichen Schulen neu eingeführte zweisprachige Lehrplan umfaßt sowohl indianische als auch »westliche« Inhalte. Im Gegensatz zu früher sind im Unterricht nun auch Umweltfragen ein wichtiges Thema. Eines der Ziele des Projekts ist zudem, daß Indianer und Neuankömmlinge aus anderen Landesteilen Perus sich besser verstehen lernen. Ähnliche Vorhaben gibt es in Brasilien und Venezuela.

Um den drohenden Identitätsverlust abzuwehren, starteten die 9.400 Yanomami-Indianer in Nordbrasilien ein bisher einzigartiges Bildungsprojekt: Hunderte von Schülern aus 16 Gemeinschaften werden in ihrer eigenen Sprache alphabetisiert. Später gehen im Mathematik-, Geographie- und Geschichtsunterricht traditionelles und westliches Wissen eine Synthese ein. Fragen der Gesundheit und des Umweltschutzes stehen im Zentrum der Ausbildung. Die Unterrichtsmaterialien werden unter tatkräftiger Mithilfe der Yanomami entwickelt, und einheimische Lehrer sollen so bald wie möglich die auswärtigen Experten ersetzen.

Im benachbarten Venezuela fördert die NGO Sociedad de Apoyo al Indígena (Gesellschaft zur Unterstützung des Indianers) seit 1992 die Herstellung von Lehrbüchern in den Sprachen der Pemon, Kari'ina und Wayuu. So will man den Balanceakt schaffen, den Indianern den Zugang zur modernen Gesellschaft zu erleichern, ohne daß dies auf Kosten ihrer eigenen Kultur geschieht. Ein indianischer Lehrer, der selbst an dem Projekt beteiligt ist, ist voll des Lobes für die neue Alphabetisierungsmethode: »Die Erfahrungen mit diesen Büchern waren phantastisch und haben in der ganzen Gemeinschaft Aufsehen erregt. Kinder lesen die Texte mit ihren Eltern und Freunden. Was vielleicht am wichtigsten war: Erwachsene wollten lesen lernen, um die Bücher zu verstehen, die in ihrer eigenen Sprache geschrieben sind.«

Das guatemaltekische Projekt »Cholsamaj« will die Erfolgsgeschichte fortsetzen und konzentriert sich ebenfalls auf die Produktion von didaktischer Literatur in Indianersprachen. Eher als Kulturinstitut fungiert dagegen das Haus der Schriftsteller indigener Sprache in Mexiko-Stadt. Es besteht aus Forschungszentrum, Verlag, Buchladen und Bibliothek. Stadtbewohner, die ihre indianischen Wurzeln wiederentdecken wollen, können hier Sprachkurse belegen. Die Studiengänge der multiethnischen Universität der autonomen Regionen an der nicaraguanischen Karibikküste wiederum umfassen indianisches Recht, Soziologie, Betriebswirtschaft und Agroforst- sowie Meereswissenschaften. Die Hochschule wurde 1995 in den drei Städten Bluefields, Puerto Cabezas und Siuna gegründet; heute sind bereits über 2.000 Studenten eingeschrieben. Über die Hälfte des Lehrpersonals besteht aus Indianern.

> Über die Hälfte des Lehrpersonals besteht aus Indianern.

Das alles sind Zeichen der Hoffnung für die Ureinwohner des Kontinents. In den nächsten Jahren geht es allerdings vor allem darum, die positiven Ansätze auf den nationalen und internationalen Politikebenen auszubauen. Gefordert sind dabei nicht nur die Menschen in Lateinamerika, sondern auch staatliche, zwischenstaatliche und nichtstaatliche Institutionen aus den Ländern des Nordens, deren Einfluß auf die Lebensumstände der lateinamerikanischen Indianer nach wie vor beträchtlich sind.

Weiterführende Literatur

Bundesministerium für wirtschaftliche Zusammenarbeit und Entwicklung: *Konzept zur Entwicklungszusammenarbeit mit indianischen Bevölkerungsgruppen in Lateinamerika*, Bonn, November 1996
Gesamthochschule Kassel/ELNI (Hg.): *Wirtschaftliche, soziale und kulturelle Rechte indigener Völker. Prävention gegenüber sozialen und ökologischen Schäden der Ressourcenausbeutung*, Kassel 1996
Kuppe, René: »Indianerrechte vom Minderheitenschutz zum rechtlichen Pluralismus«, in: *¡ATENCIÓN! Jahrbuch des Österreichischen Lateinamerika-Instituts 1* (1997), S. 121-136

Informationen im Internet

Gesellschaft für bedrohte Völker: *http://www.gfbv.de*
Survival International: *http://www.survival.org.uk*
Links lateinamerikanischer Organisationen:
http://lanic.utexas.edu/la/region/indigenous

Das tödliche Vermächtnis des Krieges
Minenräumung in Mosambik

Chris Pearce

Ende des 15. Jahrhunderts betrat ein bärtiger, streng wirkender portugisischer Kapitän, seinen unverwechselbaren eckigen Hut auf dem Kopf, die Ostküste Zentralafrikas: Vasco da Gama. Für ihn war es nur ein Zwischenstop auf seiner ersten großen Reise nach Indien, aber für das Land, das er betrat und das später einmal Mosambik getauft werden würde, war es der Beginn von Kolonisierung und 470 Jahre portugiesischem Einfluß. Erst im Jahre 1964 machten sich die Bewohner Mosambiks endgültig daran, die Fremdherrschaft abzuschütteln: Aus ihren Stützpunkten sickerten die ersten Freiheitskämpfer über die Südgrenze Tansanias in Mosambik ein.

16 Jahre Bürgerkrieg

Das war der Beginn eines Befreiungskrieges, der erst mit der Entlassung des Landes in die Unabhängigkeit ein Ende finden sollte. Zuerst fanden nur kleine Scharmützel statt, doch der Krieg weitete sich aus, als die Guerilleros auf dem Marsch nach (der heutigen Hauptstadt) Maputo immer weiter nach Süden vordrangen. Portugal konterte mit einer halben Million Soldaten. Ab Mitte der 60er Jahre verwendeten beide Seiten Landminen: Die Portugiesen setzten sie ein, um wichtige Einrichtungen zu schützen und die Guerilleros am Vordringen zu hindern, die Guerilla verminte Straßen, um damit die Mobilität der portugiesischen Streitkräfte einzuschränken. Damit bescherten beide Seiten dem Land ein tödliches Erbe, das die Minenräumtrupps noch heute in Atem hält.

Am 25. Juni 1975 wurde Mosambik von Portugal unabhängig. Doch die Euphorie über den Sieg im Freiheitskampf sollte nicht lange währen. Nach einem kurzen, unruhigen Waffenstillstand mit

> Beide Seiten bescherten dem Land ein tödliches Erbe.

dem benachbarten Rhodesien entschied sich die neue Regierung, die ZANU (African National Union) in ihrem Befreiungskampf um das heutige Simbabwe zu unterstützen. Streitkräfte der ZANU setzten die Ostflanke des rhodesischen Militärs von Mosambik her unter Druck. Die Folgen waren verheerend: Rhodesische Militäreinheiten verlegten große Sperrminenfelder entlang der Grenze, verminten sämtliche Zufahrtswege, zerstörten wichtige Brücken in Mosambik und griffen dort Stützpunkte der Guerilla an. Um die Regierung noch mehr unter Druck zu setzen, rekrutierte Rhodesien Unzufriedene in Mosambik und bot ihnen Unterstützung an, um eine Widerstandsbewegung – die RENAMO – ins Leben zu rufen. Damit gab es in Mosambik eine regierungsfeindliche Guerillabewegung, die für das Regime in Maputo eine Bedrohung darstellte: Der Bürgerkrieg hatte begonnen. Er wurde zum bittersten und destruktivsten der drei Konflikte, die Mosambik durchstehen mußte, und sollte bis zur Unterzeichnung des Friedensabkommens im Oktober 1992 anhalten.

16 Jahre lang tobte der Krieg, und es wurden mehr Minen vergraben denn je zuvor. Die Regierung versuchte die Rebellen von der Bevölkerung fernzuhalten – um die Menschen vor Angriffen zu schützen und weil sich die Guerilleros ohne Zugang zu den Dörfern nicht versorgen und keine neuen Mitglieder anwerben konnten. Zu diesem Zweck richtete die Regierung zahlreiche Wehrdörfer, sogenannte *Aldeamentos*, ein und verlegte um die Bevölkerungszentren dieser Dörfer herum Minenfelder. Strategische Gebiete und Infrastrukturen wurden ebenfalls mit einem dichten Teppich der explosiven Bodenfallen umgeben. Die RENAMO verlegte ihrerseits Minen, um den regierungstreuen Truppen den Zugang zu ganzen Landflächen zu versperren und um die eigenen Stützpunkte unzugänglich zu machen. Die Landmine war zu einer alltäglichen Waffe geworden und wurde wahllos eingesetzt.

Die Landmine war zu einer alltäglichen Waffe geworden und wurde wahllos eingesetzt.

Das Chaos des Krieges nahm seinen Lauf: Manchmal wurde ein Ort innerhalb von kurzer Zeit von der einen Seite überrannt, dann von der anderen Seite zurückgewonnen und von der ersten Seite erneut eingenommen. Das eine Resultat waren Massen von Minen und Blindgängern im Boden: Raketen, Artilleriemunition, Handgranaten, in einigen Gegenden sogar Panzermunition lagen über die Landschaft verstreut. Ein zweites Resultat waren Tausende von Flüchtlingen, die sich schutzsuchend in die Nachbarländer absetzten, und Tausende von Vertriebenen, sogenannte *Dislocados,* die in die Dörfer und Städte drängten, um dort Schutz zu suchen. So stand Mosambik, ein mit Bodenschätzen und reichem landwirtschaftlichem Potential ausgestattetes Land, zu guter Letzt als Armenhaus der Welt da – ein Land, das mit den Trümmern des Krieges übersät war, wo auf den Unvorsichtigen überall der Tod lauerte.

Nach dem Friedensabkommen breitete sich eine gespannte Ruhe über dem Land aus. Durch den Krieg erschöpft und verarmt begann Mosambik mit dem langwierigen Prozeß des Wiederaufbaus. Überall in Mosambik wurden UN-Friedenstruppen stationiert, Hilfsorganisationen strömten herbei. Doch nun wurde das ganze Ausmaß des durch Minen und Blindgänger verursachten Problems sichtbar: Große Teile des Landes waren unzugänglich, die Helfer scheiterten bei dem Versuch, den Menschen dringend benötigte Lebensmittel, medizinische Hilfe und Trinkwasser zu bringen. Die Dislocados und Flüchtlinge, die versuchten, in ihre angestammten Dörfer zurückzukehren, verloren dabei nicht selten ihr Leben.

> **Die Minenräumung lief zunächst recht planlos an.**

Da die Zeit drängte, lief die Minenräumung zunächst recht planlos an. In einigen Gebieten machten UN-Friedenstruppen Straßen behelfsmäßig wieder befahrbar, doch fehlten ihnen die Zeit und die Mittel, ein systematisches Programm zu starten. Es war eine entmutigende Zeit für die Minenräumer, und ihr größtes Problem war der Informationsmangel: Niemand hatte schriftlich aufgezeichnet, wo die Minen vergraben worden waren. In den Flüchtlingslagern, bei den Hilfsorganisationen, den Vereinten Nationen und der Bevölkerung des Landes machte sich Frustration breit.

Frust bei den Helfern

Das war die Situation, in der unser Projekt »Integrierte humanitäre Minenräumung« seinen Anfang nahm – ein Projekt, dessen Hauptakteure die Gesellschaft für Technische Zusammenarbeit (GTZ) und die in Simbabwe beheimatete Minenräumungsfirma Mine-Tech sind. Die GTZ war schon seit 1984 im sogenannten Beira-Korridor, der Simbabwe mit der mosambikanischen Hafenstadt Beira verbindet, aktiv gewesen. In diesen Korridor flüchteten sich die Menschen der schwer getroffenen Provinz Manica, da ihnen die Armee von Simbabwe hier Schutz gewährte. Außerhalb des Korridorgebiets war die Situation kritisch: Die meisten Wasserversorgungs-

und Gesundheitseinrichtungen waren entweder beschädigt oder zerstört, der traditionelle Ackerbau und die Viehhaltung waren zusammengebrochen, das Bildungswesen ein einziges Chaos. Hilfe war dringend nötig. Ende 1993 wurde Ulrich Weyl von der GTZ, der schon in Simbabwe Erfahrungen im Wiederaufbau nach einem bewaffneten Konflikt gesammelt hatte, damit beauftragt, Voruntersuchungen für eine Minenräumung im Gorangosa-Distrikt in der Sofala-Provinz durchzuführen. Um irgend etwas unternehmen zu können, mußte er erst einmal wissen, wie viele Explosivstoffe in diesem Distrikt noch im Boden lagerten. Er bat Mine-Tech, das herauszufinden.

Colonel Lionel van Dyck, Operations Director der Mine-Tech, machte sich gemeinsam mit einem Minenräumungstechniker, der die örtliche Sprache beherrschte, auf den gefährlichen Weg. Drei Wochen lang fuhren sie durch den Distrikt, stießen in abgelegene Gebiete vor und sprachen mit den Bewohnern, um sich ein Bild von der Situation zu verschaffen. Zweimal trafen sie auf bewaffnete Banden von abtrünnigen RENAMO-Kämpfern; einmal wurden sie sogar bei vorgehaltenem AK-47-Sturmgewehr befragt, was sie in der Gegend zu suchen hätten. Durch seinen Humor konnte van Dyck sich und den Techniker aus der Affäre ziehen, er brachte die Rebellen zum Lachen und rettete damit wahrscheinlich beiden das Leben. Nachdem die Situation sich entspannt hatte, waren die Männer fasziniert davon, daß zwei Menschen offensichtlich unbesorgt im Kerngebiet der Rebellen lagerten, in das sich bislang nur Brigaden der Armee getraut hatten. Als van Dyck aus dem Busch zurückkam, hatte er viele wertvolle Informationen gesammelt und unter Beweis gestellt, daß man am besten an Informationen über Minen herankommt, wenn man mit der ortskundigen Bevölkerung redet. Diese Erfahrung sollte sich später als von großem Wert erweisen.

Ungeduldig warteten währenddessen die Flüchtlinge in benachbarten Ländern darauf, endlich wieder nach Hause kommen zu können. Die UNO startete ein großes Programm, um 180.000 Flüchtlinge in die Manica-Provinz zurückzubringen, und die GTZ wurde beauftragt, die verwüsteten Gebiete für die Rückkehr vorzubereiten: Straßen und Schulen mußten gebaut, neue Brunnen gebohrt werden. In Teilen der Provinz gelang dies auch, doch im Süden blockierten schwer verminte Straßen den Zugang. Man beschloß, eine neue, parallel verlaufende Straße zu bauen, denn

> Straßen und Schulen mußten gebaut, neue Brunnen gebohrt werden.

das würde, so meinte man, viel billiger werden und weniger Zeit in Anspruch nehmen als die Minenräumung der vorhandenen Straße – nur ein Hinweis darauf, wie aufwendig es ist, die Hinterlassenschaften eines Krieges zu beseitigen. Doch um diesen Plan umsetzen zu können, mußten zunächst einmal die ersten zehn Kilometer der alten Straße von Minen befreit werden. Diese Strecke verlief durch eine dicht bewachsene, hüglige Landschaft und folgte der einzig möglichen Trassenführung.

Ein Armeetrupp wurde mit dieser Aufgabe betraut, aber leise Zweifel meldeten sich an: Hatten die Soldaten überhaupt den Sachverstand, um eine solche Aufgabe zu bewältigen? Lionel van Dyck von Mine-Tech wurde vor Ort geschickt, um dort nach dem Rechten zu sehen. Ihm sträubten sich buchstäblich die Haare. Das erste, was er sah, war, daß zivile Arbeitskräfte den Minenräumern vorarbeiteten und Gras mähten – es war ein Wunder, daß noch niemand von ihnen getötet worden war! Hinter den Schnittern »pikten« die Minenräumer in den Boden, um Minen ausfindig zu machen. Und auch die machten alles falsch: Mit ihren 1,5 Meter langen Stöcken stachen sie vertikal in den Boden, so daß sie sich selbst in die Luft gesprengt hätten, wenn sie auf eine Mine gestoßen wären. Von den wenigen Minendetektoren vor Ort war kein einziger mit Batterien versehen, und der Sprengkasten, den die Minenräumer mit sich führten, enthielt sowohl Sprengkörper als auch Zündkapseln, hätte also jeden Moment hochgehen können. Hier war jede Sicherheitsvorschrift unbefangen in den Wind geschlagen worden. Lionel van Dyck wies den Trupp an, die Arbeiten sofort einzustellen, und setzte sich mit Ulrich Weyl zusammen. Sie mußten einen neuen Plan aushecken, und das schnell – die Flüchtlinge warteten mit wachsender Ungeduld. Eine unweit beheimatete Minenräumfirma wurde alarmiert und rückte mit schwerem Gerät an. Da der Metallgehalt des Bodens ohnehin hoch sei, würde man sechs Monate brauchen, um die zehn Kilometer lange Strecke zu räumen, erklärten die Firmenmanager. Nun stand die GTZ plötzlich vor dem nächsten Problem: Es war schon spät im März, und die Flüchtlinge mußten vor Beginn der Regenzeit Ende Oktober zurückgeführt und wieder angesiedelt werden, sofern die Rückkehrertrecks auf den Straßen nicht im Schlamm stecken bleiben sollten. Mine-Tech sprang ein und räumte die erste Strecke der Straße. Innerhalb eines Monats waren die Arbeiten abgeschlossen und die ersten Bulldozer dabei, den neuen Paß durch die Hügel auszubaggern.

> Es war ein Wunder, daß noch niemand getötet worden war.

Nachdem sich GTZ und Mine-Tech bei diesem Projekt kennen- und schätzengelernt hatten, arbeiteten die Organisationen über die nächsten sechs Monate eng zusammen. Das Programm kam gut voran: Bevor Flüchtlinge wieder angesiedelt wurden, untersuchte Mine-Tech die Zielgebiete auf Minen und Blindgänger, außerdem wurden die Bewohner der betroffenen Gemeinden darüber aufgeklärt, wie man Minen erkennt und vermeidet. Zugleich aber wurde in dem Maße, in dem die Operation immer weiter in die Provinz vorrückte, auch deutlicher, wie gefährlich die Reste des Krieges im Boden wirklich waren. Regierungstreue Truppen hatten um die Dörfer herum ein riesiges Arsenal von Antipersonenminen vergraben, hauptsächlich aus den Ostblockstaaten und China. Das Spektrum der Mordinstrumente reichte von im Boden vergrabenen Sprengminen bis hin zu oberirdischen Splitterminen, die über einen Stolperdraht zur Explosion gebracht werden. Doch am schlimmsten waren die Springminen: Sie ragen aus der Erde heraus und werden ebenfalls über einen Stolperdraht ausgelöst. Wenn ein Mensch oder ein Tier diesen Draht berührt, wird die Mine durch einen kleinen Sprengsatz etwa einen Meter hoch geschleudert. In dieser Höhe explodiert sie dann, und mit den Splittern, die sie dabei freisetzt, kann sie Menschen im Umkreis von einigen 100 Metern töten. Besonders heimtückisch sind auch die modernen Plastikminen mit ihrem geringen Metallgehalt, die man mit Detektoren kaum ausfindig machen kann. Fast jede halbwegs große Siedlung war vermint worden, immer wieder forderten die tödlichen Hinterlassenschaften wahllos Opfer. Position und Größe von Minenfeldern galten als Militärgeheimnisse, und die Menschen vor Ort trauten sich aus Angst vor staatlichen Repressalien nicht, darüber zu reden, obwohl sie doch selber diesen Minen zum Opfer fielen.

Durch »vergessene Minenfelder« wird der ländlichen Bevölkerung Ackerland entzogen, auf das sie für ihren Lebensunterhalt angewiesen ist. Ein Problem war auch, daß die Aldeamentos, also die damals verminten Wehrdörfer, als Übergangsstation für zurückkehrende Flüchtlinge dienten, weil sich hier meist eine kleine Krankenstation befand und die Wasserversorgung ausreichend war. Aber während die Einwohner dieser Dörfer, die den Krieg an Ort und Stelle überlebt hatten, aufgrund bitterer Erfahrungen wußten, welche Gegenden man meiden sollte, verfügten die Heimkehrer über dieses Wissen nicht. Das Resultat: Während der Wiederansiedlungen stieg die Anzahl der Minenopfer dramatisch an.

> Besonders heimtückisch sind auch die modernen Plastikminen.

Wir alle lernten in diesen frühen Tagen. Es wurden Fehler gemacht, und manchmal stießen wir auch an die Grenzen der Technik. Das langsame Tempo der Minenräumungsarbeiten ließ uns schier verzweifeln. Außerdem steckten so viele Minen und Blindgänger im Boden, daß uns angesichts unserer beschränkten Mittel die Aufgabe manchmal hoffnungslos vorkam. Vor allen Dingen mußten wir unbedingt herausbekommen, wo die Minen lagen. Die Menschen, die uns das eventuell hätten verraten können, waren aus der Gegend geflohen und nicht zurückgekehrt, vielleicht im Krieg umgekommen. Ein Netz aus potentiell tödlichen Unwägbarkeiten umgab die Minenräumtrupps. Und was das schlimmste war: Offenbar wollte kein Offizieller das Problem der Dorfminenfelder erkennen. Für die Regierung waren die Prioritäten klar, sie wollte vor allem die nationale Infrastruktur wiederherstellen, Straßen reparieren und neu bauen. 1994 und 1995 blieben diese offenen Fragen unbeantwortet, doch es mußte etwas geschehen. Zwar konnten wir das Tempo der Minenräumungsarbeiten langsam steigern, aber weiterhin starben viele Menschen an den Folgen von Unfällen mit Minen und Blindgängern. Hier nur einige wenige traurige Fälle, von denen wir erfuhren:

> **Offenbar wollte kein Offizieller das Problem der Dorfminenfelder erkennen.**

- Eine Frau, die Brennholz sammelte, fand eine Mörsergranate neben einem Baum. Aus Vorsicht ließ die Frau sie liegen, doch als sie ein paar Tage später, mit ihrem Säugling auf dem Rücken, in derselben Gegend wieder Brennholz sammelte, war ihre Neugier zu groß. Die Frau hob die Granate auf und muß sie gegen den Baum geschlagen haben, um festzustellen, ob wirklich etwas in dem Metallkasten enthalten war. Dorfbewohner fanden die schlimm zugerichteten Leichen von Mutter und Kind.
- Zwei Kinder entdeckten auf freiem Feld eine Handgranate. Sie hielten sie für so etwas wie eine Blechdose mit Lebensmitteln, hoben sie auf und untersuchten sie. Ihnen war klar, daß man den Sicherungsring am oberen Ende entfernen mußte, um die Dose zu öffnen. Der ältere der beiden Jungen zog am Ring und entfernte dadurch den Sicherungsstift. Es gab einen kleinen Knall. Er ließ die Granate fallen, und die beiden liefen weg – gerade noch rechtzeitig, um der Explosion zu entgegen. Die Jungen trugen nur leichte Splitterwunden davon.
- Ein Jugendlicher, der die sechs Rinder seines Vaters hütete, hörte eine laute Explosion und sah eine der Kühe umfallen. Es gab

eine zweite Detonation. Verängstigt irrten die Rinder herum, ein weiteres ging zu Boden. Unüberlegt rannte der Junge auf die Kühe zu und trat ebenfalls auf einen der Sprengkörper. Er verlor das rechte Bein.

Ein neues Konzept rettet Leben

Als das Rückführungsprojekt der UN-Flüchtlingsorganisation auslief, traf sich Ulrich Weyl von der GTZ mit den Leuten der Mine-Tech, um Erfahrungen auszutauschen. Zwar war das Projekt erfolgreich verlaufen, aber mehr denn je beschäftigte uns die große Frage, wie wir denn in Zukunft am schnellsten und präzisesten die versteckten Minenfelder ausfindig machen könnten. Offensichtlich mußten wir die Dorfbewohner stärker einbeziehen. Ein Anfang war mit den Minenaufklärungskursen schon gemacht. Während seine Kollegen draußen mit dem Räumen der Minen beschäftigt waren, demonstrierte einer der Mitarbeiter mit lebensgroßen Holzmodellen von häufig anzutreffenden Minen und Munition, von welchen Gegenständen die Gefahren eigentlich ausgingen, und fragte, ob diese Dinger in der Gegend gesehen worden waren. Solche Schulungen machten es den betroffenen Menschen wenigstens möglich, sich an den Minenräumaktivitäten direkt zu beteiligen,

Offensichtlich mußten wir die Dorfbewohner stärker einbeziehen.

In der täglichen Einsatzbesprechung legen wir fest, welche Bereiche an diesem Tag geräumt werden sollen.
Photo: Mine-Tech

und erwiesen sich als gute Basis für die Kommunikation zwischen ihnen und den Minenräumungsmannschaften. Da die Teams jedem Bericht nachgingen und alle gefundenen Sprengkörper zerstörten, gewannen die Minenräumer bei der örtlichen Bevölkerung an Glaubwürdigkeit. Auch wenn sich einige Berichte als grundlos herausstellten (einmal beispielsweise legte eine Mannschaft zwölf Kilometer zurück, um vor Ort eine Angelrute gezeigt zu bekommen, hinter der Dorfbewohner eine Rakete vermutet hatten!), kamen viele konkrete Informationen ans Tageslicht.

Bei jeder Einsatzbesprechung sowie bei den laufenden Diskussionen kamen wir stets zu demselben Schluß: Wir brauchten einen integrierten Ansatz für die Minenräumung. Integrierte Aktivitäten bedeuteten Partnerschaft – eine Partnerschaft zwischen der Entwicklungsorganisation, der Minenräumorganisation und den Leuten vor Ort. Bei der traditionellen Minenräumung waren die Bewohner der Region wenig mehr als passive Zuschauer, doch gerade sie halten mit ihren Informationen über Minenfelder in ihrer Gegend den Schlüssel zu erfolgreichen Minenräumungen in der Hand.

> **Wir brauchten einen integrierten Ansatz für die Minenräumung.**

Heute scheinen diese Gedanken ganz logisch und selbstverständlich, aber damals war unser Ansatz radikal neu. Minenräumungsaktivitäten liegen damals wie heute vorwiegend in der Hand von Technokraten, in der Regel ehemaligen Militärs. Nur allzu oft werden schwere Maschinen und hochgezüchtete Technik aufgeboten, wird der menschliche Faktor aber völlig übersehen. Dabei sind die Menschen, die die betroffene Gegend die ganze Zeit über bewohnt haben, die verläßlichste Informationsquelle. Natürlich kann es vorkommen, daß sich mit der Zeit ihr Gedächtnis verzerrt oder daß sie sich nur ungenau erinnern, aber diese Informationen bleiben trotzdem das beste, was man hat.

Bis Ende 1995 hatten Ulrich Weyl sowie die Partner von der Mine-Tech, Lionel van Dyck, Maureen Saunders und ich, das integrierte Konzept fertig, das wir IHDD (»Integrated Humanitarian Demining«) tauften. Es besteht aus zwei Phasen:

- In *Phase 1* wird technisch untersucht, ob überhaupt Minenfelder vorhanden sind. Dann wird mit den Dorfbewohnern eine Aufklärungsschulung durchgeführt, die uns gleichzeitig Informationen über die Gefährdung der Gemeinde und der umliegenden Gebiete liefert. Wenn über einzelne Minen berichtet wird, spüren wir sie auf und entsorgen sie. Mit allen Mitteln der Diplomatie bauen wir Verbindungen zu den Distriktbehörden und dem Dorfchef, zu den Lehrern und Polizisten des Ortes auf. Gleichzeitig fangen wir an, Informationen über die Lage von Minen im gesamten Gebiet zu sammeln – Alteingesessene und ehemalige Soldaten wissen da meist am besten Bescheid. Wir lassen die Dorfbewohner Leute vorschlagen, denen sie vertrauen, und bilden sie dann als Schulungsleiter für die Minenaufklärung aus. In dieser Phase leisten wir auch die medizinische Notversorgung der lokalen Bevölkerung und leiten die Rehabilitierung von Minenopfern in die Wege. Einmal, durch den reinsten Zufall, hat ein Sanitäter einer Frau das Leben gerettet, die gerade in dem Moment auf eine Mine getreten war, als die Mannschaft im Dorf ankam.

- In der *Phase 2* findet die eigentliche Minenräumung statt. Wir vereinbaren regelmäßig Treffen mit lokalen Behörden, um sie über die Fortschritte auf dem laufenden zu halten. Oft beschäftigen wir wichtige lokale Informanten sowie örtlich rekrutierte »Buschschneider«. Regelmäßig wird die Qualität unserer Arbeit kontrolliert, und sobald die Aufgabe abgeschlossen ist, findet eine offizielle Endabnahme statt. Das alles ist neu – vor dieser Zeit konnte, jedenfalls in Mosambik, von einer unabhängigen Qualitätsüberwachung kaum die Rede sein.

> **Regelmäßig wird die Qualität unserer Arbeit kontrolliert.**

Nun waren wir bereit, das alles in die Praxis umzusetzen. Unsere gemeinsamen Erfahrungen aus den vergangenen zwei Jahren hatten uns davon überzeugt, daß wir das Konzept nur noch testen und ausfeilen mußten. Wir wußten, wohin der Weg gehen sollte; wir wußten auch, wie wir dahin gelangen wollten. Jetzt blieb noch die Aufgabe, unsere Ideen und Fähigkeiten der Öffentlichkeit plausibel zu machen.

Save bekommt eine zweite Chance

Die GTZ stellte sich hinter das Konzept und ernannte Fritz Mamier, einen hochrangigen Mitarbeiter aus der Zentrale in Eschborn, zu unserem Verbindungsmann. Fritz Mamier war, was die Entwicklung in der Dritten Welt anbetrifft, ein »alter Kämpe« und konnte Erfahrung in Afghanistan vorweisen. Ulrich Weyl übernahm die Projektleitung des neuen IHDD-Teams, Lionel van Dyck war unser Operationsberater. Es gelang der GTZ, die nötigen Mittel für ein Pilotprojekt in der Manica-Provinz zu besorgen, dann konnte es losgehen.

Zunächst mußten wir uns mit unserem Partner vor Ort, der Regierung der Manica-Provinz, in Verbindung setzen. Zum Glück sah der damalige Gouverneur auf Anhieb ein, wie wichtig es war, auch das Hinterland der Provinz möglichst schnell von Minen und Blindgängern zu befreien. Er richtete ein eigenes Minenräumungsbüro ein, was sich sowohl für die Provinz als auch für das IHDD-Team als entscheidender Schritt vorwärts erweisen sollte. Gemeinsam wählten wir ein Dorf für das Pilotprojekt aus: Save, das auch unter dem Namen Chidoko bekannt ist und im Süden des Machaze-Distrikts liegt – genauer: am nördlichen Ufer des großen sandigen Flusses, der denselben Namen trägt.

Bis Mitte 1996 wohnten etwas über 25.000 Menschen im Dorf und seinen Siedlungen. In den Kriegsjahren war Save ein klassisches Aldeamento, allerdings mit einer wesentlich kleineren Bevölkerung, da viele Menschen aus der Gegend geflüchtet waren. Mit einem Brunnen, einer Schule, einer Klinik und sogar einem Flugplatz und einem Gefängnis war das Dorf recht gut ausgestattet. Doch ein tödlicher Ring zog sich um den Ort: **Fünf große Minenfelder umgaben Save**, und in den späteren Phasen des Kriegs war es von der übrigen Provinz abgeschnitten. Alle Straßen, die hinein führten, waren vermint. Nach dem Krieg erklärte man Save, da es ein wichtiges Bevölkerungszentrum mit Grundeinrichtungen war, zum Prioritätsziel für Nothilfemaßnahmen. Die Wasserversorgung wurde saniert, und man baute die Klinik wieder auf. Es war ein naheliegender Gedanke, zurückkehrende Flüchtlinge hier anzusiedeln, bloß die Minenfelder sprachen dagegen. Die für die Planung der Neuansiedlung Zuständigen waren über diese Minenfelder nicht informiert, so daß sich immer mehr Menschen ihre Hütten außerhalb des Dorfkerns, außerhalb des Gürtels aus Minenfeldern, bauten. Die Folgen ließen nicht lange auf sich warten: Drei Menschen – darunter zwei Kinder – und einige Stück Vieh wurden getötet. Kein Wunder, daß die Verwaltung von Save stark daran interessiert war, daß dieses gefährliche Vermächtnis des Krieges möglichst schnell entfernt wurde.

Wir fanden die Minenfelder ohne große Mühe. Drei befanden

sich am nördlichen Dorfrand und versperrten die Wege zum Flugplatz, wo das Militär stationiert war. Ein viertes Minenfeld versperrte die Straße in die Distrikthauptstadt und das fünfte die Straße in eine andere Siedlung. Unter den tödlichen Waffen, die wir unter dem Sand fanden, waren Anti-Personen-Minen sowie einige Anti-Gruppen-Minen, vor allem die berüchtigte POM-II-Splittermine. Als den Militärs während des Krieges die Minen ausgingen, improvisierten sie und verwendeten über einen Stolperdraht zur Explosion zu bringende Handgranaten – auch von diesen Dingern waren zahlreiche Blindgänger im Busch liegengeblieben. Selbst die eine oder andere Mörsergranate und Artillerierakete bis zum Kaliber 122 mm lag hier im Boden. Auf Anhieb, fast ohne zu suchen, fanden wir fünf Minen und 26 Stück Munition, die wir unschädlich machten. Fast 2.000 Personen besuchten Minenaufklärungsschulungen. Besonders die vielen Schulkinder, die teilnahmen, waren von der neuen Erfahrung begeistert.

Nach der ersten Untersuchung wurden zwei Minenräumungsmannschaften unter der Führung eines erfahrenen Mine-Tech-Teamleiters nach Save entsandt. Dort vereinbarten sie für den folgenden Tag eine »Eröffnungszeremonie«. In Mosambik sind solche Zeremonien wichtige Ereignisse: Die Bevölkerung versammelte sich und erfuhr, daß eine Minenräumungsoperation stattfinden sollte, wer daran beteiligt war, wie das alles funktionierte, welche Areale wegen der Arbeiten zu meiden waren usw. Daß ein Regierungsvertreter dabei war, verlieh der Operation sozusagen ein amtliches Gütesiegel. Häuptling Chidoko, der älteste Stammesführer aus der Gegend, führte ein Ritual durch, das darin bestand, Schnupftabak für die Geister auszustreuen, um damit der Operation deren Wohlwollen zu sichern. Ein Kirchenmann aus dem Ort gab auch seinen christlichen Segen. Danach konnte aus Sicht der Dorfbewohner eigentlich nicht mehr viel schief gehen. Innerhalb von 24 Stunden waren die Arbeiten in vollem Gang.

> Häuptling Chidoko führte ein Ritual durch und streute Schnupftabak für die Geister aus.

Die Mannschaften fingen damit an, daß sie sichere Hauptwege anlegten, von denen aus sie dann weitere Wege in die Minenfelder vortreiben konnten. Wir definierten 50 x 50 Meter große Quadrate, die anschließend Zentimeter um Zentimeter mit Hilfe von Minendetektoren geräumt wurden, wobei man auch in den Boden stechen mußte, um zu überprüfen, ob dort wirklich eine Mine saß. Es war sehr heiß und trocken, der Wind fegte kleine Staubwirbel über den ausgedörrten Boden. So anstrengend die Arbeit war, es war gut

Minenräumen ist eine Geduldsprobe – das Gelände wird in Abschnitte unterteilt und Zentimeter für Zentimeter mit dem Metalldetektor untersucht.
Photo: Mine-Tech

Auch zu kleinen Gesten waren wir immer bereit, um uns den guten Willen der Dorfbewohner zu erhalten.

zu sehen, daß wir im Dorf akzeptiert wurden. Es war sehr nützlich, daß alle Minenräumer den örtlichen Dialekt sprachen und ein gutes Gespür für die lokale Kultur hatten. Auch zu kleinen Gesten waren wir immer bereit, um uns den guten Willen der Dorfbewohner zu erhalten: Als z.B. in der trockensten Zeit der für die Brunnenpumpe benötigte Dieselkraftstoff knapp wurde, stellte das Räumungsteam Sprit zur Verfügung.

Wieder einmal zeigte sich, wie wichtig die Aufklärungsschulungen waren. Am 28. Oktober 1996 begann das Team mit der Arbeit im Sektor B, dem Minenfeld nördlich des Flugplatzes von Save. Die Arbeiten gingen in einem Bereich vor sich, der bei der Untersuchung als vermint bestimmt worden war; indes wurden nur wenig Minen gefunden, was uns rätselhaft vorkam. Nach einer Minenaufklärungsschulung sagte uns eine Teilnehmerin, daß uns ihr Mann Alberto Motobike, der an der Verminung beteiligt gewesen war, weiterhelfen könnte. Er arbeitete in Tete, einem sehr weit nördlich gelegenen Ort in einer anderen, benachbarten Provinz. Frau Motobike bot an, nach Tete zu fahren – eine Busreise von drei Tagen –, um ihren Mann zu finden. Eine Woche später war sie mit ihm zusammen wieder da. Er erwies sich als wichtiger Informant, der uns den eigentlichen Verlauf des Minenfelds zeigen konnte. Es befand sich etwa 150 Meter nördlich der Stelle, wo wir geräumt hatten. Durch diese Information sparten wir viel Zeit und Geld.

Minenräumarbeiten sind immer noch fast ausschließlich Handarbeit, aber wir entschieden uns schließlich, eine gepanzerte Planierraupe zu kaufen und damit neue Wege in die Satellitensiedlungen zu bahnen. Dies war für das IHDD-Team ein erster Versuch mit leichten Hilfsmaschinen. Die »Bestie«, wie wir die Maschine liebevoll nannten, war für die Aufgabe nicht das ideale Gerät, da sie nicht eigens zu diesem Zweck gebaut worden war, aber sie beschleunigte die Arbeit doch ganz wesentlich.

Im Dezember hatten wir es schließlich geschafft. Die Bilanz unserer Arbeit: Es waren 100 unterirdische Anti-Personen-Minen, vier oberirdische Anti-Gruppen-Minen, 73 mit einem Stolperdraht versehene und als AG-Minen eingesetzte Handgranaten sowie 57 Stück Munition ausfindig gemacht und vernichtet worden. Der Bevölkerung wurden 15,54 Hektar minenfreies Land übergeben. Aber eigentlich war die Fläche des zurückgewonnenen Landes noch weit größer, da die Menschen aus Unsicherheit große Areale gemieden hatten.

Der Bevölkerung wurden mehr als 15 Hektar minenfreies Land übergeben.

Guten Mutes nahmen wir unser zweites Pilotprojekt in Angriff, diesmal in der Sofala-Provinz rings um die Kleinstadt Inhaminga. Diesmal bildeten wir zusätzlich lokale Freiwillige aus, die nach dem Abschluß des Projekts weiterhin Schulungen durchführen konnten. Das war ein neuer Ansatz, der später, als wir das Projekt in eine umfassende Strategie zur Minenräumung im ländlichen Raum ausbauten, eine weitreichende Wirkung haben sollte. 26 Männer hatten sich freiwillig gemeldet, vier von ihnen wählten wir aus. Aber warum hatten sich keine Frauen bereiterklärt? Konnte das mit der Tatsache zusammenhängen, daß Frauen in der afrikanischen Gesellschaft häufig nur eine sekundäre Rolle spielen dürfen? Hier war Abhilfe nötig. Die Erfahrung hatte gezeigt, daß die Frauen häufig über wertvolle Informationen über Minen und Munition verfügten, da sie einen großen Teil der landwirtschaftlichen Arbeit in der Gemeinschaft verrichten und von daher auch eine stark gefährdete Gruppe darstellen. Es gelang uns schließlich, vier weibliche Freiwillige zu bekommen, von denen allerdings nur eine lesen und schreiben konnte. Alle Frauen bewältigten ihre Aufgabe mit Erfolg und waren eifrig bei der Sache.

Wir waren zuerst ein bißchen skeptisch, ob die Schulung Erfolg haben würde, denn der Ausbilder der Mine-Tech, Paul Billie, war ein ehemaliger Soldat, der zum Unterricht eine recht militaristische Herangehensweise mitbrachte. Doch es stellte sich heraus, daß Paul genau der richtige Mann für die Aufgabe war. Ein Jahr zuvor hatte er durch eine Mine das rechte Bein verloren und hatte sich mit Herz und Seele seiner neuen Aufgabe als Ausbilder verschrieben. Er eröffnete seine Schulungsveranstaltungen gerne mit der Bemerkung: »Schaut nur mich an! Ich bin der lebende Beweis für die Gefährlichkeit von Minen, und ich will verhindern, daß auch ihr ihnen zum Opfer fallt!« Das wirkte immer, danach waren seine Zuhörer ganz Ohr.

Das erste Projekt

Das erste bedeutende Projekt, das unser Team in Angriff nahm, lief 1997 an und wurde von der deutschen Bundesregierung finanziert. Wir hatten vor, in vier der neun Distrikte der Manica-Provinz mithilfe unseres integrierten Ansatzes Minen zu räumen. Der zuständige Regierungsvertreter, Señior Saul, dem vorher gerade mal ein leerer Büroraum zur Verfügung gestanden hatte, regierte nun über ein mit Computer und Fax voll ausgerüstetes Operationszentrum. Damit konnte er eine Datenbank mit Informationen über alle Minenfundstellen anlegen und die Räumungsarbeiten in der gesamten Provinz wirkungsvoll koordinieren. Endlich konnte er auch seinen uralten Landrover in den Ruhestand schicken und auf ein Dienstfahrzeug umsteigen.

In einem kleinen Dorf namens Moha im Sussendenga-Distrikt fand das Untersuchungsteam ein nur wenige Meter von einem Schulspielplatz entfernt liegendes Minenfeld. Es war ein Wunder, daß noch keine Kinder getötet worden waren. Da die Lage so ernst war, beschloß das Team, ausnahmsweise sofort mit der Minenräumung zu beginnen. In einem etwa 0,5 Hektar großen Bereich fand und beseitigte man sechs Anti-Gruppen-Minen, von denen eine genügt hätte, mehrere Kinder zu töten.

Bis Anfang 1998 hatten wir die Phase 1 abgeschlossen, bis April war auch die Phase 2 zu Ende und waren die Minen entfernt – 56 Stück hatten wir diesmal gefunden. Doch bei den Schulungen stießen wir auf unerwartete Schwierigkeiten. Unser Ziel war es, in jedem Dorf, in dem wir Minenräumungsarbeiten durchführten, zwei Freiwillige auszubilden. In den meisten Orten fanden wir problemlos Menschen, die bereit waren, sich freiwillig zu melden, aber in einigen Dörfern verlangten die Menschen Bezahlung. Wir hat-

In einigen Dörfern verlangten die Menschen Bezahlung.

ten schon längst beschlossen, daß wir unter keinen Umständen für Informationen über Minen und Blindgänger bezahlen wollten, wie manche anderen Organisationen das taten. Das hätte sonst zu einem gefährlichen »Kuhhandel« geführt: Wenn Menschen damit rechnen können, für Informationen eine Bezahlung zu bekommen, dann halten sie den Mund, wenn es einfach nur darum geht, die Informationen des Wohls der Gemeinschaft wegen weiterzugeben. Wer immer von uns Geld wollte, für den hatten wir eine einfache, eindeutige Antwort. Wenn es hieß: »Was gibst du mir, wenn ich dir sage, wo die Minen liegen?«, dann antworteten wir: »Wir geben dir das Leben deiner Frau, deiner Kinder, deines Viehs.« Das wurde ohne Ausnahme akzeptiert, und damit war für uns das Problem aus der Welt.

Mit Hilfe von EU-Mitteln konnten wir das Projekt um ein weiteres Jahr verlängern. Wir hoffen, zusätzliche Geldmittel mobilisieren zu können, um auch in Zukunft die Arbeit fortsetzen zu können. Das ist beim besten Willen keine leichte Aufgabe, doch mit dem IHDD-Konzept haben wir eine solide Strategie zur Minenräumung im ländlichen Raum vorgestellt und sind zuversichtlich, daß auch andere Förderer daran interessiert sein werden, auf den bisher erreichten Erfolgen aufzubauen. Wenn das Projekt abgeschlossen ist, werden wir über 20 ländlichen Gemeinden die Rückkehr zu einer normalen Lebensweise ermöglicht haben. In einigen dieser Orte schafft man wieder Vieh an, was ein gutes Zeichen ist, da das Vieh hier das einzige reale, greifbare Vermögen darstellt. In vielen anderen Dörfern konnte die Landwirtschaft ausgebaut werden, da man nun wieder über sichere Ackerflächen verfügt und dank der Minenräumung von Straßen und Wegen in der Lage ist, das nötige Saatgut zu bekommen und die landwirtschaftlichen Produkte auf den Markt zu bringen.

> Wenn das Projekt abgeschlossen ist, werden wir über 20 ländlichen Gemeinden die Rückkehr zu einer normalen Lebensweise ermöglicht haben.

Auf der Suche nach dem »heiligen Gral« der Minenräumung

Es war Lionel van Dyck, der als erster vier schlichte Grundsätze oder Leitlinien für die Minenräumung konzipierte: Sicherheit, Effizienz, Schnelligkeit und Kostengunst. Auf den ersten Blick scheinen sich die Prinzipien zu widersprechen: Wie soll man z.B. das

Ziel Sicherheit erreichen, wenn man gleichzeitig auf Schnelligkeit aus ist? Leidet nicht die Effizienz darunter, daß man gleichzeitig versucht, die Schnelligkeit zu erhöhen oder die Kosten zu senken?

Manuelle Minenräumung ist und bleibt die Grundlage aller Räumungsarbeiten – ein zeitraubender, ermüdender Prozeß, der äußerste Sorgfalt verlangt. In einem schwierigen Gelände, dessen Boden einen hohen Metallgehalt aufweist und wo daher keine Metalldetektoren eingesetzt werden können, muß man mit einem Bajonett oder einer Metallspitze im Boden »stochern«, während man per Hand die Erde vor sich aufgräbt. Unter solchen Umständen können sechs Minenräumer, die sich laufend abwechseln, in einem Achtstundentag lediglich eine Fläche von etwa 180 m² von Minen befreien. Das entspricht der Grundfläche einer großen Wohnung. Unter diesen Bedingungen kann man nur dadurch die Schnelligkeit erhöhen, daß man mehrere Mannschaften einsetzt, was wiederum die Kosten erhöht. Die Kosten pro Quadratmeter für solche Arbeiten sind folglich extrem hoch.

Wenn die Bodenbeschaffenheit den Einsatz von Minensuchgerät, sprich: Metalldetektoren, erlaubt, läßt sich das Tempo der Arbeit erheblich beschleunigen. Bei günstigen Geländebedingungen und leichtem Vegetationsbewuchs können sechs Minenräumer unter einem Teamleiter und mit der Unterstützung eines Sanitäters bis 800 m² pro Tag bewältigen. Das klingt viel, aber es sind gerade mal 28 x 28 Meter. Natürlich sind auch Minendetektoren keine Wunderwaffe gegen die tödlichen Fallen im Boden. Bei bestimmten Bodenbedingungen funktionieren sie nicht richtig, und selbst unter optimalen Bedingungen ist es fast unmöglich, eine moderne Plastikmine mit ihrem geringen Metallgehalt aufzuspüren, die tiefer als 15 Zentimeter unter der Erde liegt. Auch Minensuchhunde sind bei der Arbeit nützlich, mit ihnen kann man immerhin 3.000 m² (etwa 55 x 55 Meter) pro Tag erzielen. Doch muß man in diesem Fall das Gelände für die Hunde präparieren und erst einmal per Hand minenfreie Wege schaffen.

Wenn man per Hand räumt oder Hunde einsetzt, ist das größte Problem, mit dem man konfrontiert ist, die Beschaffenheit des Geländes – nicht die Minen. Bei dichtem Bewuchs verlangsamt sich das Arbeitstempo dramatisch. Wenn man das Gelände vorbereitet, verbringt man mehr als die Hälfte der Zeit damit, die Vegetation wegzuräumen – eine extrem teure Gartenarbeit! Doch man kommt nicht darum herum, erst einmal Büsche, Unterholz und

Bei dichtem Bewuchs verlangsamt sich das Arbeitstempo dramatisch.

hohes Gras zu beseitigen, denn sonst können die Mannschaften nicht effektiv und schnell arbeiten. Das bringt auch ein Plus für die Sicherheit, da gleichzeitig stolperdrahtaktivierte Minen beseitigt werden, der Alptraum des Minenräumers. Zur Zeit setzt man mechanisches Minenräumungsgerät hauptsächlich deshalb ein, weil man damit die Vegetation besser entfernen kann – sozusagen in einem Aufwasch präpariert es den Boden, entfernt Stolperdrähte und vernichtet viele Minen. Doch ungeachtet der von einigen Maschinenbauern lautstark vorgetragenen Erfolgsmeldungen kann man mit solchem Gerät keineswegs alle Minen vernichten bzw. zur Explosion bringen. Unsere Lösung ist es, manuelle Arbeit, Hunde und mechanisches Gerät zu kombinieren – der beste Weg, um die Grundsätze Sicherheit, Effizienz, Schnelligkeit und geringe Kosten zu realisieren. Mit dieser Methode hat Mine-Tech in Bosnien und später in Mosambik unter sehr schwierigen Geländebedingungen 4.000 m² am Tag räumen können.

Die Suche nach dem »heiligen Gral« der Minenräumung, die ultimative Lösung, die zur Erreichung der Prinzipien führen würde, ist zur rastlosen Suche geworden – eine Suche, auf die sich leider auch viele Menschen gemacht haben, die von den realen Bedingungen, unter denen die Minenräumung stattfindet, keine Ahnung haben. Man staunt über die verrückten Ideen, die Leute vorschlagen, die noch nie in einem Minenfeld gestanden haben. Aber auch Experten haben schon mit seltsamen Lösungen aufgewartet. So hat man enorme Mengen an Arbeit und Geld in die Konstruktion und den Bau von fahrbaren, bis zu 120 Tonnen schweren Ungetümen investiert. Diese sind so schwer zu manövrieren und verbrauchen so viel Brennstoff, daß der Aufwand ihrer Logistik allein ausreichen würde, eine kleine Minenräumungsoperation monatelang zu finanzieren, und zweifellos mit demselben Erfolg. Solche Ungetüme sind so groß und schwer, daß sie kaum in ländliche Gebiete gebracht werden können, wo man mit ihnen über schlecht gepflasterte, enge Straßen und Brücken fahren müßte, die für wesentlich kleinere Fahrzeuge ausgelegt sind. Es mag sein, daß es für solches Großgerät in massiven Sperrminenfeldern einen Platz gibt. Sie eignen sich jedoch schlecht für den Einsatz im ländlichen Raum. Ungeachtet der Behauptungen mancher Hersteller gibt es schlicht kein mechanisches Räumgerät, das Minen zu 100 Prozent räumen kann. Unter optimalen Bedingungen läßt sich mit einem solchen Gerät eine Quote von höchstens 80 Prozent erreichen.

> Man staunt über die verrückten Ideen, die Leute ohne Minenerfahrung vorschlagen.

> Im Moment experimentieren wir mit Radartechnik, die den Boden durchleuchtet.

Für das IHDD-Konzept haben wir alle Verfahren ausprobiert: Wir fingen mit reinen manuellen Techniken an, da uns nichts anderes zur Verfügung stand. 1997, nachdem die Mine-Tech in Bosnien und Mosambik erfolgreich Hunde eingesetzt hatte, haben wir diese Methode übernommen. Jetzt, im Jahr 1999, wollen wir die von der Mine-Tech entwickelte leichte mechanische Hilfsmaschine, den sogenannten Agribush Flail, zum Einsatz bringen. Im Moment experimentieren wir mit Radartechnik, die den Boden durchleuchtet. Die Entwicklung geht weiter, und wir suchen uns für jeden besonderen Fall gezielt die richtigen Instrumente zusammen.

Aber machen wir uns nichts vor: Minenräumung ist immer viel zu langsam. Wir mußten wohl oder übel einsehen, daß die betroffenen Menschen selbst lernen müssen, die Gefährdung einzudämmen und mit ihr vernünftig umzugehen. Einige betroffene Gemeinden werden lange, womöglich für immer, mit dem Problem leben müssen. Also setzen wir noch stärker auf Selbsthilfeprogramme: Gerade haben wir ein solches Projekt, das wir CMAD (Community Mine Awareness for Development) nennen, abgeschlossen und sind mit dem Erfolg sehr zufrieden.

Gesucht wird eine globale Strategie

Jetzt, kurz nach Beginn des neuen Jahrtausends, sollten wir uns einen Moment Zeit nehmen und über das Problem der Minen nachdenken – nicht nur in Mosambik, sondern auch in allen anderen betroffenen Ländern. Diese Explosivfallen stellen weltweit eine massive Gefährdung dar – nicht nur für das menschliche Leben, sondern auch für die Entwicklung. Gelegentlich hört man den Spruch: »Eine Mine entspricht einem ganzen Minenfeld.« Da ist was dran, denn es bedarf nur eines Minenunfalls oder auch bloß der Überzeugung, daß irgendwo eine Mine liegt, um in den Köpfen der Menschen ganze Minenfelder entstehen zu lassen und damit große, potentiell produktive Landflächen der Nutzung zu entziehen.

Die meisten von dem Problem betroffenen Länder befinden sich in der Dritten Welt. Dort sind ein Großteil der Bevölkerung Kleinbauern, die Landwirtschaft bildet die Grundlage der nationalen Wirtschaft. Das bedeutet, daß einer Sanierung der ländlichen

Gebiete Vorrang gebührt und daß die Neutralisierung der im Boden lauernden Minen und Blindgänger ein Schlüssel zu Wachstum und Stabilität ist. Doch was geschieht in der Praxis? Der absolute Schwerpunkt von minenbezogenen Aktivitäten liegt meist auf der Wiederherstellung und Entwicklung der Infrastruktur. Bei diesem klassischen Top-down-Ansatz werden nationale, strategische Prioritäten zuallererst berücksichtigt, die ländlichen Gebiete gehen bei der Verteilung der Gelder oft leer aus.

> Die ländlichen Gebiete gehen oft leer aus.

Mosambik war für uns eine gute Basis, um unser Konzept zu entwickeln, weil es ein typisches Beispiel für die Phasen ist, die ein Entwicklungsland nach einem längeren Krieg durchmacht. Von der ersten Nothilfe über den Wiederaufbau und bis hin zur Entwicklung hat Mosambik seit dem Ende des Bürgerkriegs schon erhebliche Fortschritte gemacht. Die nationale Infrastruktur wird rasch repariert, gleichzeitig gibt es neue Investitionen in den Bereichen Tourismus, Landwirtschaft, Stromversorgung, Öl- und Gasexploration sowie z.T. der Schwerindustrie. Doch bei dieser Entwicklung, so aufregend und dynamisch sie auch sein mag, kommt der ländliche Raum zu kurz, obwohl Mosambik im Grunde ein Agrarland bleibt.

Es muß umgedacht werden, es ist Zeit für neue Schwerpunkte. Der Top-down-Ansatz muß durch einen Ansatz von unten ergänzt werden, der sich die Entwicklung des ländlichen Raums zum vorrangigen Ziel setzt. Zwar wird das auch heute schon nicht völlig außer acht gelassen, es gibt viele Nichtregierungs- und andere Organisationen, die hier ausgezeichnete Arbeit leisten. Doch allzu oft sind ihre Bemühungen fragmentiert, und dadurch entsteht eine strategische Lücke.

Wir glauben, daß das Konzept zur integrierten humanitären Minenräumung diese Lücke schließen kann.

Frauen für den Frieden
Eine Friedensinitiative in Belgrad

Jasmina Tesanovic

Diesen Bericht über die Friedensinitiative »Frauen in Schwarz« beginne ich am 13. April 1999 in Belgrad, genau 21 Tage nach dem ersten NATO-Bombenangriff auf das Gebiet Jugoslawiens. Wie in einer Rückblende möchte ich Ihnen unsere Geschichte – wie alles anfing – erzählen und am Ende meines Textes in die Gegenwart zurückkehren ...

Mahnwachen auf den Straßen

»Du bist zu nichts nutze«, sagt die Mutter von Stasa Zajovic, der Gründerin der Belgrader Friedensinitiative »Frauen in Schwarz«. Die Tochter, städtisch gekleidet, besucht ihre Mutter in Montenegro, eine alte Bäuerin, schwarz gekleidet. »Du bist nicht verheiratet, du hast keine Kinder, du hast keine Wohnung ... Was du immer treibst ...«! Ich glaube, daß die meisten normalen Mütter aus Serbien und Montenegro so auf den Feminismus und auf Aktivistinnen reagieren (einschließlich meiner Mutter, die als Ärztin in der Stadt arbeitet). Doch einige Töchter ließen sich davon nicht abhalten, und so fand am 9. Oktober 1991 die erste Aktion der Frauen in Schwarz statt. Es war ein schreckliches Jahr und doch erst der Anfang eines Krieges, der zu einem der längsten in Europa werden sollte. Jugoslawien führte einen nicht erklärten Krieg gegen Kroatien, Slowenien war schon aus dem Bundesstaat ausgeschieden, in Bosnien brodelte es, und von Anfang an prophezeiten einige kluge Köpfe, daß das alles im Kosovo enden würde. Ich haßte sie alle, sie klangen wie Menschen, die zu viel und doch zu wenig wußten. Mich beunruhigte dabei besonders, daß der Wille, trotz aller Unterschiede miteinander zu leben, verlorenging. In allen Republiken,

Am 9. Oktober 1991 fand die erste Aktion der Frauen in Schwarz statt.

die ich damals noch bereiste, wurde Geschichte mehr oder weniger verfälscht, die Sprache verändert. Menschen wurden mit einer neuen Geschichtsschreibung eingeschüchtert, die anders und besser sein *mußte*. SPS und SPO, also Regierungs- und Oppositionspartei, vertraten beide die Auffassung, daß Menschen für ihr Land kämpfen und sterben sollen.

Die Bewegung der Frauen in Schwarz als pazifistische und feministische Gruppe war eine Antwort auf den Zerfall Ex-Jugoslawiens, der von den nationalistischen Parteien in allen Republiken vorangetrieben wurde. Historisches Vorbild der Belgrader Initiative waren die Frauen in Schwarz in Israel, denen israelische Frauen, aber auch Palästinenserinnen und Amerikanerinnen angehören. Die Idee entstand dort 1988 im Protest gegen die Aggression ihrer Regierung gegen die Palästinenser. Genau das war das Grundprinzip aller dieser Bewegungen: Widerstand dagegen, daß die eigene Regierung in einen Angriffskrieg auf fremdem Staatsgebiet eintrat. Auch in Europa bildeten sich engagierte Gruppen: Im Februar 1991 organisierten italienische Frauen in Schwarz überall in den Städten Mahnwachen gegen die Beteiligung italienischer Soldaten am Golfkrieg. Dabei versuchten sie, die Bewegung über die nationalen Grenzen ihres Landes und über unmittelbare Konfliktzonen hinaus zu erweitern.

> Historisches Vorbild der Belgrader Initiative waren die Frauen in Schwarz in Israel.

Lepa Mladjenovic, eine Frau in Schwarz, die an der ersten Belgrader Mahnwache teilnahm, erinnert sich an ihre Gefühle: »Es war mir zu jener Zeit sehr peinlich, auf der Straße zu stehen. Ich fühlte mich komisch, etwas fehlte. Es war bis dahin nämlich nicht üblich gewesen, daß Frauen auf die Straße gingen und protestierten. Ich wußte zwar von den israelischen Frauen und von den Italienerinnen, aber es war etwas anderes, von etwas zu wissen, als selbst dort zu stehen. Nachdem wir ein paar Wochen regelmäßig Mahnwachen gehalten hatten, hatte ich dieses seltsame Gefühl nicht mehr. Wir hatten dieses fehlende Element durch unser eigenes aktives Stehen gefunden: Wir schufen unsere eigene Tradition, unser eigenes Bewußtsein und unsere eigene Sprache.« Eine Zuschauerin hat die Mahnwache aus ihrer Perspektive beschrieben: »Ich sah sie stehen, mein Gott, wie ich sie bewunderte, ich hielt sie für sehr mutig. Ich dachte genau das, was auf ihren Transparenten stand. Aber erst viel später wagte ich es, mich zu ihnen zu stellen.«

Als ich Stasa, die Gründerin der Initiative, zu der ersten Mahnwache befragen wollte, lehnte sie das mehrmals ab, das letzte Mal

> »Ich habe die letzten Freunde angerufen, die noch in Pristina waren.«

mit diesen Worten: »Alles kommt mir verschwommen vor. Im Moment bin ich so deprimiert. Ich habe die letzten Freunde angerufen, die noch in Pristina waren, und sie sind fort. Zuvor war ihr Telefon immer besetzt, jetzt läutet es und läutet, und keiner geht dran. So ist das bei allen, die fort sind: Man kann sie nicht erreichen, aber man merkt es am Telefon ...« Hier auf dem Wochenmarkt, wo ich Stasa häufig treffe, beladen mit Gemüse und Blumen, dünn und zitternd, erinnerte ich mich daran, wie sie auf einer Feministinnentagung ihren Text *Über die Fremdsprache* vortrug. Sie sprach nicht, sondern sang, was uns alle zum Weinen brachte. Ich erinnerte mich, daß sie mich auf dem Gemüsemarkt umarmte, unter Zigeunern und Schmugglern, als ich vor einem Jahr aus Furcht weinte, weil der Krieg im Kosovo begann. Dann begann ich, mein Tagebuch zu schreiben, dem ich den Titel gab: *Normalität – eine moralische Oper von einer politischen Idiotin*. Ich werde für jeden alles aufschreiben, habe ich gesagt, ich bin nur eine Schriftstellerin. Stasa ist eine Poetin.

Die Opfer begehren auf

Neda Bozinovic, 82, die seit dem 9. Oktober 1991 bei den Frauen in Schwarz aktiv ist, hatte durch die Bomben in ihrer Wohnung im 13. Stock schon einen Tag und eine Nacht lang keinen Strom, als ich sie anrief. Sie sagte: »Laß mich nachdenken, bevor die Dunkelheit anbricht. Ich kann mich dieser Tage kaum bewegen, und ich fürchte, daß ich nicht lang genug lebe, bis dieser Wahnsinn aufhört. Meinst du nicht auch, daß alle verrückt geworden sind?« Dann erklärte sie feierlich: »Seit 1936 bin ich Antifaschistin und Frauenrechtlerin und habe für Frieden, Toleranz, Koexistenz und Gleichheit gekämpft. Ich habe die Zerstörung meines Landes, des ehemaligen Jugoslawien, erlebt, und um das zu überleben, habe ich mich entschlossen, eine Frau in Schwarz zu werden, um die Werte zu bewahren, die mein Leben ausmachten. Heute kämpfen die Frauen in Schwarz gegen den weltweiten Militarismus, der uns alle zerstört ...«

»Ist das poetisch genug?«, fragte sie mich. »Ich kann mich nur noch in politischer Sprache ausdrücken.«

»Sie sind eine Legende«, antwortete ich, ohne ihr schmeicheln zu wollen. Ihr Wissen und ihr Leben sind wirklich der Stoff, aus dem Legenden gemacht werden.

Und das hatte Neda geschrieben: »WIR BLEIBEN AUF DEN STRASSEN – Friedenspolitik in der Praxis. Seit dem 9. Oktober 1991 protestieren wir ständig öffentlich und gewaltlos gegen den Krieg, gegen die nationalistische und militaristische Politik des serbischen Regimes und gegen alle Formen der Diskriminierung. Die visuelle Anziehungskraft dieser ersten Demonstration vor dem Studenten-Kulturzentrum – in den 60er, 70er und 80er Jahren das internationale Zentrum der Konzeptkunst und einer der wenigen Freiräume mit Geschichte in Belgrad – war überwältigend. Ich nehme an, daß das etwas nie Dagewesenes war: Es gab zu viele verschiedene Elemente, als daß man sich rasch ein Bild hätte machen können, und zu viele Vorurteile wurden in Frage gestellt: Feminismus, in Schwarz gekleidete Frauen wie in New York, dem Modezentrum der Welt, und zugleich wie in den am wenigsten entwickelten Weltgegenden oder wie in alten Zeiten, wo es die Pflicht der Frauen war, sich schwarz zu kleiden und in Schwarz zu trauern – widersprüchliche Darstellungselemente. Und weitere Elemente: Stehen, still, schweigend mit Transparenten stehen als spezifische Form der Körperkunst ... Zum ersten Mal nach dem starken demokratischen Votum in den ersten freien Wahlen in Jugoslawien, in Serbien, wurde der Widerstand von Frauen sichtbar.«

Cynthia Cockburn schreibt dazu: »Das Stehen verbindet die Gruppe und macht sie statisch und sicher, man kann sich sogar in Momenten der Provokation hinlegen oder setzen (wie 1993, als die ›Weißen Adler‹, eine militaristische rechtsgerichtete Gruppe, sie angriff). Die erste Gruppe war sogar eine Gemeinschaft ohne jede gemeinsame Basis ... Das einzige gemeinsame Prinzip war der Pazifismus, und durch den starken Widerstand gegen derzeitige und künftige Kriege herrschte unter den Mitgliedern große Toleranz. Die erste Gruppe bestand aus Flüchtlingen, Deserteuren, Feministinnen, Kriegsgegnern, ethnischen und sexuellen Minderheiten und ausländischen Freunden ... Das erste Treffen war wie eine Psychotherapie: konkrete Hilfe für Menschen, die durch den Krieg und das neue anarchisch-aggressive Regime in Schwierigkeiten geraten waren. Man schafft sich die Bedingungen für die eigene Entwicklung selbst, in diesem Fall zuerst die Mahnwachen, dann die Treffen und die Workshops ... Frauen sind die Opfer von Gewalt und Hunger, von der politischen Öffentlichkeit ausgeschlossen, da der

»Das einzige gemeinsame Prinzip war der Pazifismus.«

Krieg das Spiel patriarchalischer Männer ist. Es gibt keine anderen Gruppen als die Frauen und die Deserteure, die ihren Standpunkt so eindeutig vertreten können, ohne zu den Waffen zu greifen.«

Der Krieg in Serbien führte dazu, daß die Frauen im ganzen Ex-Jugoslawien, in allen neuen Staaten gleichermaßen, instrumentalisiert und auf die Tradition und die Natur zurückverwiesen wurden. Aber er schuf durch den Bruch im System faktisch auch einen neuen Freiraum: Da der Staat den militärischen Kampf organisieren wollte, konnte er die vielen sozialen und humanitären Entwicklungen, die der Krieg verursachte, nicht unter Kontrolle halten und verfolgen. Für die Frauen war das eine Chance, um für ihre Forderungen einzutreten. Indem sie das auf ihre ganz eigene Weise taten, veränderten sie allmählich nicht nur ihr Bewußtsein, sondern auch die Gesellschaft.

Simone Weil hat gesagt, daß persönliche Emotionen bei Ereignissen von historischer Tragweite eine Bedeutung haben, die bisher noch nicht ausreichend gewürdigt wurde. Nicht anders ist es auch in Ex-Jugoslawien. Nach dem Krieg mit Kroatien begann der Bosnienkrieg, in dem die meisten Opfer Frauen und Kinder waren – sie waren die eigentlichen Hauptpersonen des Konflikts, nicht die Soldaten. Als Reaktion auf diese Absurdität begannen sich Frauen aus allen drei Konfliktparteien, die ja in der gleichen Lage waren, schon sehr früh mit anderen Frauen zu vernetzen, um so Friedens- und humanitäre Aktivitäten in Gang zu bringen. Sie fanden ihre eigene Sprache, die sich von der militärischen Terminologie unterschied, und hatten den Mut, ihre Gefühle zu formulieren. Während ich weiter schreibe – mit vielen Unterbrechungen, weil ich mich auf nichts anderes konzentrieren kann als auf den täglichen Überlebenskampf Serbiens und die nächtlichen NATO-Bombardements –, erhalte ich den jüngsten Aufruf der Frauen in Schwarz ...

> **Frauen und Kinder waren die eigentlichen Hauptpersonen des Konflikts.**

FRAUEN IN SCHWARZ GEGEN DEN KRIEG
EIN APPELL AN DIE REGIERUNGEN DER
NATO-MITGLIEDSSTAATEN

Seit 1991 arbeiten die Belgrader Frauen in Schwarz gegen den Krieg aktiv für den Frieden und für Gewaltfreiheit. Dabei gehen die Frauen in Schwarz gegen den Krieg so vor, daß sie jeder Form von Gewalt, Krieg, Militarismus und Nationalismus entgegentreten. Die meisten Opfer im Gebiet des ehemaligen Jugoslawien seit 1991 stammen aus der Zivilbevölkerung. Das ist jetzt wieder so. Unsere Werte sind Leben, Solidarität und das Akzeptieren von Unterschieden. Bereits seit acht Jahren knüpfen wir ein Netzwerk des Austauschs und der Solidarität gegen den Krieg, an dem Frauen aus allen Kontinenten beteiligt sind, darunter natürlich auch Frauen aus Ländern des NATO-Pakts. Als Frauenorganisation, die sich schon immer gegen Militarismus, d.h. gegen alle Formen militärischer Interventionen, gewandt hat, spricht sie sich auch in diesem Fall gegen die militärische Intervention des NATO-Pakts in Ex-Jugoslawien aus. Wir wurden ständig und werden bis heute von Frauen- und Friedensbewegungen aus Europa und den USA unterstützt. Leider gingen die Regierungen dieser Länder nicht auf die Arbeit der Friedensbewegung in ihren Ländern ein, ganz zu schweigen von den Aktivitäten der Friedensbewegung in Ex-Jugoslawien. Wir, die Belgrader Frauen in Schwarz gegen den Krieg fordern von den Regierungen der NATO-Mitgliedsstaaten DIE SOFORTIGE BEENDIGUNG DER BOMBENANGRIFFE AUF DAS GEBIET DES FRÜHEREN JUGOSLAWIEN SOWIE FRIEDENSVERHANDLUNGEN UND EINE INTERNATIONALE FRIEDENSKONFERENZ FÜR DEN BALKAN, DAMIT DIE FLÜCHTLINGE, AUSGEWIESENEN UND ZWANGSVERTRIEBENEN AUS DEM KOSOVO – WENN SIE DAS WOLLEN – ZURÜCKKEHREN ODER DRITTLÄNDER AUFSUCHEN KÖNNEN. Wir fordern die Frauen in Schwarz und alle Frauenfriedensorganisationen auf, diesen Appell an ihre jeweilige Regierung weiterzugeben. Menschenrechte und Demokratie können nicht mit Bomben und Waffen aufgezwungen werden, sondern nur durch Verhandlungen und Unterstützung derjenigen Kräfte initiiert werden, die entschieden für Menschenrechte und Demokratie eintreten.

Belgrad, den 20. April 1999

Zurück zum Beginn der 90er Jahre: Von Anfang an entwickelten die Frauen in Schwarz verschiedene Aktionen als das Gerüst ihrer politischen Arbeit. Ihr Aktivismus war »Graswurzelpolitik«, während die politischen Parteien sich hauptsächlich auf theoretische Überlegungen und auf Machtstrukturen konzentrierten. Typisch für die Initiative ist heute, daß sie sehr schnell auf die politische Realität reagiert, und unter allen politischen Gruppierung in Jugoslawien ist sie wohl die einzige, die immer friedlich-demokratisch auf die Veränderungen im täglichen Leben einging. Das Spektrum ihrer Aktivitäten ist breit, z.B. gegen das Vorgehen des serbischen Regimes im Kosovo:

- Proteste und antimilitaristische Aktionen, die die Grausamkeiten gegenüber Zivilisten während des Kriegs öffentlich machen,

- Aktivitäten und Proteste innerhalb internationaler Kampagnen und zu Terminen, die für die internationale Friedens- und Frauenbewegung relevant sind,
- Verteilung von Flugblättern und bürgerlicher Ungehorsam in alltäglichen Situationen,
- internationale Konferenzen zum Thema »Netzwerk der Frauensolidarität gegen den Krieg«,
- Veröffentlichungen,
- interne Workshops und mobile Frauenworkshops,
- Unterstützung der Flüchtlinge,
- Netzwerk zur Verbreitung unterdrückter Nachrichten.

Während der vielen Mahnwachen werden immer interne Workshops veranstaltet. Als ich in einem davon mitarbeitete, war ich beeindruckt davon, daß hier völlige Rede- und Bewegungsfreiheit herrschte, und sich Teilnehmerinnen jeden Alters, jeder Nationalität und jeder Schichtzugehörigkeit eingefunden hatten. Das hatte ich bei den Workshops, die ich bisher besucht hatte, noch nie erlebt.

Kassandra – der Mythos der illoyalen Frau

Mittwoch, den 24. Juni 1998
Heute stand ich mit den Frauen in Schwarz auf dem Platz der Republik (offizieller Name) bzw. dem Platz der Freiheit (Name der Opposition), um für den Frieden im Kosovo eine Mahnwache abzuhalten. Wie immer sind nur sehr wenige Leute interessiert. Einige Fotografen waren da, aber einer begann, uns aus heiterem Himmel anzubrüllen, weil einige Frauen nicht fotografiert werden wollten. Er schrie uns an, als wären wir dumm: »Warum steht ihr denn überhaupt, wenn ihr nicht fotografiert werden wollt?« Ich konterte, er solle nicht herumpredigen. Ein Taxifahrer buhte mich unverschämt aus und versuchte, sich mir in den Weg zu stellen. Ein Rentner beschimpfte uns. Er ist für den Eintritt in den Krieg. Meinungsunterschiede toleriert er nicht, und er versteckt sich hinter seinem Alter und seiner Geschlechtszugehörigkeit.

Nicht einmal die Bedrohung durch den Tod kann uns verändern; sie verhärtet uns nur in primitiver Aggression oder egoistischem Desinteresse. Vor einigen Jahren baten Pazifisten um die militärische Intervention in Bosnien; so ist es auch jetzt wieder. Ich bin eine politische Idiotin. Ich kann nirgendwo militärische Interventionen ertragen, und am wenigsten hier, wo ich lebe. Ich fürchte mich einfach, ich spüre, daß ich nicht die Kraft habe zu fliehen – und wo gäbe es auch einen Platz für uns »Chaoten«? Später beim Workshop sagte ich: »Ich stehe vor einem Nervenzusammenbruch, meine Männer werden einberufen, ich kann sie nicht schützen.« Ich fluchte und weinte und schrie laut heraus. Niemand nahm mir meinen Ton übel – statt dessen bekam ich konkrete Hilfe, von Kaffee und Umarmungen bis hin zu juristischen Tips und finanzieller Unterstützung ...

Die Titel einiger der zahlreichen Workshops im Verlauf dieser Jahre beschreiben unser politisches Problem-/Lösungs-Modell und gleichzeitig die dunklen Zeiten in Jugoslawien: »Gewaltfreie Strategien«, »Kultureller Widerstand gegen kulturelle Vorherrschaft«, »Krieg und Vergessen«, »Ändern Frauen die Politik?«, »Lesbisch-Sein und politische Verantwortung«, »Schweigen wird uns nicht schützen«, »Rassismus und Xenophobie«, »Gibt es einen Unterschied zwischen einem Aggressor und einem Verteidiger der Heimat?«

Ein Kernpunkt der Gedanken/Workshops/Körper-Sprache der Frauen in Schwarz ist: ICH BIN ILLOYAL. Dieser Satz hat schon vielen Menschen, die ihn auszusprechen wagten, großen Schmerz verursacht, besonders Frauen in einer patriarchalisch bestimmten emotionalen und kulturellen Umgebung. Seine Wurzeln hat dieses Denken in der »demokratischen« Gesellschaft des antiken Griechenland, in dem alle Frauen (und die meisten Männer) nicht nur vom politischen Leben, sondern auch von jeder Art von Information ausgeschlossen waren. Das Wort »Idiot« bezeichnete im antiken Griechenland denn auch ursprünglich einen Menschen, dem Informationen vorenthalten wurden; erst später nahm es die negative Bedeutung an, die es heute hat. Doch die Frauen in Schwarz aus Belgrad zitieren oft Kassandra und ihren Mythos, wie er von Christa Wolf, also aus feministischer Perspektive, neu erzählt worden ist: Frauen sind illoyal, d.h. sie stehen nicht immer zu ihren Männern (Vätern, Ehemännern, Brüdern) und ihren Staaten (nationalen, politischen, territorialen) und lehnen so die patriarchalische Struktur der modernen Demokratien ab, die auf den alten griechischen frauenfeindlichen Demokratien basieren. Frauen äußern ihre

Die Frauen in Schwarz aus Belgrad zitieren oft Kassandra und ihren Mythos.

Meinung – in ihrem eigenen Namen, mit Körper-Denken, durch Begegnungskulte, ohne von ihren Leuten betrogen zu werden, in einer anderen Sprache (um den Schmerz zu verringern), Utopien entwerfend ...

Das beste Beispiel dieser Aktivitäten und Ideen sind die jährlichen internationalen Treffen der Frauen in Schwarz. Bis jetzt gab es sechs Begegnungen in der Wojwodina – an einem See, in Wäldern, unter Zelten. Diese drei Tage waren jeweils ein einziger Rausch der Freude und der Tränen, und durch wenig Schlaf, viel Reden, Musik und Wein wurde eine Katharsis herbeigeführt. In Novi Sad wurde 1996 eine erste öffentliche lesbische Eheschließung – zwischen einer Albanerin und einer Engländerin – mit weiblichen Tanz- und Gesangsritualen begangen. Zu den breiter wirksamen Aktivitäten der Frauen in Schwarz gehören die regelmäßigen Mahnwachen der Gruppe auf dem Platz der Republik, an jedem Mittwoch und auch am 8. März, dem Internationalen Frauentag – ein Augenblick der Verbindung mit allen Frauen dieser Welt. Bei der letzten Mahnwache in diesem Jahr ging es darum, den Krieg im Kosovo zu beenden und die NATO zu stoppen. Aber auch schriftliche Materialien gehören dazu, z.B. ein Jahrbuch, in dem alle Aktivitäten, Texte, Flugblätter, Briefe usw. aufgeführt sind. Gemeinsam mit dem feministischen Verlag 94 in Belgrad veröffentlichten die Frauen in Schwarz eine alternative Geschichte der Frauen und einen Bericht über die serbische Frauenbewegung im 19. und 20. Jahrhundert. Diese Bücher verdeutlichen, daß Frauen in den letzten zwei Jahrhunderten nicht nur auf ihr Privatleben beschränkt waren, sondern eindeutig auch öffentlich und politisch auftraten.

Der konkrete Protest, die konkreten Vorschläge, das sind die Mittel der Frauen in Schwarz. 1997 verhielten sich große Teile der serbischen Gesellschaft plötzlich ganz ähnlich: im berühmten Zivilprotest gegen die Wahlfälschung. Während dieser sogenannten »Revolution des Lärms« marschierten täglich bis zu 500.000 Menschen durch die Straßen Belgrads. Es war eine der größten zivilen Protestaktionen des 20. Jahrhunderts. Besonders bemerkenswert war sie, wenn man bedenkt, daß allein in Belgrad täglich ein Viertel der Bevölkerung ohne Anführer auf die Straßen ging, und daß dieser Protest zugleich in allen größeren Städten Serbiens stattfand. Es war eine völlig unhierarchische, demokratische Versammlung, und die Politik spielte dabei kaum eine Rolle – die Oppositionsführer mußten den Menschen nachlaufen, um ihre Reden zu halten.

> Bis jetzt gab es sechs Begegnungen in der Wojwodina.

Ganz verschiedene Gruppen mit ihren Buttons und Spruchbändern nahmen an dem Protest teil und traten den Polizeikordons entgegen. Die Frauen in Schwarz waren mit ihren Regenbogenflaggen für den Frieden dabei, wurden jedoch wegen ihres Eintretens für Homosexuelle von einer rechtsgerichteten Gruppierung angegriffen, die auch an der Demonstration teilnahm – ein Vorfall, der zeigt, daß Sexismus, Nationalismus und Militarismus sehr oft zusammen auftreten. Viele Masseninitiativen enden auf diese Weise, am Ende verurteilen Verbündete einander. So kam es zur Trennung der Koalition Zajedno (»Koalition Gemeinsam«), die später die Massenproteste anführte.

Wir bekennen

Eines der unmenschlichsten Jahrhunderte, die die Menschheit durchlebt hat, liegt hinter uns. Und doch war es eines der erfolgreichsten, wenn man die Erfindungskraft des menschlichen Intellekts betrachtet. Dieses besonders grausame Jahrhundert war auch für die Frauen revolutionär: Durch die Empfängnisverhütung ist aus der biologischen Rolle der Frauen eine soziale Wahlmöglichkeit geworden. Durch die technologische Revolution werden Rollen und Macht nicht mehr in erster Linie nach der körperlichen Stärke vergeben. So konnten die Frauen schließlich mit dem Mann, der die Gesellschaft dominiert, Schritt halten – ein Wandel, der weitreichende Änderungen in der weiblichen Definition von Politik und gesellschaftlichen Regeln bewirkte. Diese neuen Definitionen sind im Grundsatzpapier der Frauen in Schwarz formuliert: Keine Politik der Mildtätigkeit, sondern der Veränderung; kein Geld für Kriege, sondern für Gesundheit, Bildung und eine alternative Frauenökonomie. Noch wichtiger: In praktischen Initiativen, Tagungen und Treffen auf allen Kontinenten wird gerade ein Konzept der sogenannten »International Alternative Politics« erarbeitet. Denn die Globalisierung gilt auch für die patriarchale Politik und damit für die Nöte der Frauen und sozialen Ungerechtigkeiten gegenüber dieser größten Minderheit der Welt.

Als Schriftstellerin wurde mir klar, daß der Bericht einer jungen Frau, die in einem sehr noblen US-amerikanischen College vergewaltigt wurde, der Geschichte einer Frau mittleren Alters aus einem

> Dieses besonders grausame Jahrhundert war auch für die Frauen revolutionär.

Dorf in Bosnien gleicht. Die Elemente der sozialen Konstruktion brechen wie eine verfallene Fassade zusammen und geben den Blick auf den Kern frei, die letzte Sklaverei der Welt, die Situation von Frauen und Kindern in einer aggressiven, männlich dominierten Welt. Während ich weiter an diesem Text schreibe, wird der Krieg fortgeführt, nehmen die Grausamkeiten im Kosovo, die Bombenangriffe und die Verzweiflung in ganz Serbien ihren Lauf. Belgrad versinkt in Zweifeln, ob Zukunft noch möglich ist ... Ich frage mich, wie wohl eine Mahnwache der Frauen in Schwarz heute aussehen würde, wenn die NATO-Bomben nicht alle Kraft und die Mehrheit der Zivilbevölkerung auf einer Seite vereinigt und den anderen Teil der Bevölkerung zum Schweigen gebracht hätten, reduziert zu nutzlosem Staub ...

Die letzte Jahrestagsmahnwache der Frauen in Schwarz fand am 9. Oktober 1998 statt. Sie glich einer Trauerfeier, denn wir standen am Rande des Bürgerkriegs, und die NATO drohte wieder mit Bombardements. **Die gesamte oppositionelle Intelligenz Belgrads hatte sich eingefunden.** Mit unseren Papieren und mit kleinen Flüchtlingstaschen gingen wir zur Mahnwache; wir waren uns nicht sicher, was uns erwartete. Polizisten schützten die Demonstration stillschweigend vor aggressiven Passanten, die uns normalerweise mit obszönen und frauenfeindlichen Kommentaren bedenken. Die schwarz gekleideten Frauen standen wie üblich im Kreis und trugen lange Spruchbänder, während Sympathisanten und Teilnehmer miteinander sprachen. Es wurde eine sehr bedeutsame Versammlung – trübsinnig, aber verbindend. Hier konnte ich spüren, daß es in meiner Stadt, in meinem Land eine Opposition gab und daß die Frauen in Schwarz uns eine Form, öffentlichen Raum und eine Sprache dafür gaben. Die konzeptuelle Aktion dieses Jahrestags bestand in einem Tisch mit 100 Blättern, auf denen in Großbuchstaben gedruckt stand: ICH BEKENNE. Symbolisch schrieben die ersten 100 Teilnehmerinnen ihre Bekenntnisse auf. Hier ist das Gedicht, das ich aus jenen fragmentarischen, aufrichtigen und schmerzlichen Worten machte ...

ICH BEKENNE:

Ich, Jelena, 12 Jahre alt, bekenne gegenüber dem Leben allein

J'accuse, ich klage an
Daß ich 1991 gegen den Krieg war und es auch heute bin

Ich bekenne einfach

Daß ich gegenüber diesen Herrschenden nie loyal sein werde und daß ich Sabahet und Mira und Vjosa und Ana liebe

Daß ich gegenüber Gewaltlosigkeit, Solidarität, Freundschaft loyal bin und daß ich illoyal bin gegen alle Formen von autoritärer

Macht, Gewalt, Haß

Daß ich es nicht mehr länger aushalte und daß ich es nicht mehr verkraften kann

Daß ich zwei Leben gelebt habe, eins in Sarajevo und eins in Belgrad

Daß ich mir das, was mit uns geschah, nicht gewünscht habe, es aber auch nicht verhindern konnte

Zu allen Anklagepunkten gestehe ich, daß ich in jeder Hinsicht eine Verräterin bin

Daß ich eine Verräterin an den in der serbischen Gesellschaft dominierenden militaristischen Werten bin

Daß ich gegen alle Formen von Gewalt, Krieg und Diskriminierung protestieren werde

Daß ich den ganzen Krieg hindurch bosnische Lieder sang und albanische Tänze tanzte

Daß ich Krieg, Gewalt und Töten hasse

Ich gestehe, aber ich klage auch an

Daß die Gewalttätigkeiten im Kosovo nicht enden werden, solange dort serbische Polizei stationiert ist

> Ich gestehe, aber ich klage auch an.

Daß sie mit internationalen Friedenstruppen, die Frieden und Verhandlungen ermöglichen, aber sehr wohl enden können

Daß ich auf keinen Fall zur Armee gehen werde. Schmeißt den Militarismus in den Müll, wohin er gehört

Ich gestehe, daß ich meine Überzeugungen nicht aufgeben werde, selbst wenn ich im Gefängnis ende

Daß ich seit Beginn der Friedensbewegung aktiv an allen Anti-Kriegsversammlungen teilgenommen habe

Daß ich noch eine weitere Anti-Kriegskampagne organisieren werde, wenn ihr mit diesem Scheißdreck weitermacht

Daß ich Europäerin bin, eine Bürgerin dieser Welt und daß ich eine unversöhnliche Opponentin dieses Regimes bin

Daß ich die Menschenrechte des Anderen respektiere und daß ich mich in erster Linie und vor allem als Bürgerin betrachte

Daß ich Krieg, Diskriminierung, Verbrecher und Hoffnungslosigkeit nicht anerkenne

Daß ich mich seit sieben Jahren gegen dieses Naziregime verschworen habe

Daß ich verbittert darüber bin, daß die Verantwortlichen in Serbien und Jugoslawien ständig Krieg führen

Daß Konflikte durch Verhandlungen und nicht durch Gewalttätigkeit gelöst werden sollten

No passarán! Sie werden nicht durchkommen!

Daß ich Bücher lese, das Theater mir gefällt, ich andere Sprachen spreche, ich Gedankenfreiheit mag

Daß unser Leben Frieden und Kreativität ist und daß ich darüber nachgedacht und daran gearbeitet habe, seit ich es von meinen Freundinnen gelernt habe

Zu allen Anklagepunkten, sogar noch zu weiteren

Zu allem, was auf der Tafel geschrieben steht

Gestehe ich

Daß in diesem Volk Ihr diejenigen mit den meisten Prinzipien seid

Danke

Von den 100 Zetteln mit der Überschrift »ICH BEKENNE«, die während der einen Stunde an einem Stand der Frauen in Schwarz auslagen, waren alle unterschrieben; für das Gedicht verwendete ich etwa die Hälfte von ihnen. Als ich das Gedicht am Tag darauf zu der unabhängigen Tageszeitung *Nasa Borba* brachte, damit es veröffentlicht wurde, standen uniformierte Polizisten im Büro. Das waren die letzten Tage der Pressefreiheit in Serbien; sie wurde nach Beginn der NATO-Angriffe völlig erstickt.

Schnell will ich meinen Text fertigstellen und ihn per E-Mail verschicken, dem letzten Mittel der Kommunikation mit der Außenwelt. Denn wie man uns sagte, werden die Telefonleitungen schon sehr bald bombardiert werden.

Frieden braucht Verständigung
Juden und Araber begegnen sich in Israel

Andrea Bähner

Das Ausland sollte es sein. Wohin, war mir damals eigentlich egal, nur weg aus der heimatlichen Enge, in die große weite Welt. Ich verschaffte mir einen Studienplatz in Israel, an der Universität Haifa, und als ob mir das noch nicht Abenteuer genug gewesen wäre, entschloß ich mich, mit dem Motorrad die Überfahrt zu wagen. Die letzte Etappe kam ich per Schiff über das Mittelmeer. Es war ein frischer Morgen, die Sonne ging gerade auf. Ich sah die Karmel-Berge im Morgenrot auftauchen – das erste, was ich vom »Heiligen Land« sah.

Ich studierte Biologie, Geschichte des Nahen Ostens und lernte Hebräisch. Natürlich fühlte ich mich mit meinen 21 Jahren ungeheuer erwachsen, glaubte, alles schon gesehen und auch verstanden zu haben. Das Jahr in Israel brachte mich mit wunderbaren Menschen zusammen und ließ mich Abschied nehmen von vielen vermeintlichen Gewißheiten.

Was wußte ich schon von Israel und dem Nahen Osten? Aufgewachsen bin ich in einer kleinen überschaubaren Gemeinde (um nicht Dorf zu sagen). Gut katholisch erzogen bin ich und somit leidlich bibelfest. Bethlehem, Jerusalem, der See Genezareth, davon hatte ich bereits ein Bild im Kopf. Holocaust und Drittes Reich, Nazi-Deutschland und die Juden, auch dieser Teil deutscher Geschichte war mir dank eines Leistungskurses in der Oberstufe geläufig. Die gängigen Klischees im Konflikt zwischen Juden und Palästinensern teilte ich: Mal waren die bombenwerfenden arabischen Terroristen schuld, mal die fanatischen Juden, die unfähig zum Zusammenleben waren. Frieden machen ist doch einfach. Man muß sich nur mal zusammensetzen und über alles reden.

In Israel selbst lernte ich dann die unterschiedlichsten Leute kennen: einen arabischen Arzt, der mir die Opfer der Intifada, des palästinensischen Aufstandes gegen die israelische Besatzung, zeig-

Ich teilte die gängigen Klischees im Konflikt zwischen Juden und Palästinensern.

te, meine gleichaltrigen Freunde im Kibbuz, die ihren Militärdienst in der israelischen Armee ableisteten. Sie kannten das Gefühl der Todesangst, lebten damit und waren trotzdem »normal«.

Ich lebte in einem Land des dauernden Ausnahmezustandes. Ein Land, das in 50 Jahren niemals wirklich Frieden hatte. Unabhängigkeitskrieg, Sechs-Tage-Krieg, Jom-Kippur-Krieg, Libanonkrieg. Und ist der Krieg mal nicht erklärt, dann explodieren Bomben an belebten Plätzen oder in Bussen. Ich lebte in einem Land, das Jahr für Jahr zigtausende Einwanderer unterschiedlichster Kulturen und sozialer Schichten aufnimmt: Juden aus Südamerika, aus Afrika, aus der Ukraine und aus Rußland. Oft stellte ich mir vor, was wohl in Deutschland geschehen würde angesichts einer Quote von Neueinwanderern von etwa einem Viertel der Gesamtbevölkerung, angesichts schrecklicher Attentate. Ich lebte in einem Land, das trotz der großen Belastungen und Probleme des Alltags für viele Menschen das »gelobte Land« ist.

Ich merkte, daß das »Frieden machen« nicht ganz so einfach geht, wie ich mir das in meiner jugendlichen Naivität vorgestellt hatte. Viel zu schwierig sind die Umstände, viel zu tief die Verletzungen, viel zu schwer das historische Erbe aller am Konflikt Beteiligten.

Über zehn Jahre sind seit meinem Studienbeginn in Haifa vergangen, seit damals war ich viele Male in Israel. Heute sehe ich viele Dinge nüchterner, distanzierter. Auch das Land hat sich verändert. Viele Freundschaften, zu Juden und Arabern, sind geblieben. Was mich immer noch fasziniert, ist der ungebrochene Optimismus der Menschen, der Glaube an eine bessere Zukunft, an Frieden und Glück angesichts schwierigster Bedingungen.

Bei meiner intensiveren Beschäftigung mit Land und Leuten – für meine Examensarbeit über Exilliteratur recherchierte ich längere Zeit vor Ort und arbeitete auch mehrere Monate in Tel Aviv – lernte ich die Einrichtung Givat Haviva kennen. Givat Haviva ist ein jüdisch-arabisches Institut für Bildung, Wissenschaft und Kultur in Israel. Die Menschen und die Arbeit dort beeindruckten mich am meisten. Warum, das möchte ich schildern. Denn die Wege, die diese Menschen dort für Verständigung, Frieden und Entwicklung gehen, sind ein Hoffnungsschimmer nicht nur für die unruhige Region Nahost. Kriege, Aggressionen sind keine Naturgewalten. Menschen machen Kriege. Menschen können auch Frieden machen, das habe ich gelernt.

> **Givat Haviva ist ein jüdisch-arabisches Institut für Bildung, Wissenschaft und Kultur.**

Israel, das »gelobte Land«

Israel. Gut fünf Millionen Menschen leben hier auf einer Fläche, die etwa so groß ist wie unser Bundesland Hessen – damit zählt es zu den am dichtesten besiedelten Ländern der Welt. Das kleine Land ist an seiner schmalsten Stelle gerade mal 15 km breit, von Nord nach Süd dehnt es sich über 450 km aus. Zur Hälfte besteht es aus Wüste. 1948, am 14. Mai, wurde der Staat Israel ausgerufen. 82 Prozent der Bevölkerung sind jüdischen Glaubens (davon ein gutes Drittel jüdische Neueinwanderer), 14 Prozent Moslems und ungefähr vier Prozent Christen und Drusen. Israels politisches System ist das einer parlamentarischen Demokratie, aber immer wieder steht der Rechtsstaat vor großen Belastungsproben: Der andauernde und immer wieder in kriegerische Auseinandersetzungen aufflammende Konflikt mit der arabischen Bevölkerung und den Nachbarstaaten führt zu Ausnahmesituationen, in denen die Menschenrechtssituation zu großer Sorge Anlaß gibt.

Probleme gibt es zwar auch zwischen religiösen und weltlichen, zwischen orientalischen (sephardischen) und westlichen (ashkenasischen) Juden, zwischen Neueinwanderern und Alteingesessenen. Dennoch entzünden sich die gravierendsten Konflikte zwischen den jüdischen und den palästinensischen Bürgern Israels.

Lebensstandard und Einkommen der arabischen Israelis liegt deutlich unter denen der jüdischen Bevölkerung. Juden und Araber sind nach dem Grundgesetz Israels gleichberechtigt, in der Wirklichkeit des Landes sind sie es keineswegs. Außerhalb des Geschäftslebens – und auch da nur, wenn es unabdingbar ist – treffen sich Juden und Araber kaum. Private Kontakte und Freundschaften gibt es nur vereinzelt. Mit Ausnahme von wenigen gemischten Städten, wie beispielsweise Akko oder Haifa, leben beide Bevölkerungsgruppen praktisch voneinander getrennt in ethnisch homogenen Gemeinden. Kinder und Jugendliche wachsen so in einer Umgebung auf, die ein Zusammentreffen zum Ausnahmefall werden läßt, und besuchen getrennte arabische und jüdische Schulen. Erst auf der Universität begegnen sich Juden und Araber persönlich und sitzen gemeinsam in Seminaren. Doch zu diesem Zeitpunkt ist es meist schon zu spät, jahrelang vorhandene Stereotype und Vorurteile haben sich schon fest in den jungen Leuten verankert, der Konflikt wird in die nächste Generation weitergetragen.

Von dem jüdischen Religionsphilosophen Martin Buber stammt

Erst auf der Universität begegnen sich Juden und Araber.

der Satz: »Alles Wirkliche im Leben ist Begegnung.« Damit meinte er natürlich Begegnungen von Menschen und Bevölkerungsgruppen, die sich wechselseitig als gleichwertig anerkennen. Das ist in Israel eine heikle Voraussetzung, denn eine solche Begegnung verlangt Juden wie Arabern viel ab. Sie müßten nicht nur dazu bereit sein, sich auf die jeweils Anderen, in mancher Hinsicht Unbekannten, einzulassen, sie müßten sich auch mit sich selber, ihren eigenen Selbstverständlichkeiten und Vorurteilen auseinandersetzen.

Dialog ist die Seele aller Begegnungen und aller Partnerschaft. In Israel gibt es zwei grundsätzliche Positionen im Hinblick auf einen Dialog zwischen Juden und Palästinensern. Die eine besagt: »So lange man spricht, schlägt man sich nicht.« Hier geht es also darum, dauerhaft miteinander im Gespräch zu bleiben, um die Option der Gewalt zu verdrängen. Dieses Ziel beinhaltet keine Änderung der gegebenen Zustände von Grund auf, sondern im Gegenteile deren (leicht abgemilderte) Beibehaltung. Die zweite Position geht demgegenüber davon aus, daß der Dialog sowohl eine Methode der Veränderung ist als auch eine Lebensweise, das »Dialog-Prinzip«. Der Erziehungsphilosoph Paolo Freire schreibt in seinem Buch *Pädagogik der Unterdrückten* über den Dialog, daß dem Wort die Kraft tatsächlicher Veränderung zukomme. So gesehen ist der Dialog das angemessene Mittel für einen Veränderungsprozeß von der (vorurteilsbelasteten) Koexistenz zur (produktiven) Partnerschaft.

Koexistenz kann zwischen Gleichen stattfinden, doch in der Regel ähnelt sie eher dem Verhältnis von Pferd und Reiter. Beide bewegen sich in dieselbe Richtung, halten an, wenn beide durstig oder müde sind. Beide sind Schicksalsgenossen, doch es ist klar, wer die Richtung bestimmt, wer es ist, nach dessen Bedürfnissen die Reise verläuft. In einem Zustand der Partnerschaft dagegen findet zwischen den Partnern eine ständige Abklärung der Reiserichtung statt, das Ziel wird von vornherein von beiden geplant – getragen von der Erkenntnis, daß beide das volle und gleiche Recht haben, ihre Bedürfnisse zu erfüllen. Partnerschaft ist also für beide unbequem, da verabredungsintensiv, und sie kann nur klappen, wenn beide davon überzeugt sind, daß sich dieses Geschäft für sie lohnt.

Zwischen jüdischen und palästinensischen Bürgern herrschen beiderseits Verleugnung und Verdrängung vor. Ein erster Schritt zu einem Dialog ist es daher, überhaupt schon die zähen Widerstände

> »So lange man spricht, schlägt man sich nicht.«

gegen die Beschäftigung mit dieser Verleugnung zu überwinden. Zu diesen Widerständen gehören:

- der vermeintlich zukunftsgerichtete Appell, doch endlich die Vergangenheit ruhen zu lassen;
- die unterschiedliche Motivation: In der gegenwärtigen Situation haben die Juden kein unmittelbares Bedürfnis nach einem Dialog. Sie können sehr gut auch ohne ihn leben. Für die Araber hingegen handelt es sich um ein existentielles Bedürfnis;
- die verwendete Sprache: Hebräisch. Für die Juden ist sie der vollkommene eigenständige Ausdruck persönlicher und kollektiver Identität, für die Araber nur ein Instrument der Kommunikation mit den Juden;
- ein festes Muster aus Herrschern und Beherrschten: Beide Seiten sind Gefangene dieses Musters, von dem alle Diskussionen bestimmt werden. Nur ein Beispiel: Meistens sind die Gesprächsleiter jüdisch, und meistens fühlen sich die an solchen Gesprächen beteiligten Palästinenser zu betonen veranlaßt, daß sie »nicht extrem« sind;
- das Wissen, wer hier der Hausherr ist. Da Israel ein jüdischer Staat ist, sind auch die Gesprächsforen gemeinhin in jüdischer Hand oder doch zumindest jüdisch dominiert. Das hindert die Palästinenser ihrerseits in der Regel daran, die Dinge so auf den Tisch zu bringen, wie das ihrem eigenen Standpunkt entspräche. Eher filtern sie ihre Worte durch die stille Frage, was wohl von ihnen erwartet wird.

Givat Haviva und sein Projekt »Kinder lehren Kinder«

> Auf jeden kleinen Erfolg folgt ein schreckliches Ereignis.

Friedensarbeit ist eine harte Arbeit, denn auf jeden kleinen Erfolg folgt ein schreckliches Ereignis: ein Bombenattentat, ein von israelischen Soldaten getöteter Palästinenser ... Das Institut Givat Haviva, gegründet 1949, ist in den vergangenen 50 Jahren zu einer Oase der Verständigung in Israel und dem Nahen Osten geworden. Es liegt auf einem Campus nahe der Grenze zu den besetzten palästinensischen Gebieten. Sein Träger ist die Kibbuzbewegung Ha' artzi, die das Institut ursprünglich als Weiterbildungszentrum gegründet hat. Die Kibbuzim sind Genossenschaften, die überwiegend in der Landwirtschaft, in neuerer Zeit aber verstärkt auch im industriellen Sektor tätig sind.

Givat ist ein hebräisches Wort, das »Hügel« bedeutet, und mit *Haviva* erinnert das Institut an die tschechische Jüdin Haviva Reik. Die starb bei einem Einsatz im Zweiten Weltkrieg, als sie in ihrer Heimat hinter den feindlichen Linien mit dem Fallschirm absprang, um Juden aus den von den Deutschen besetzten Gebieten zu schleusen. Doch das mißlang: Sie geriet in Gefangenschaft und wurde schließlich getötet.

Mit den Problemen des Landes sind die Aufgaben von Givat Haviva gewachsen. Schwerpunkte heute sind: jüdisch-arabische Koexistenz, Geschichte des Nahen Ostens, Zionismus, arabische und hebräische Sprache und Kultur, Friedensforschung, Holocaust und jüdischer Widerstand. Givat Haviva ist die größte und älteste Institution, die sich für jüdisch-arabische Verständigung und für die Integration der arabischen Minderheit einsetzt. Sie wird gleichberechtigt verwaltet von Juden und von Arabern. Das Ziel: Erziehung zu Demokratie und Frieden, Chancengleichheit für Juden und Araber.

> Givat Haviva wird gleichberechtigt von Juden und Arabern verwaltet.

Von Givat Haviva können wir alle lernen: in der Bundesrepublik, um die Probleme der Ausländerfeindlichkeit und des Fremdenhasses, im Kosovo, um die Konflikte zwischen Albaner und Serben bewältigen zu helfen.

Das ambitionierteste und folgenreichste Projekt von Givat Haviva heißt »Kinder lehren Kinder« (KLK). Es ist ein Erziehungsprogramm für jüdische und arabische Schulklassen aus Mittel- und Oberstufe, das Begegnungen zwischen Schülern und Lehrern fördert, aber auch dazu ermutigt, sich mit der eigenen Identität auseinanderzusetzen. KLK ist das umfassendste Programm dieser Art in Israel, das Araber und Juden im Laufe eines erzieherischen Prozesses zusammenbringt. Es soll bei den Kindern und Jugendlichen Verständnis füreinander aufbauen. Ihre gemeinsame israelische Staatsbürgerschaft ist für das Projekt das tragende Fundament und der entscheidende Ausgangspunkt für eine gegenseitige Anerkennung und eine künftige Partnerschaft.

Allerdings wird die israelische Staatsbürgerschaft von Juden und Arabern sehr unterschiedlich wahrgenommen und verstanden. Die Araber sind Bürger eines Landes, das sich als jüdischer Staat definiert. Als Araber/Palästinenser haben sie diese Staatszugehörigkeit, anders als ihre jüdischen Mitbürger, nicht frei gewählt und finden oft nur schwer ihren eigenen Platz in dieser Gesellschaft, weil sie sich mit ihr nicht wirklich identifizieren. Auf diese »unterschiedliche Gemeinsamkeit« geht »Kinder lehren Kinder« deswegen besonders ein.

Eines der Rezepte des Programms ist, daß die Kinder in kleinen – zunächst noch getrennten – Gruppen unterrichtet werden. So entsteht ein vertrautes Umfeld, die Lehrer können stark auf jeden einzelnen Schüler eingehen, und die Jugendlichen haben die Möglichkeit, sich einzubringen. Schnell erfährt der Lehrer etwas über seine Schüler und deren familiäre Hintergründe sowie – noch wichtiger – ihre Vorstellungen und Ängste. Wenn es dann soweit ist und sich jüdische und arabische Kindergruppen begegnen, kann er ungefähr abschätzen, wie seine einzelnen Schützlinge reagieren werden.

Während der ersten Stufe des Programmes arbeitet jede Kleingruppe getrennt in den Räumen der eigenen Schule. Zwei Stunden in der Woche trifft sich jede Gruppe. Jetzt wird erst einmal das Bewußtsein für die eigene Identität und Zugehörigkeit zur jüdischen oder der arabischen Gesellschaft gestärkt; um dadurch die Selbstsicherheit der Schüler zu festigen. In der Praxis hat sich gezeigt, daß das bei den Begegnungen hilfreich ist und die anderen Jugendlichen dann seltener voreilig abgelehnt werden. Die Schüler diskutieren über den Staat Israel, über Demokratie, Pluralismus, Vorurteile und Stereotypen genauso wie über ihre Situation in ihrem jeweiligen kulturellen Umfeld. Bei der »arabisch-jüdischen« Begegnung sind die Kinder und Jugendlichen dann nicht überfordert, weil sie sich während der langen Vorbereitungsphase schon an die spezielle Thematik von KLK – »Ich und der andere« – gewöhnt haben.

Die Schüler diskutieren über den Staat Israel.

Dann ist es soweit: Die Schüler treffen mit ihrer Partnergruppe zusammen, und zwar abwechselnd in der arabischen und der jüdischen Schule. Jetzt ist nicht mehr die Theorie dran, jetzt geht es darum, sich kennenzulernen und gemeinsam etwas zu unternehmen. Kreative Aktivitäten und Kunst, Einführungs-, Kennenlern- und Rollenspiele sowie Ausflüge stehen auf dem Programm. Jeder stellt sich vor, dann erzählen sich die Jugendlichen von ihrem eigenen Familienleben. Durch die Begegnungen wird ein Dialog angeregt, der den Weg zu persönlichen Beziehungen eröffnet und auf einmal Themen behandelt, die von Schülern und Lehrern im herkömmlichen Unterricht oftmals gemieden werden. Meist verdanken sich die Themen dem täglichen Leben, aber auch neue Entwicklungen im Friedensprozeß oder das neueste Bombenattentat werden angesprochen. Beide Seiten erleben ihre Rolle und Situation als israelische Staatsbürger grundsätzlich anders, daher sind jüdische und arabische Schüler oft an unterschiedlichen Themen interessiert.

Es war an einem für die Region so typischen heißen Tag. Ich saß am Schwimmbecken in Givat Haviva. Schwimmbecken sind ein Luxus, den sich viele Kibbuzim in Israel leisten – kein Wunder angesichts der klimatischen Bedingungen. Ronnit und Leila hatten ihre Badetücher direkt neben meinem ausgebreitet. Sie waren neugierig, was ich denn hier zu tun hätte. Wir kamen ins Gespräch. Schon optisch waren die beiden Teenager höchst unterschiedlich. Ronnit kam aus Afula, einem verschlafenen Nest mit jüdischer Bevölkerung. Leila stammte aus Barta, einem kleinen Dorf direkt an der »grünen Grenze« zu den besetzten Gebieten. Obwohl innerhalb der Grenzen Israels gelegen, wohnen hier nur arabische Israelis. Ronnit trug einen Zweiteiler, Leila war bedeckt bis zu den Knöcheln, auch trug sie ein Kopftuch. Ronnit ist Einzelkind, war schon in Amerika, kennt die Welt, aber kaum ihre Nachbarn. Leila hat vier Geschwister. Sie kennt die Welt nur aus dem Fernsehen. Wenn sie verreisen will, fangen die Schikanen an. Als Palästinenserin mit israelischem Paß ist sie immer verdächtig. Lachend erzähl-

Als Palästinenserin mit israelischem Paß ist sie immer verdächtig.

Zwischen den Teenagern aus verschiedenen Kulturen, die sich in Givat Haviva begegnen, kommt es immer wieder zu Freundschaften.
Photo: Givat Haviva

> **Die Eltern waren am Anfang über die Freundschaft ihrer Töchter entsetzt.**

ten sie, wie sie sich kennengelernt hatten und zu Freundinnen wurden. Ronnit hätte nie geglaubt, einmal freiwillig nach Barta zu gehen. Da wohnt schließlich der Feind. Da wohnen die, die Bomben werfen und die Juden ins Meer treiben wollen. Für Leila war Afula eine fremde Welt. Da wohnen die, deren Männer zum Militär gehen, die ihren Vater und ihre Brüder an den Kontrollpunkten schikanieren. Die Eltern beider Mädchen waren am Anfang über die Freundschaft ihrer Töchter entsetzt.

Das von Givat Haviva entwickelte und begleitete Programm »Kinder lehren Kinder« brachte Ronnit und Leila zusammen. Sie entdeckten Gemeinsamkeiten: Beide schwärmen für die Backstreet-Boys. Wochen später tuschelten sie über heimliche Sehnsüchte und Wünsche wie zwei ganz normale Teenager. Am Anfang haben sie nicht viel darüber nachgedacht, ob sie »Frieden machen«. Zwei Jahre sind seitdem vergangen, und als das Programm zu Ende ist, schwören sich die beiden: Wir werden Freundinnen bleiben. Für einen kurzen Augenblick werden sie an diesem entspannten Nachmittag feierlich. Wenn nur immer mehr Mädchen und Jungs von beiden Seiten Freunde würden, dann würden die Eltern vielleicht keinen Krieg mehr führen. Wenn sie erwachsen sind, ganz bestimmt, wird alles anders sein.

Nicht alle werden Freunde so wie Ronnit und Leila, nicht alle wollen das Land verändern, aber alle haben vom Leben und von den Nöten der anderen Seite erfahren. Es sind nicht mehr einfach die Bombenwerfer oder die feindseligen Soldaten; der jeweils Andere hat ein Gesicht, eine Geschichte bekommen.

Schwierige Begegnungen auch für die Lehrer

Doch zurück zu Givat Haviva und dem Ablauf des Programms. Ein jüdischer und ein arabischer Direktor teilen sich die Verantwortung für die Durchführung. Dadurch, daß sie es gemeinsam vorbereiten und planen, werden schon in diesem Stadium Aspekte der jüdischen und der arabischen Sichtweise thematisiert und aufgenommen. Acht Supervisoren, alle sozialpädagogisch ausgebildet, betreuen das Programm und begleiten die Lehrkräfte fachlich und didaktisch. Mit einer arabischen Schulklasse und deren Lehrern arbeitet ein arabischer Supervisor und umgekehrt mit einer jüdischen Klasse ein jüdischer Supervisor von Givat Haviva, da sich die Bedürfnisse und Hintergründe der arabischen und jüdischen Schüler sehr unterscheiden. Doch auch hier bleiben Juden und Araber nicht unter sich, die Supervisoren treffen sich regelmäßig zum gegenseitigen Austausch mit ihrem arabischen bzw. jüdischen Kollegen, der die Partnerklasse betreut.

Wer aber sind die Lehrer, die sich für das Programm »Kinder lehren Kinder« melden? Die Schulen, die sich an dem Projekt beteiligen möchten, wählen drei bis fünf meist hochmotivierte Leute aus ihrem Kollegium aus, die im Sommer an einem achttägigen Vorbereitungsseminar in Givat Haviva teilnehmen. Meist suchen diese Lehrer die Herausforderung, die ihnen das Programm bietet, denn eine solche Zusammenarbeit zwischen Juden und Arabern, wie sie das Projekt »Kinder lehren Kinder« eröffnet, ist, wie erwähnt, ein Novum im israelischen Erziehungssystem. Doch ist die Rolle der Lehrer alles andere als einfach: Sie müssen sich nicht nur genauso wie die Schüler mit ihren Vorurteilen auseinandersetzen und den ungewohnten Begegnungen mit der jeweils anderen Gruppe stellen, sondern den Prozeß auch in den Klassen umsetzen. Das ist eine hohe Verantwortung, die jeder Lehrer trägt. Trotzdem kommt es selten vor, daß sich Lehrkräfte entscheiden, aus dem Projekt KLK auszusteigen.

Die Rolle der Lehrer ist alles andere als einfach.

Die erste Hürde für die Lehrer ist der Vorbereitungsworkshop. Hier heißt es auch für die Erwachsenen, sich selbst und die eigenen Ansichten kennenlernen – sonst könnte man von ihnen später im Unterricht nicht erwarten, daß sie ihrerseits einfühlsam und verständnisvoll mit den Ängsten und Hemmschwellen der Schüler umgehen. Um die Gedanken und Gefühle der Jugendlichen nachvollziehen zu können, müssen sich die Lehrer zunächst selbst auf den Prozeß einlassen, der sie ermutigt, offener gegenüber ihren arabischen bzw. jüdischen Kollegen zu sein. Für viele Lehrer ist dies der erste Einstieg in einen jüdisch-arabischen Dialog. So mancher merkt in diesem ersten Workshop, daß er vielleicht doch nicht bereit dazu ist, bei »Kinder lehren Kinder« mitzumachen, oder daß er sich einfach nicht dazu imstande sieht. Im Zweifelsfall lehnen die Supervisoren und Direktoren auch Lehrer ab, die in ihren Augen nicht die nötigen Voraussetzungen mitbringen.

Als nächstes geht es für die Lehrer noch einmal nach Givat Haviva, diesmal zu einem methodischen Seminar, das ihnen eine neue Form von Unterricht vermitteln möchte. »Kinder lehren Kinder«

baut darauf auf, daß die Schüler in den Prozeß einbezogen werden und sich als ein Teil des Projekts verstanden wissen. Jetzt muß der Lehrer seine Rolle vom Wissensvermittler zum Moderator verändern – eine Umstellung, die nicht immer ganz leicht fällt. Vorträge und Diskussionen zu Themen des jüdisch-arabischen Dialoges stehen ebenfalls auf dem Programm.

Wer auch diese Hürde genommen hat, der tritt dann schließlich vor eine der »Kinder lehren Kinder«-Gruppen. Dabei wird der Lehrer nicht ganz allein gelassen – jede Woche einmal ist ein Supervisor als Beobachter dabei, auch bei den Besprechungen ist er präsent. Diese Begleitung durch Givat Haviva ist wichtig, denn so haben die Lehrer Gelegenheit, sich zusammen mit ihrem Supervisor über ihre Erfahrungen in ihren Schülergruppen auszutauschen. So können Probleme oder Konflikte frühzeitig besprochen und »entschärft« werden. Aber die Gespräche haben auch noch eine andere Funktion: Auch die Erwachsenen müssen ihre eigenen Erfahrungen mit den ungewohnten Begegnungen, ihre Empfindungen und Befürchtungen diskutieren und verarbeiten. Die Lehrer durchlaufen einen Prozeß ähnlich dem, den die Schüler erleben – sie sollten den Jugendlichen nur immer einen Erfahrungsschritt voraus sein. Sie müssen die in den Klassen geführten Diskussionen in Richtung eines Dialoges steuern, aktuelle Ereignisse und deren Behandlung im Unterricht wie beispielsweise Terroranschläge oder den Friedensprozeß, einbeziehen. Wenn die Treffen der Kinder-

Jede Woche einmal ist ein Supervisor als Beobachter dabei.

In Givat Haviva versammeln sich Schulklassen aus dem ganzen Land.
Photo: Givat Haviva

gruppen vorbereitet werden, sind jedoch auch immer Vertreter der Schüler dabei, so daß ihre Bedürfnisse und Anliegen nicht übergangen werden.

Das Programm KLK ist noch in vielerlei Hinsicht verbesserungswürdig, doch werden jedes Jahr die gemachten Erfahrungen neu ausgewertet: Lehrer und Schüler füllen am Anfang, während des Programms und nach dessen Ende Fragebögen aus, in denen sie Anmerkungen und Vorschläge machen können. Auch unverhoffte Schwierigkeiten tauchen immer wieder auf, so wie im Januar 1996.

Ich soll für den Südwestfunk einen Beitrag über die Situation in Israel drehen. Wieder einmal ist der mühsame Friedensprozeß zwischen Israelis und Palästinensern gefährdet. Einem grausamen Bombenattentat im Morgengrauen an einer Bushaltestelle sind acht junge Männer zum Opfer gefallen, allesamt junge Wehrpflichtige, die sich nach dem Wochenende auf den Weg in ihre Kasernen gemacht haben. Die Situation droht zu eskalieren, besonnene und mahnende Stimmen finden kaum Gehör. In den gemischten Klassen des Programms KLK verfestigen sich die Fronten, geraten die Gruppen immer häufiger heftig aneinander. Die arabischen und jüdischen Lehrer treffen zusammen, beraten über Wege aus dem Dilemma. Am Ende steht eine außergewöhnliche Maßnahme: Sie verurteilen in einer gemeinsamen Erklärung den Terror und rufen auf zu einer gemeinsamen Demonstration für Frieden und Verständigung. Lehrer und Schüler gehen auf die Straße. Aus dem Gegeneinander in den Klassen wird ein Miteinander. Sie stehen ein für ein gemeinsames Ziel, zu dem es für sie keine Alternative gibt: für einen gerechten Frieden für Israel und Palästina.

> Aus dem Gegeneinander in den Klassen wird ein Miteinander.

Frieden ist machbar

Schmelztiegel Israel. Menschen aus über 100 Nationen sind hier versammelt. Die großen Weltreligionen sehen hier ihr geistiges Zentrum. Rund eine Million Araber mit israelischer Staatsbürgerschaft sind 50 Jahre nach der Staatsgründung noch immer nicht in die israelische Gesellschaft integriert. Durch »Kinder lehren Kinder« wird die Trennung überwunden, denn es werden jüdische und arabische Schulklassen, Gewerkschaften, Jugendgruppen, Wissenschaftler und Lehrer zusammengebracht.

Die Regierung hat die Bedeutung des Programms erkannt. 1992 bekam Givat Haviva vom israelischen Kultusministerium den Friedenspreis für Erziehung verliehen. In den USA und Kanada, in der Schweiz, den Niederlanden, in Österreich und Deutschland haben sich Fördervereine gegründet, die die Ideen von Givat Haviva unterstützen und vorantreiben möchten. Gegen Haß, Gewalt und Unterdrückung hilft nur die stetige und verantwortungsvolle Arbeit am Frieden. Nicht »Friede, Freude, Eierkuchen«, sondern ehrlicher Dialog, vertrauensvoller Konflikt und begleitete Auseinandersetzung. Die Menschen in Givat Haviva gehen täglich diesen schweren Weg.

> Gegen Haß und Gewalt hilft nur Arbeit am Frieden.

Jugendbanden und Großstadtslums
Straßenkinder, Armut und Gewalt in Lateinamerika

Christian Salazar Volkmann

Im Jahre 2010 werden sechs von zehn Kindern und Jugendlichen auf der Erde in Großstadtslums leben. Was bedeutet es für die gesellschaftliche Entwicklung der Menschheit, für Rechtsstaat, Demokratie und Achtung der Menschenrechte, wenn die Jugend der Welt in solchen Verhältnissen aufwächst und durch Gewalt sozialisiert wird? Was heißt es, in einer lateinamerikanischen Großstadt jung und arm zu sein? Am Beispiel Guatemala City läßt sich schon heute ein Blick in die Zukunft werfen ...

»So lange ich mich erinnern kann, haben sich mein Stiefvater und meine Mutter gestritten und geschlagen. Einmal – ich war vielleicht zehn oder elf Jahre alt –, da war es besonders schlimm. Meine Mutter rannte aus unserer Hütte, Vater griff nach dem Revolver und lief hinter ihr her. Ich versuchte, ihn zurückzuhalten, aber er stieß mich beiseite. Mutter versteckte sich hinter einem Baum, und Vater schoß mehrmals auf sie. Dann rannte er zum Baum und zerrte sie an den Haaren hervor. Er setzte ihr die Pistole an die Stirn und ich dachte: Jetzt bringt er sie um. Er sagte: ›Nur, weil du die Mutter meiner Kinder bist, lasse ich dich am Leben.‹ Da beschloß ich, auf die Straße zu gehen, um dort das Glück zu suchen, das ich zu Hause nicht fand.«

José, der als kleiner Junge von zu Hause ausriß, weil er die Schläge und Schreie der Eltern nicht mehr aushielt, ist heute 19 Jahre alt. Doch Glück hat ihm die Straße nicht gebracht. Eine Gruppe Unbekannter überfiel ihn nachts, die Männer schnitten ihm die Kniekehle durch und warfen den schwer verletzten Jungen einen Abhang hinunter. José überlebte, aber bis heute geht er auf Krücken.

> »Mutter versteckte sich hinter einem Baum, und Vater schoß mehrmals auf sie.«

Das Elend der Straßenkinder

Josés Schicksal ist kein Einzelfall. Viele Kinder und Jugendliche wachsen in einem Klima der Gewalt heran, und manche fliehen aus ihren zerrütteten Elternhäusern. Über 6.000 Kinder leben gegenwärtig in den Städten Guatemalas ausschließlich auf der Straße und ernähren sich, indem sie betteln oder stehlen. Damit verbessern sie ihre Situation selten, denn Gewalt gegen Straßenkinder ist an der Tagesordnung. Polizei, aber zunehmend auch private Sicherheitsdienste und Todesschwadronen »säubern« die Innenstädte von sogenanntem Gesindel, die Drogenmafia bedient sich der Kinder häufig als Kuriere und Dealer und bestraft Aussteiger mit grausamen Verstümmelungen. Doch auch die Bevölkerung – leidgeprüft durch die starke Zunahme der Alltagskriminalität – reagiert oft feindselig auf die Straßenkinder. Keine guten Voraussetzungen also, um diese Kinder zu schützen. Casa Alianza, die wichtigste Straßenkinderorganisation des zentralamerikanischen Landes, weist darauf hin, daß die Täter meist straflos bleiben. Über 400 Fälle von gewalttätigen Übergriffen sind angezeigt worden, doch die Gerichtsverfahren ziehen sich z.T. schon über Jahre hin und kommen nicht voran.

Auch die Bevölkerung reagiert oft feindselig auf die Straßenkinder.

Nur in Ausnahmefällen, wie beim Mord an Nahaman Carmona, wird die Justiz aktiv – und auch hier vor allem auf internationalen Druck hin. Die brutale Tat geschah in der Nacht vom 4. März 1990: Nahaman Carmona López, ein 13jähriges Straßenkind, und seine Freunde saßen zusammengekauert an einer Straßenecke im Zentrum Guatemala Citys. Sie schnüffelten selbstvergessen flüssigen Klebstoff. Kurz nach Mitternacht tauchten vier uniformierte Polizisten auf, entrissen den Kindern den Klebstoff und schütteten die ätzende Flüssigkeit über deren Augen. Nahaman leistete Widerstand – Grund genug für die vier Männer, den schmächtigen Jungen auf den Boden zu werfen. Sie schlugen und traten auf ihn ein, bis er bewußtlos wurde. Die anderen Kinder flüchteten, kehrten aber später zum Tatort zurück, wo sie Nahaman leblos vorfanden. Nahaman starb zehn Tage später im Krankenhaus an seinen schweren Verletzungen.

Casa Alianza informierte die ausländische Presse über den Fall und erhob in Vertretung der sehr armen Eltern Nahamans Anklage gegen die mutmaßlichen Täter. Aufgrund des internationalen Drucks und eindeutiger Zeugenaussagen gewann die Organisation den Prozeß: Die vier Polizisten wurden zu zwölf Jahren Haft und zu je einer Geldstrafe von 20.000 Quetzales, umgerechnet 5.000 DM, verurteilt, die der Familie Carmona zufließen sollte. Doch nach sechs Jahren wurden die Täter entlassen; die Geldstrafe entrichtete keiner von ihnen. Casa Alianza nahm den Fall wieder auf und forderte von der guatemaltekischen Regierung die entsprechende Entschädigungssumme, da es sich bei den Mördern um Staatsbedienstete handelte, für die der Staat laut Art. 155 der guatemaltekischen Verfassung die Verantwortung zu übernehmen habe. Nach zähen Verhandlungen gab die Regierung schließlich nach. Nach knapp zehn Jahren erhalten die Eltern des ermordeten Straßenjungen nun eine Entschädigung.[1]

Trotz seiner bleibenden Behinderung ist das ehemalige Straßenkind José »noch einmal davonkommen«: Er lebt heute wieder bei seiner Mutter, der Stiefvater hat die Familie inzwischen verlassen. In seinem Slum hat José neue Freunde gefunden, junge Schauspielerinnen und Schauspieler der Theatergruppe Iqui Balam. Sie wurde vor zwei Jahren gegründet und besteht aus rund 60 Kindern und Jugendlichen, die jeden Abend proben und mehrmals im Monat auftreten. Mit ihrer Hilfe hat José sein Lebensziel gefunden: Er will Schauspieler werden. Wie José stammen alle Mitglieder von Iqui Balam aus Mario Aliotto, einem Vorstadtslum von Guatemala City, das durch Landbesetzungen vor rund drei Jahren entstanden ist. Heute kämpfen dort ca. 60.000 Menschen ohne Strom und Wasser in Wellblechhütten ums tägliche Überleben. Die Themen der Theatergruppe kreisen um ihre alltäglichen Erfahrungen: Gewalt in den Familien, Jugendgangs und Kriminalität, das Leben auf der Straße, Drogensucht, Gefängnis, aber auch die Sehnsucht nach Liebe, Geborgenheit und Glück.

Die Themen der Theatergruppe kreisen um ihre alltäglichen Erfahrungen.

Ihr Stück *Begraben wir die Gewalt* beginnt mit einem Trauerzug: Jugendliche tragen einen Sarg auf die Bühne, in welchem die personifizierte Gewalt liegt. Schlaglichtartig werden Szenen aus einem Familienalltag dargestellt: ein Vater, der seine Frau und Kinder liebt, sie aber – dem gesellschaftlichen Ideal des aggressiven Machos gemäß – anschreit und schlägt. Die Gewalt in Gestalt eines schwarz gekleideten Jugendlichen steigt aus dem Sarg und setzt den Mann noch stärker unter Druck: »Frauen sind nichts wert. Du hast die Macht. Du mußt sie durchsetzen.« Zum Abschluß kehrt

---

1 Bericht: Günay Salazar-Volkmann

Eine Aufführung der Straßenkinder: Durch das Theaterspielen können sie ein Publikum auf Ihre Probleme aufmerksam machen.
Photo: Fahrenholtz

die personifizierte Gewalt wieder in ihren Sarg zurück, die Träger fordern: »Begraben wir die Gewalt. Frauen und Männer sind gleichwertig. Respektieren wir die Frauen. Bauen wir gemeinsam eine friedliche, solidarische Welt auf.«

Die Mitglieder der Theatergruppe gehörten zwei verfeindeten Jugendbanden an.

Ähnlich hart wie die Themen ihrer Stücke ist die Entstehungsgeschichte der Gruppe, deren Mitglieder zwei verfeindeten Jugendbanden angehörten. Einer der Gangleader mußte mit ansehen, wie sein kleiner Bruder im Kokainrausch starb. Dieser Schock führte dazu, daß er der anderen Gang ein Friedensangebot machte und vorschlug, gemeinsam Theater zu spielen. Die andere Gang war verblüfft – und akzeptierte.

Was tun gegen die Spirale der Gewalt?

Iqui Balam wird vom deutschen Projekt »Hilfe für Straßenkinder in Guatemala« der deutschen Entwicklungszusammenarbeit unterstützt. Die Gesellschaft für Technische Zusammenarbeit (GTZ) baut im Auftrag des Entwicklungshilfeministeriums Jugendgruppen auf und bietet eine Jugendleiterausbildung an. Der Kampf gegen die Spirale der Gewalt ist einer der Schwerpunkte des Projekts, denn laut einer Studie der Weltgesundheitsorganisation sind in Guatemala Schuß- und Stichverletzungen die wichtigste Todesursache

Sterblichkeit bei Jugendlichen zwischen 10 und 19 Jahren in Guatemala	Tab. 1
Rang / Art	Anteil
1. Schußwaffen	8,9 %
2. andere Verletzungen	7,3 %
3. Atemwegserkrankungen	7,0 %
4. Darmerkrankungen	6,6 %

Quelle: Weltgesundheitsorganisation, Guatemala: 1997

für Jugendliche. In anderen Ländern Lateinamerikas sieht es nicht viel besser aus: In den gewalttätigsten Stadtvierteln der kolumbianischen Großstadt Cali liegt die Mordrate bei exorbitanten 800 Fällen auf 100.000 Einwohner – zum Vergleich: Brasilien 20 Fälle –, die Mehrheit der Ermordeten sind junge Menschen unter 24 Jahren.[2]

In anderen lateinamerikanischen Städten ist das Leben für Jugendliche ähnlich hart und brutal wie in Guatemala City. 500 Jugendbanden gibt es schätzungsweise in El Salvador, in Honduras sollen alleine in der Hauptstadt Tegucigalpa 80, in San Pedro Sula weitere 80 Banden mit über 5.000 Mitgliedern im Alter zwischen 12 und 25 Jahren existieren. In Rio de Janeiro hat die Zahl der Gewalttaten von Jugendlichen – vor allem Diebstahl, Raub und Drogendelikte – in den letzten Jahren um ein Viertel zugenommen. Lehrer, die mit diesem gewalttätigen Nachwuchs zurechtkommen müssen, leben gefährlich: In Kolumbien sind nach Aussagen von Luis Miguel Saravia, einem GTZ-Experten in Bogota, allein 1997 über 250 Lehrer von ihren Schülern ermordet worden, weil diese mit ihren Noten unzufrieden waren.

In Kolumbien sind allein 1997 über 250 Lehrer von ihren Schülern ermordet worden.

Um Tragödien verhindern zu helfen, setzen die Projektmitarbeiter in Guatemala vor allem auf Jugendarbeit in den Stadtvierteln, in denen die größte Armut herrscht. Die Jugendlichen selbst betonen immer wieder, daß ihre Bereitschaft, Konflikte gewaltlos zu lösen, zur Schule zu gehen, sich weiterzubilden oder den Drogen abzuschwören vor allem von ihrem *autoestima* abhängt (bedeutet in etwa »Selbstwertgefühl« oder »Selbstbewußtsein«). Mit Jugendgruppen kann man diesen *autoestima* fördern, daher wurde mit

---

2 Restrepo, Ines: *Ponencia sobre la situacion en Cali de la Violencia Juvenil*, El Salvador 1997, 2

Unterstützung der deutschen Entwicklungshilfe 1996 der Jugendverband Nuevos Caminos (AJNC) gegründet, zu dem die Theatergruppe in Mario Aliotto und zehn weitere Gruppen gehören.

Delegationen der Jugendgruppen nehmen alle 14 Tage an einem Schulungsprogramm teil, z.B. Fortbildungen zu den Themenbereichen Konfliktbewältigung, Familie, Bildung, Arbeitsmarkt, Persönlichkeitsbildung, Sexualerziehung und Erste Hilfe. Die Jugendlichen selbst schlagen die einzelnen Themen vor, die sie behandeln wollen. In ihren Stadtteilen werden die Gruppen dann von sich aus aktiv: Sie halten Vorträge in Schulen, organisieren Theaterveranstaltungen, beseitigen Müll, pflegen öffentliche Parks, halten Alphabetisierungskurse für Kinder und Erwachsene ab und vieles mehr. Als der Hurrican Mitch in Mittelamerika getobt hatte, halfen die Jugendlichen tatkräftig bei Hilfsaktionen gegen die Unwetterschäden. Verschiedene Jugendgruppen des Verbandes haben das Gesundheitsministerium bei der Nationalen Impfkampagne unterstützt, indem sie Flugblätter verteilten und Plakate klebten. Außerdem haben sie am Nationalen Jugendgesundheitsplan desselben Ministeriums mitgearbeitet.

Begeistert, daß es überhaupt solche Projektangebote gibt, machen die Jugendlichen mit – innerhalb von nur zwei Jahren wuchs der Verband von 10 auf ca. 500 Mitglieder, davon sind gut ein Drittel Mädchen. Viele Jugendliche nennen die Mitarbeit in ihrer Gruppe eine der wichtigsten positiven Erfahrungen in ihrem

Die Jugendlichen selbst schlagen die einzelnen Themen vor, die sie behandeln wollen.

In einer Großmarkthalle ist eine Schule für Straßenkinder eingerichtet worden.
Photo: Fahrenholtz

Alltagsleben, und die Umgebung profitiert von ihrem besseren Sozialverhalten. Aggressionen werden abgebaut und gewalttätige Übergriffe zumindest reduziert, es gelingt, negative Energien auf die gemeinnützigen Aktivitäten umzulenken. Manche der Jugendlichen besuchen sogar wieder die Schule.

Doch nicht alles ist eitel Sonnenschein. Je bekannter und aktiver die Jugendlichen in ihren Stadtvierteln werden, desto heftiger fällt die Reaktion der Drogenbosse und kriminellen Gangs aus. Einige Male wurden Projektmitarbeiter und Jugendleiter zusammengeschlagen oder bedroht, weil die Gangs um ihre Macht und ihren Einfluß auf die Jugendlichen fürchten. Das Dilemma ist also, daß die Förderung der Jugendlichen im Projekt ihnen hilft und sie zugleich gefährdet. Wie lange können »Inseln des Friedens« im »Meer der Gewalt« bestehen?

> Die Gangs fürchten um ihre Macht und ihren Einfluß auf die Jugendlichen.

Die Schatten der Zivilpatrouillen

Der Druck, Gewalt mit Gewalt zu beantworten, wirkt auf die guatemaltekischen Jugendlichen besonders stark, weil es in Guatemala nur wenige Vorbilder gibt, an denen sie sich im Hinblick auf eine friedliche und tolerante Lebensführung orientieren können. In Guatemala existiert keine Tradition des Rechtsstaats, der Demokratie und der friedlichen Konfliktlösung. 36 Jahre Bürgerkrieg mit über 200.000 teilweise brutal ermordeten Zivilisten (bei einer Gesamtbevölkerung von ca. elf Millionen) prägen die Gesellschaft auch noch nach den Friedensverträgen, die im Dezember 1996 abgeschlossen wurden. Der Bürgerkrieg bedeutete politische Unterdrückung, Verfolgung und Massenmord, vor allem unter der indianischen Bevölkerung des Landes. Viele Guatemalteken haben erlebt, daß Familienangehörige und Freunde verschwanden, grausam gefoltert und ermordet wurden. Die Bewohner ländlicher Regionen haben Bombardements und bewaffnete Überfälle erdulden müssen. Viele wurden im Zusammenhang mit der sogenannten Aufstandsbekämpfung dazu gezwungen, sich an Zivilpatrouillen zu beteiligen und gewaltsam gegen Nachbarn vorzugehen. Hunderttausende Menschen wurden aus ihren Dörfern und Städten vertrieben, für die meisten war Flucht in die Nachbarländer die einzige Rettung.

Repression und Militarisierung der Gesellschaft haben ein

bedrückendes soziales Klima geschaffen. Furcht, Mißtrauen und die Zerstörung der kulturellen Werte haben den Zusammenhalt der Familien und Dorfgemeinschaften sowie die traditionellen Formen kommunaler Organisation angegriffen, nicht selten zerstört. Die Erfahrung des Bürgerkriegs hemmt viele Menschen, sich in ihren Dörfern und Städten sozial zu organisieren und zu engagieren. Denn obwohl die Täter vielfach bekannt sind, werden sie nicht zur Rechenschaft gezogen. Dieses sogenannte *impunidad* verhindert die Verarbeitung des erlittenen Leids und Aussöhnung, erschwert aber auch den Aufbau des Rechtsstaats in Guatemala. Denn die Bevölkerung des Landes hat den Staat und seine Institutionen bislang vor allem als korrupten Repressionsapparat kennengelernt, warum sollten sie der Justiz jetzt auf einmal vertrauen?

> Obwohl die Täter vielfach bekannt sind, werden sie nicht zur Rechenschaft gezogen.

In den 60er und 70er Jahren existierte in Guatemala eine starke Jugendbewegung aus Schülern, Studenten, Kirchenjugend, Gewerkschaftsjugend und Jugendorganisationen der Parteien. Doch seit Ende der 70er Jahre zerschlugen die guatemaltekischen Militärdiktaturen diese Bewegung fast vollständig. Ein Großteil der heute im Jugendbereich tätigen Erwachsenen sind Überlebende dieser Gewaltaktionen bzw. deren Angehörige.

Jedes fünfte Opfer direkter Menschenrechtsverletzungen in Guatemala war unter 18 Jahre alt. Dabei waren die Kinder und Jugendlichen nicht nur passive Opfer der Massaker und Zuschauer der gezielten politischen Morde an ihren Eltern oder Verwandten. Viele Jugendliche leisteten auch direkt Widerstand gegen die verschiedenen guatemaltekischen Militärdiktaturen – über Jugendorganisationen oder spontan, indem sie den Gehorsam verweigerten.

Ein Beispiel dafür, das durch die Arbeit der im Rahmen der Friedensabkommen gegründeten Wahrheitskommission ans Licht kam: Tomas Pantzay Calel, 13 Jahre alt, wollte sich nicht an der von der Armee in seinem Dorf eingeführten Zivilpatrouille beteiligen. Daraufhin wurde er gemeinsam mit seinem Bruder Santos Franzisco, 15, sowie ihrem Cousin Fausto Pantzay Chom, 17, abgeführt, in der Schule interniert und der Kolaboration mit der Guerilla verdächtigt: »Fausto wurde von der Gruppe getrennt. Ihm wurde eine Plastiktüte über den Kopf gestülpt, bis er fast erstickte. Sie wurde ihm einen Moment lang abgenommen und unter Faustschlägen und Tritten wieder übergestülpt. Kurz darauf starb er. Dann kam Tomas, der kleinere, dran. Sie forderten auch ihn auf, seine Waffen abzugeben. Tomas weinte. Sie stülpten ihm die Tüte über, folterten ihn genauso wie seinen Cousin und töteten ihn. Der Morgen rückte näher. Santos hängten zwei Angehörige der Zivilpatrouille an einem Seil auf.«³

Demokratie und Jugend: Vertrauenskrise

Wie soll es in Guatemala weitergehen? Demokratie, Achtung vor den Menschenrechten, Versöhnung und Frieden müssen vor allem von den jungen Generationen verwirklicht werden. Doch ohne Vorbilder ist das nicht einfach, und weder die guatemaltekischen Jugendlichen noch ihre Eltern und Großeltern haben jemals Frieden und Demokratie im Alltag kennen gelernt. Da ist es nicht erstaunlich, daß Apathie und Autoritarismus die politische Kultur des Landes kennzeichnen: Rund 80 Prozent der Wähler sind bei den Parlamentswahlen Mitte der 90er Jahre den Urnen fern geblieben. Das politische Engagement der guatemaltekischen Jugend ist minimal, ihr Organisationsgrad gleich null. Nur die Hälfte der guatemaltekischen Jugendlichen glaubt, daß die Probleme des Landes demokratisch gelöst werden können – die anderen begründen ihre Skepsis vor allem mit dem Argument, in Guatemala würden die Rechte der Jugendlichen nicht geachtet.

> Das politische Engagement der guatemaltekischen Jugend ist minimal.

Die Vertrauenskrise der jungen Generationen gegenüber politischen Institutionen findet sich auf dem ganzen lateinamerikanischen Subkontinent und darüber hinaus. In einer groß angelegten Untersuchung über die Wertvorstellungen iberoamerikanischer Jugendlicher äußerten immerhin 29 Prozent all der 36.516 Befragten, die sich überhaupt zu einer Antwort bereit fanden, daß sie an keine gesellschaftliche Institution glauben. In Guatemala ist das Mißtrauen am stärksten ausgeprägt: Nur 4,2 Prozent der guatemaltekischen Jugendlichen vertrauen ihrer Regierung, nur 3,8 Prozent dem Parlament, ganze 2,1 Prozent den politischen Parteien – dagegen befürworten 6 Prozent eine Diktatur.⁴ Nur auf die Kirche, so

---

3 Comision de Esclarecimiento de la Verdad Historica: *Guatemala. Memoria del silencio*, Anhang 1, Band 2, S. 531. Übersetzung des Autors
4 Umfrage unter rund 44.000 Sekundarstufenschülern in 21 iberoamerikanischen Ländern in: Calvo Buezas, Tomas: *Valores en los jovenes espanoles, portugueses y latinoamericanos. Problemas y esperanzes de los protagonistas del siglo XX*, Ediciones Libertarias Madrid 1997

haben drei Viertel der Jugendlichen das Gefühl, können sie sich noch verlassen. Es ist daher kein Zufall, daß in Guatemala die große Mehrheit der organisierten Jugendlichen in der Kirche zu finden sind. Auch dieses Phänomen liegt im Trend der Zeit: Junge Menschen verlagern überall auf der Welt ihr Engagement zunehmend in außerparteiliche Organisationen und engagieren sich lieber kurzfristig, aktions- und themenbezogen.

Ist Jugendarbeit also Demokratieförderung? Die Antwort der deutschen Entwicklungshilfe ist ein klares »Ja«. Bei Jugendlichen kann Vertrauen in Demokratie entstehen, wenn sie sich außerparteilich organisieren können. Wer während der Repression öffentlich irgendwie auffiel, geriet leicht in Lebensgefahr – man lernte, sich anzupassen, und diese Haltung wurde zur Gewohnheit. Daher ist es für viele Jugendliche neu, sich in den vom Projekt unterstützen Jugendgruppen zu organisieren, ihre Interessen zu formulieren, unterschiedliche Standpunkte zu respektieren, Meinungen zu diskutieren, kurz gesagt: Guatemalas »Kultur des Schweigens« zu durchbrechen.

Kinderhändler blockieren ein neues Gesetz

Vertrauen in friedliche Wege der gesellschaftlichen Konfliktlösung kann bei den Jugendlichen nur wachsen, wenn ihnen Perspektiven geboten werden und wenn sie erfahren, daß Staat und Gesellschaft ihre Rechte ernst nehmen. Doch in Guatemala hat sich im Zusammenhang mit der Einführung eines neuen Kinder- und Jugendgesetzes gezeigt, daß der politische Wille hierzu nur schwach ausgeprägt ist. Gleich dreimal haben Regierung und Parlament seit 1997 das Inkrafttreten eines neuen, auf der UN-Konvention für die Rechte des Kindes basierenden Kinder- und Jugendgesetzes (Codigo de la Ninez y Juventud) bis ins Jahr 2000 verschoben. Diese Verschiebung ist ein großer Rückschritt beim gesetzlichen Schutz von Kindern und Jugendlichen in schwierigen Lebensverhältnissen – und das ist in Guatemala die große Mehrheit der jungen Menschen. Offenbar gibt es starke gesellschaftliche Kräfte, die dieses wichtige Gesetzesprojekt und die daran geknüpften Implikationen verhindern wollen. Dazu kommt, daß Guatemala eine konservative und traditionsverhaftete Gesellschaft ist. Der Versuch, Kindern und

Dreimal haben Regierung und Parlament seit 1997 ein neues Kinder- und Jugendgesetz verschoben.

Jugendlichen eigene Rechte zuzusprechen, trifft auf Ängste der Eltern und Lehrer vor Autoritätsverlust.

Ein Grund für die Blockierung des Gesetzes ist, daß es eine geregelte und restriktive Handhabung der Auslandsadoptionen vorsieht. In Guatemala können Kinder allein durch notarielle Beglaubigung zur Auslandsadoption freigegeben werden. Damit gibt es praktisch keine staatliche Kontrolle – etwa durch Vormundschaftsgerichte oder Jugendämter –, die Mißbrauch verhindert und sicherstellt, daß die Adoption zum Wohle des Kindes geschieht. Pro Kind werden zwischen 12.000 bis 15.000 Dollar Anwaltsgebühren fällig, in einem so armen Land eine gigantische Summe. Da versteht es sich von selbst, daß die beteiligten Anwälte über das Versiegen ihrer lukrativen Geldquelle alles andere als begeistert sind.

> Kinder können allein durch notarielle Beglaubigung zur Auslandsadoption freigegeben werden.

Ein Fall, der bekannt wurde, ist der von Elivia Ramirez. »Ich kam allein nach Guatemala City und hatte keinen Centavo bei mir«, berichtet sie. »Meine Familie war im Krieg nach Mexiko geflohen, da sie Angst hatte, von den Soldaten umgebracht zu werden – in unserem Dorf gab es damals schrecklich viel Tote. Ich war gerade schwanger und suchte Arbeit in der Stadt. Daher bin ich froh gewesen, als mich eine Frau angesprochen und mir angeboten hat, in ihrem Haus zu wohnen, kostenlos, und mit Verpflegung. Die Bedingung war anfangs nur, daß ich ihr in ihrer Tortillabude helfen sollte. Woher sollte ich wissen, daß sie die Schwiegermutter eines Anwalts war und nur mein Baby haben wollte?«

Beide, der Anwalt und seine Schwiegermutter, übten im Laufe der Schwangerschaft zunehmend Druck auf Elivia aus. Als die Geburt nahte, brachten sie Elivia in ein Landhaus außerhalb der Stadt, wo sie sie bis zum Tag der Entbindung einschlossen. Elivia gebar ihren Sohn Pablo in einem städtischen Krankenhaus in Guatemala City. Auf dem Wochenbett, noch unter dem Einfluß der Beruhigungsspritzen, zwang sie der Anwalt, Adoptionsformulare zu unterschreiben. Als Elivia zu sich kam, war Pablo schon nicht mehr bei ihr. Die Krankenschwestern sagten ihr, sie habe ihren Sohn doch in Adoption gegeben, sie solle sich beruhigen. Es ginge dem Jungen bestimmt besser so. Er würde bestimmt in einer reichen Familie aufwachsen.

Elivia Ramirez zog vor Gericht, fest entschlossen, um ihren Sohn zu kämpfen. Pablo war allem Anschein nach an eine spanische Familie vermittelt worden. Da sich das Verfahren ein Jahr lang hinzog, lebte das Kind in dieser Zeit bei den Freunden der Spanier in

Quetzaltenango, vier Stunden Autofahrt von Guatemala City entfernt. Elivia gewann mit Hilfe der internationalen Kinderrechtsorganisation Casa Alianza den Prozeß. Es war das erste Mal in der Geschichte Guatemalas, daß eine arme Mayafrau auf dem Rechtsweg ihr leibliches Kind zurückbekam.[5]

Unbeliebt ist das neue Kinder- und Jugendgesetz bei einflußreichen Lobbyisten auch dadurch, daß es darauf abzielt, nicht-staatliche Kinder- und Jugendkommissionen auf nationaler wie lokaler Ebene ins Leben zu rufen. Damit würde der guatemaltekische Staat erstmals NGOs anerkennen und sich mit ihnen auseinandersetzen müssen. Das sieht vor allem die Armee im Landesinneren nicht gerade gern, da sie befürchtet, daß hier neue »Keime der Subversion« entstehen könnten.

Doch die ständigen Blockaden, mit denen die Verabschiedung des Codigo de la Ninez y Juventud hinausgezögert werden, haben auch ein Gutes: Dadurch ist das Thema »Kinder und Jugendliche« in Guatemala wie nie zuvor ins Zentrum politischer und gesellschaftlicher Aufmerksamkeit gerückt. Kinder- und Jugend-NGOs beginnen auf einmal, mit Mitarbeitern staatlicher Institutionen und z.T. mit Menschenrechts-, Frauenrechts- und Mayaorganisationen zu kooperieren. Auch wenn die Aktivitäten dieser neuen Allianzen bisher nicht von Erfolg gekrönt waren, bedeutet doch die Entstehung einer breiten Bewegung für die Rechte des Kindes, daß sich Guatemala nach den brutalen politischen Verfolgungen der letzten Jahrzehnte nun zaghaft in Richtung Demokratie entwickelt.

Jugend in der deutschen Entwicklungshilfe

Rund die Hälfte der Weltbevölkerung ist jünger als 18 Jahre. Eigentlich verwunderlich, daß die deutsche Entwicklungshilfe Kinder und Jugendliche erst seit 1997 als eigene Zielgruppe von Projekten »entdeckt« hat. Bisher ging man davon aus, daß es genügen würde, Familien und Frauen zu fördern, um automatisch die Situation von Kindern und Jugendlichen zu verbessern.

Das Straßenkinderprojekt in Guatemala hat innerhalb der deutschen Entwicklungshilfe für Jugendliche eine Pilotfunktion: Die

---

5 Bericht: Günay Salazar-Volkmann

innovativen Hilfsansätze, die hier verwirklicht werden, werden ausgewertet und für andere Projekte nutzbar gemacht, denn es gibt international nur wenig Erfahrungen mit Jugendarbeit in städtischen Armutsgebieten – und das, obwohl die Städte weiter wuchern und immer mehr Jugendliche in Slums großwerden. Schon heute müssen über 250 Millionen Kinder weltweit unter Bedingungen arbeiten, die ihre Gesundheit schädigen und ihnen keine Zeit für die Schule lassen. Die Zahl der Straßenkinder wird auf 100 bis 200 Millionen geschätzt. Jedes Jahr müssen sich ein bis zwei Millionen Mädchen prostituieren. Gewalt und sexueller Mißbrauch zählen für viele Jungen und Mädchen zum Familienalltag.

Die Zahl der Straßenkinder wird auf 100 bis 200 Millionen geschätzt.

Wer hier entwicklungspolitisch sinnvoll Abhilfe schaffen will, der muß sich zunächst von den eigenen westlich geprägten Vorstellungen über Kindheit und Jugend lösen. Jungen und Mädchen in Armutsregionen müssen sich schon früh Aufgaben und Problemen stellen, die in Europa den Erwachsenen vorbehalten sind, und entwickeln natürlich ein anderes Selbstverständnis als ihre Altersgenossinnen und -genossen im Norden, wo manche ihren Lebenshorizont vor allem durch Nintendo, Nike-Turnschuhe und die neueste tagtägliche Seifenoper im Fernsehen definieren. Fehlende Bildungsmöglichkeiten, Zerfall der Familien, Einsamkeit, Selbstzweifel und Armut – all das eigenständig zu bewältigen überfordert die Stadtjugend in den Entwicklungsländern, sie reagiert mit Aggressionen und Gewalt. Regierungen und Stadtverwaltungen kontern meist ratlos mit polizeilicher Repression oder Zwangsinternierung, obwohl Prävention wirksamer und kostengünstiger wäre. Dazu bedarf es freilich einer systematischen Kinder-, Jugend- und Familienpolitik – ein Feld, das in den meisten Ländern weitgehend unbekannt ist.

Doch die Zeichen der Zeit sind günstig. Die Konvention über die Rechte des Kindes und der wachsende Problemdruck haben einen Reformschub ausgelöst: Viele Kinder- und Jugendgesetze sind geändert, teilweise neu formuliert worden. In vielen Entwicklungsländern werden kinder- und jugendpolitische Institutionen aufgebaut. Allein in Lateinamerika entstehen immer mehr Familien-, Frauen- und Jugendministerien: So wurde beispielsweise 1998 auf der 4. Lateinamerikanischen Ministerkonferenz über Kinder-, Jugend- und Sozialpolitik in Lima deutlich, daß mindestens 14 Länder bereits ein eigenes Ministerium für Jugendfragen aufgebaut bzw. die Zuständigkeit eines Ressorts für Jugendfragen definiert haben.

Aus heutiger Sicht kristallisieren sich aus den Erfahrungen in Guatemala drei Schlüsselbegriffe für eine erfolgreiche Entwicklungshilfe im Jugendbereich heraus: Rechte, Partizipation und Integration. D.h.: die Rechte der Jugendlichen ernst nehmen und gesellschaftlich propagieren, ihre Chancen zur Teilnahme an der Gesellschaft erweitern und Angebote der Jugendförderung bereitstellen. Die entwicklungspolitische Jugendhilfe der Zukunft darf sich nicht allein als Hilfe fürs Kind verstehen, sondern ist auch angewandte Demokratieförderung und Friedenssicherung. Dazu gehört, entsprechende Rechts- und Politikkonzepte entwickeln, um die Stellung des Kindes in Verfassung und Gesetzen zu stärken, z.B. in der Jugendstrafgesetzgebung oder im Jugendarbeitsschutz.

Wirkungsvolle Jugendprojekte können aber auch nicht umhin, den Jugendlichen zuzuhören, ihre Bedürfnisse kennenzulernen und sie dann zu motivieren, selbst etwas für deren Verwirklichung zu tun. Ausgangspunkt aller Lösungsansätze muß die konkrete Lebenslage der Jugendlichen sein. Das bedeutet für die Entwicklungshilfe, daß sie Gruppen und Verbände für Jugendliche fördern und versuchen sollte, Jugendvertretungen in den Gemeinden sowie auf Departements- und nationaler Ebene zu verankern. Es bedeutet auch: Weg von rein schulischen oder beruflichen Angeboten, hin zu einer gemeinsam mit den Jugendlichen entwickelten Kombination an schulischen, außerschulischen und berufsbezogenen Maßnahmen. Mit dieser Unterstützung sind die Jugendlichen besser in der Lage, ihre Probleme zu bewältigen. Eines ist klar: Jugendliche lassen sich in ihrem Verhalten und ihrer Einstellung zu Gewalt, Drogen, Sexualität, Bildung und Arbeit kaum durch einzelne Workshops und Seminare zu bestimmten Themen beeinflussen. Sie werden sich nur durch einen integrierten Ansatz, der von ihren eigenen Interessen und Bedürfnissen ausgeht, weiterentwickeln und gegebenenfalls ändern.

Die Chancen für einen neuen Dreiklang in der Jugendpolitik – Rechte, Partizipation, Integration – stehen nicht schlecht. Das liegt zunächst vor allem an den Jugendlichen selbst: Trotz ihres niederdrückenden Alltags sind manche von ihnen bereit, sich im Stadtviertel zu engagieren, wie das Beispiel der Jugendgruppe in Mario Aliotto zeigt. Doch wenn die Jugendlichen in die Gemeinden gehen, dann brauchen sie wegen ihres schlechten Images die Unterstützung von Erwachsenen. Häufig werden sie von den Nachbarn abgelehnt: »Ihr seid doch bestimmt Bandenmitglieder!« Dabei

> Ausgangspunkt aller Lösungsansätze muß die konkrete Lebenslage der Jugendlichen sein.

wäre es doch eine der wichtigsten Rollen der Erwachsenen, den Jugendlichen durch ihre moralische Unterstützung Selbstvertrauen zu vermitteln.

Das ist die eine Seite der Medaille.

Die andere Seite ist: Die Strategien der Lebensbewältigung von Jugendlichen haben immer auch eine politische Dimension. Um junge Leute an »großen Entscheidungen« zu beteiligen, müßten erst einmal Jugendorganisationen durch Parteien, Kirchen und Gewerkschaften aufgebaut werden. Das ist ein schwieriges politisches Fahrwasser, denn die Jugend beherrscht in vielen Ländern die Straße und stellt oft radikale Forderungen. Gerade in der politischen Geschichte Lateinamerikas waren es immer wieder die Schüler- und Studentenbewegungen, die für soziale Gerechtigkeit und Demokratie gekämpft haben, sie sind eine treibende Kraft für gesellschaftliche Veränderungen. Daher haben viele Politiker Angst vor der Beteiligung von Jugendlichen an Politik und Gesellschaft. Ein Mitglied der guatemaltekischen Regierung hat das auf den Punkt gebracht: »Die Jugend ist wie eine Aspirin-Brausetablette. Sie kann helfen, viele Probleme zu lösen, aber sie bringt dabei das Wasserglas zum Brodeln. Und wer kann garantieren, daß das Glas nicht überläuft?«

> Die Jugend beherrscht in vielen Ländern die Straße und stellt oft radikale Forderungen.

Autorennotiz

Andrea Bähner ist seit 1996 Auslandsreporterin des SWR Baden-Baden. 1994 und 1995 wirkte sie bei der Vorbereitung einer deutsch-israelischen Frauenkonferenz für die Friedrich-Ebert-Stiftung in Tel Aviv und bei zwei deutsch-israelisch-palästinensischen Schriftstellertreffen mit.

Gerhard Dilger arbeitet seit 1999 als freier Journalist in São Paulo. 1992 bis 1997 lebte der Sprachlehrer und Journalist in Bogotá und war danach als Redakteur des EXPO Info Pools in Hannover tätig. Zu seinen zahlreichen Veröffentlichungen gehören *The Carribean Crossroads of Culture* (1993) und *Kolumbien* (1997).

Jasmina Tesanovic ist eine renommierte Romanautorin, Essayistin und Feministin aus Belgrad. Die jüngste ihrer zahlreichen Veröffentlichungen, *On Normality: a Moral Opera of a Political Idiot* erschien 1999 in den USA. Jasmina Tesanovic unterrichtet kreatives Schreiben im Zentrum für Frauenstudien an der Belgrader Universität.

Chris Pearce ist Direktor von Mine Tech, einer Initiative zur Minenräumung in Simbabwe. Dort, aber auch in Angola, Bosnien, Mosambik und Somalia war er an Aktionen zur Minenbeseitigung beteiligt. Zusammen mit der Gesellschaft für Technische Zusammenarbeit (GTZ) entwickelte er erfolgreiche Strategien zum Umgang mit und Räumung von Landminen. Pearce zählt auf diesem Gebiet zu den international gefragtesten Experten.

Christian Salazar Volkmann ist Mitarbeiter der Deutschen Gesellschaft für Technische Zusammenarbeit (GTZ) in Guatemala. Die Schwerpunkte seiner Arbeit sind Jugend, Menschenrechte und

Demokratisierung. Er wirkte an beiden großen Menschenrechtsberichten der katholischen Kirche und der Wahrheitskommission in Guatemala mit. Im Auftrag der GTZ leitete er das Projekt Hilfe für Straßenkinder in Guatemala. 1994 bis 1997 war Salazar Volkmann Mitglied der Geschäftsleitung der UNICEF Deutschland. Heute ist er Koordinator des Landesprogramms der UNICEF in Guatemala.

Register

Administrative Committee on Coordination (ACC) 123
African National Union (ZANU) 179
Agribush Flail 196
Ahimsa 98
Aidesep 174
Aldeamento 179, 183, 188
Allgemeine Erklärung der Menschenrechte 7 ff., 35, 38, 72
Allianz für den Fortschritt 165
Alphabetisierung 166, 176
Amerikanisch-Japanischer Sicherheitsvertrag (AMPO) 127 f., 130 f., 144
Amerikanisierung 47
Amnesty International 21
Anomie 77, 86
Anthropozentrismus 13, 100
Arbeit 12, 37 f.
Arbeitslosigkeit 48 f., 53, 132
Arbeitsmarkt, freier 104 f.
Arbeitsproduktivität 48, 54 f.
Asprocig 168
Asyl 167
Atomie 77, 86, 96
Austrittsfreiheit 13, 91 f., 94, 125 f.
Autonomie 13, 17, 41, 101, 135
Autoritarismus 233

Baha'i 62
Base bible 128
Bay, Christian 14
Beck, Ulrich 49
Bedürfnisse/Rechte-Matrix 35

Behörden, lokale 106, 110, 114 f.
Beitrittsrecht 125
Bentham, Jeremy 25
Beobachter, internationale 16, 22, 28
Besitz 85 f.
Bewerberstaaten 118
Bibel 93
Bieler Erklärung (1995) 89
Billie, Paul 191
Biopiraterie 170
Boutros-Ghali, Boutros 106
Bozinovic, Neda 200 f.
Buber, Martin 214
Buddhismus 10, 27, 72, 80, 98, 100
Bündnis 90/Die Grünen 142
Bunyan, John 47
Bürgerkrieg 64, 178 f., 231 f.

Carmona López, Nahaman 226
Casa Alianza 226 f., 236
Chancengleichheit 217
Chaucer, Geoffrey 47
Chirac, Jacques René 31
Cholsamaj-Projekt 176
Christentum 47, 72, 80, 84, 93, 127, 129, 137 f., 144, 164
Clastres, Pierre 164
Clausewitz, Carl Philipp Gottfried von 131
CNN/Sky 75
Cobaria, Berito 169
Cockburn, Cynthia 201
Codigo de la Ninez y Juventud 234, 236

Comissão Pro-Indio do Acre 173
Community Mine Awareness for
  Development (CMAD) 196

Davis, Garry 62
Demokratie 11, 17 f., 23-34, 39, 81,
  103 ff., 205, 217, 225, 231,
  233 f., 239
  – Definition 24
  –, globale 108
  –, westliche 30-34
Demokratisierung 11, 102 ff., 122 f.
Destrukturierung 77
Devolutionstendenz 95
Dialektik 100
Dialog 33 f., 215 f.
  –, konsensorientierter 24 ff., 29,
  87 f.
Dialog-Prinzip 215
Die satanischen Verse 82
Diktatur 25, 233
  – der Mehrheit 25
Dislocados 179 f.
Djihad 137
Drittes Reich 212
Dyck, Lionel van 181 f., 186, 188,
  193

ECO 140
EGKS-EWG-EG-EU-Integrations-
  prozeß 141 f.
Eichmann, Adolf 90
Entwicklungshilfe, deutsche 236 ff.
Erster Weltkrieg 145
Esperanto 62
EU-Kommission 121
EU-Ministerrat 121
Europäische Freihandelsassoziation
  (EFTA) 71
Europäische Union (EU) 28, 31,
  43 f., 65, 71, 104, 116 f., 120 f.,
  140, 142, 193
Europäische Währungsunion 30
Europäischer Rat 124
Existenz, menschenwürdige 13, 17

Familie/Sippe 13, 91 f.

Farrakhan, Louis 34
Faschismus 24
Fatwah 82, 90 f.
Federal Bureau of Investigation
  (FBI) 22
Feminismus 198, 201
Folter 11, 97, 102
Food and Agriculture Organization
  (FAO) 94
Formation, geokulturelle 127, 144
  –, geomilitärische 127, 134, 144
  –, geoökonomische 127, 130,
  134, 144
  –, geopolitische 127, 135, 144
Fragmentierung 86
Französische Revolution 31 f.
Frauen in Schwarz 198-208
Frauenbewegung 206
Freiheit 10, 15 ff., 135, 164
Freire, Paolo 215
Frieden 13, 38, 213, 217, 224, 233
  –, kultureller 24
Friedens-/Entwicklungsziele 65
Friedensbewegung 203
Friends of the Earth 172
Front National 31

Gama, Vasco da 45, 178
Gandhi, Mahatma 25, 63
Gaulle, Charles de 31
Gedenktage 73 f.
Gemeinschaft unabhängiger
  Staaten (GUS) 140
Genossenschaft 54
Gerechtigkeit, soziale 36, 239
Gesellschaft für Technische
  Zusammenarbeit (GTZ) 180 ff.,
  185, 187 f., 228 f.
Gesellschaft, bürgerliche 52, 109,
  115
Gewalt 32, 111 f., 114, 202, 224
  –, kulturelle 23 f., 28, 30
  –, Schutz gegen 13
  –, strukturelle 24, 28, 30
Gewaltlosigkeit 98
Gewaltmonopol 128
Gewerkschaften 132

Givat Haviva 213, 216 f., 219 ff., 224
Gleichbehandlung 41, 97
Globalisierung 12 f., 22, 112, 116, 131, 207
– der Demokratie 101 ff.
– des Friedens 126 ff.
– der Menschenrechte 78 ff.
– der Wirtschaft 42 ff., 132
Goethe-Institut 142
Golfkrieg 69
Großgrundbesitz 164, 168
Grundbedürfnisse 14, 21, 48 f., 68, 133
–, materielle 19
Grundrechte 14
Gruppeneigentum 89
Gruppenrechte 78, 87 ff.
Guerilla 178 f.

Ha' artzi 216
Haager Konvention (1899) 128, 145
Habermas, Jürgen 10
Heiliger Krieg 85, 93, 137
Hilfe für Straßenkinder in Guatemala 228
Hinajana-Buddhismus 29
Hinduismus 80, 98
Holocaust 212
Honecker, Erich 17, 59
House of Lords 108
Human Development Index (HDI) 18 f.

Ich-Kultur 80-84, 87 f.
Identität 10, 12, 15 ff., 37, 39, 46 f., 74, 135
–, kulturelle 137, 171, 218
Identitätsverlust 176
Imperialismus 30, 51
Impunidad 232
Indianerrechte 163, 165 f.
Indianisches Netzwerk des Alto Napo für das interkulturelle Zusammenleben (RICANCIE) 161 f.
Individualbesitz 89

Individualrechte 20
Individuum 80 f.
– Entfremdung des 13, 96 f.
Inquisition 90
Integrated Humanitarian Demining (IHDD) 180, 186, 188, 191, 193, 196
International Alternative Politics 207
International Peace Bureau 145
Internationale Arbeitsorganisation (ILO) 94, 165
Internationale Charta der Menschenrechte 9, 11, 66
Internationale Postunion 45
Internationaler Gerichtshof 118, 120
Internationaler Pakt (1966) 37
Internationaler Währungsfonds (IWF) 56, 132
Intifada 212
Iqui Balam 227 f.
Islam 47, 80, 82, 84 f., 90 f., 93, 97 f., 127, 129, 137 f., 144

Jackson, Michael 47
Jainismus 98
Judaismus 77
Jugendarbeit 229 f., 234
Jugendsterblichkeit 229
Juppé, Alain 31

Kalter Krieg 129, 139 f.
Kapital 31 ff., 51 f., 54, 84, 109, 132
Kapitalismus 50, 54, 137
Kassandra 204 f.
Katholischer Indianermissionsrat (Cimi) 172
Kinder lehren Kinder (KLK) 216 ff., 220 ff.
Kirche 8 f., 84, 233 f.
–, katholische 95, 164
Klein-/Großstädte 110 f., 114
Koalition Zajedno 207
Koexistenz 13, 215, 217
Koh, Tommy 20 f.

Kollektivrechte 12, 20, 78 f.
Kolonialismus 103, 146
Kolonie 85
Kolumbus, Christoph 45, 163
Kommunalismus 61
Kommunalrecht 67, 69
Kommunen 110 ff.
Kommunikation 43 ff.
Kommunismus 138
Konferenz der nichtstaatlichen Organisationen (CONGO) 124
Konferenz von San Francisco (1945) 99
Konfliktformation 126 f., 136, 144
Konföderation 136 f.
Konfuzianismus 83
Konvention über biologische Vielfalt 170
Koran 93, 137
Kreuzzug 84, 129, 138
Krieg 11 f., 16 f., 21, 37, 40, 138, 202 f., 213
–, innerer 40
–, Verzicht auf 98 f.
Kultur 43, 46 f., 56, 135 f.
Kulturrevolution 54
Kuppe, René 165

Landwirtschaft, indianische 165, 169
Lateinamerikanische Ministerkonferenz (1998) 237
Le Canard Enchainé 32
Le Pen, Jean-Marie 31
Lebendige Apotheken-Projekt 173
Lebensqualität 18 f.
Lerner, Daniel 113
Liberalismus 47

Maastrichter Vertrag 65
Macht, kulturelle 63, 71-77, 101, 127
–, militärische 63, 69, 101, 127 f
–, politische 63, 66 ff., 101, 127
–, wirtschaftliche 63, 70 f., 101, 127

Machtkonzentration 13, 96
Madonna 47
Magellan, Fernão de 45
Mahathir, Mohamad 83
Mamier, Fritz 187
Marktwirtschaft 45-56
Marxismus 47, 51
McDougal, Myrer S. 15
Mehrheitsentscheidung 24 f., 29
Meinungsfreiheit 13, 41, 92 f.
– Grenzen 90
Menschenpflichten 79
Menschenrassen 59 f.
Menschenrechte, Entstehung 68
Militär 43
Militärdiktatur 232
Militarismus 202 f., 207
Mine-Tech 180 ff., 185 f., 189, 191, 195 f.
Mitch, Hurrican 230
Mitterrand, François 30
Mladjenovic, Lepa 199
Mobilität 45 f.
–, psychologische 113
Motobike, Alberto 190
Müller-Plantenberg, Clarita 168
Multikulturalismus 72
Multilaterales Abkommen über Investitionen (MAI) 104

Napoléon I. 145
Nasa Borba 210
Nation 58 ff., 71 f., 92, 127, 134 ff.
Nationale Indianerstiftung (FUNAI) 163, 171
Nationalismus 71, 84, 202, 207
Nationalsozialismus 143
Nationalstaat 51, 134, 164
Nationsbildung 42, 101, 103 f., 106
Nichtregierungsorganisation (NGO) 22, 61, 78 f., 95, 106, 109, 115, 117, 120, 122, 124, 145, 163, 165, 170, 172 ff., 236
Nichtterritorialität 112, 114
Noriega, Manuel 90
Normempfänger 78, 94
Normen 67, 69, 78

Normobjekte 78 f., 82
Normsender 78, 94
North Atlantic Treaty Organization (NATO) 21, 127 ff., 140, 142, 144, 198, 202 f., 206, 208, 211
Nuevos Caminos (AJNC) 230

Occidental Petroleum (Oxy) 169
Ökonomismus 30, 74, 137 f.
Ökotourismus 158-162
Organisation Amerikanischer Staaten (AOS) 169
Organisation für Sicherheit und Zusammenarbeit in Europa (OSZE) 28, 142
Organization for Economic Cooperation and Development (OECD) 130, 132
Oslo-Abkommen (1993) 17
Ottawa-Abkommen 61

Pädagogik der Unterdrückten 215
Pantzay Calel, Santos Franzisco 232 f.
Pantzay Calel, Tomas 232
Pantzay Chom, Fausto 232
Partnerschaft 215
Patriarchat 144, 207
Paulus, Apostel 14
Pazifismus 201
Pilotprogramm zum Schutz der Tropenwälder Brasiliens (PPG-7) 172
Pilsudski, Jósef Klemens 143
Planwirtschaft 50
Plebiszit 18
Polizeistaat 52
Positivismus 100
Postmodernität 112, 114
Pressefreiheit 211
Pro-Kopf-Bruttoinlandsprodukt (BIP per capita) 19

Radio Amazonia 172
Ramirez, Elivia 235 f.
Ramirez, Pablo 235
Recht, römisches 86

Rechtsstaat 225, 231
Regionalisierung 42 ff., 52
Regionen 94
Reik, Haviva 217
Reisefreiheit 71
Religion 117, 139
RENAMO 179, 181
Reservat 169 f.
Revolution, kubanische 165
– des Lärms 206
Roosevelt, Eleanor 128
Rushdie, Salman 82, 89 f.
Ruskin, John 25

Säkularismus 82, 84 f.
Saravia, Luis Miguel 229
Saunders, Maureen 186
Scharia 85
Schichtung der Gesellschaft 57 f.
Schisma 129, 139
Schöne neue Arbeitswelt 49
Segmentierung 86
Sekten 82 f., 91 f.
Selbstbestimmung 39 ff., 166
–, nationale 13
Selbstverwirklichung 37
Sexismus 207
Sezession 41, 59, 135
Shakespeare, William 47
Shinto 130
Skanska 167
Sklaverei 85, 145, 208
Sociedad de Apoyo al Indigena 176
Souveränität 102
–, nationale 16, 21
Sozialismus 24, 61
Sozioökologisches Institut (ISA) 172
Staat 31 ff., 51 ff., 58 ff., 67, 92, 106 f., 113, 127, 134
– Charakteristika 107
–, multinationale 135
– Strukturen 134
Staatsbildung 42 ff., 101, 103 ff.
Staatsbürgerschaft 43, 77, 92
Stalinismus 20
Steuerpflicht 13, 97
Streik 61, 114

Subsistenzwirtschaft 51, 133
Südostasiatische Regional-
  kooperation (SAARC) 137
Südwestfunk 223
Sun Tzu 131
Supermacht, globale 129
Superstaat 43 f., 115
Synode von Clermont 84

Talmud 77
Tapuy, Tarquino 161
The Passing of Traditional Society 113
Thora 77
Tier-/Pflanzenrechte 100
Todesschwadronen 226
Todesstrafe 11, 91
Transnationale Gesellschaften (TNG) 46, 51, 78, 106, 108, 123 f.
Transparenz, gesellschaftliche 13, 38
Twain, Mark 23

Überleben 10, 12, 15, 134
Übernation 43 f.
Umwelt, saubere 13, 38
Umweltverschmutzung 97
Unabhängigkeitserklärung, amerikanische 7
UN-Charta (1945) 9, 99, 123, 128
UN-Friedenstruppen 180
UN-Generalversammlung (UNGV) 9, 40, 78, 94 ff., 99, 117 f., 120, 122 ff., 158
United Nations Children's Emergency Fund (UNICEF) 94
United Nations Development Programme (UNDP) 18, 76
United Nations Educational, Scientific and Cultural Organization (UNESCO) 35, 74 f., 94
Universalisierung 11
Universalkultur, normative 97
UN-Konferenz Umwelt und Entwicklung (1972) 145

UN-Konvention für die Rechte des Kindes 234, 237
UN-Menschenrechtskommission 21
UN-Menschenrechtskonvention 9
UN-Parlamentarier (UNMP) 78, 121
UN-Sicherheitsrat 96, 108, 116, 124 f., 144
Unteilbarkeit 11
Unternehmen 53 ff., 95, 109, 114 f., 132, 133
 – Charakteristika 108 f.
 –, transnationale 79, 120
Unto this Last 25
UN-Unternehmensversammlung (UNUV) 118, 120, 123
UN-Versammlung lokaler Behörden (UNLBV) 118, 120, 124
UN-Volksversammlung (UNVV) 11, 13, 78 f., 117 f., 120 ff.
Urban II., Papst 84
Ureinwohner 158, 167
Urrá S.A. 169
Uti possidetis 40
Utilitarismus 25

Verbraucherboykott 71, 79, 114, 134
Vereinigung südostasiatischer Staaten (ASEAN) 44, 65
Vereinte Nationen (UNO) 8 f., 18, 27 ff., 56, 61, 67, 75, 78, 98, 106, 113 f., 116 ff., 122, 126, 129, 131, 145, 181
Verelendungssyndrom 53
Verfassung, französische (1789) 7
Verlag 94 206
Versailler Vertrag 128
Versöhnung 233
Vetorecht 108, 116, 124 f.
 –, Wirtschafts- 125
Völker, indigene 158, 164, 166
Völkerbund 145
Völkerrecht 66 f.
Volksgruppe 59 f., 101
Volkslogik 110

Wahlrecht 15 ff., 28

War Resister' International 145
Warschauer Pakt 140
Wehrpflicht 13, 97
Weil, Simone 201
Weiße Adler 201
Weltbank 56, 170
Weltbürger 13 f., 62-69, 75 ff., 79, 106 f., 112, 116
– Typologie 112
Weltgeographie 75
Weltgeschichte 72 f., 75
Weltgesellschaft 56, 62, 69, 75 f.
Weltgesundheitsorganisation (WHO) 94, 228
Welthandelsorganisation (WTO) 104
Weltkirchenrat 117
Weltkodex 66
Weltkultur 96
Weltkulturerbe 74 f.
Weltnation 73
Weltorganisation für Meteorologie (WMO) 75
Weltrecht 66
Weltregierung 13, 96, 122
Weltreligion 47, 62
Weltsprache 47, 62, 72
Weltstaat 120
Weltstatistik 75 f.
Werteverlust 77
Westfälischer Friede 127 f.
Weyl, Ulrich 181 f., 185 f., 188
Wiener Kongreß (1815) 145
Williams, Jody 61
Wir-Kultur 80-85, 87 f.
Wirtschafts- und Sozialrat (ECOSOC) 125
Wirtschaftskrise, weltweite 127, 131
Wirtschaftssanktionen 69
Wirtschaftswachstum 104 f., 108
Wohlbefinden 10, 15 ff., 134
Wohlfahrtsstaat 53, 105
Wolf, Christa 205
Women's International League for Peace and Freedom 145
World Trade Center 138

Yearbook of Human Development 18
Yew, Lee Kuan 83

Zajovic, Stasa 198 ff.
Zakat 97
Zionismus 137, 217
Zischenstaatliche Organisation (IGO) 78, 106, 123
Zweiter Weltkrieg 104, 145, 217

online unter **http://www.fr-aktuell.de**

der **kulturspiegel**

Konzerte

Ausstellungen

Filme

Lesungen

Performance

Tanz

Theater

Oper

Szene

Abbildung: Frank Schubert, „Frische Muscheln", 1998

täglich in der **FrankfurterRundschau**

...und einmal im Monat mit **urbanCulture**

Zwei Wochen Probeabo: kostenlos und unverbindlich – freecall 0800 / 8 666 8 66